天台学探尋

日本の文化・思想の核心を探る

大久保良峻［編著］

法藏館

はじめに

日本天台宗の仏教は、日本の思想や文化の基盤でもあり、また核心とも言いうる。日本天台の中心となる比叡山は、かつては「山」の一文字にその存在を詠じ込まれるほどの知名度を誇った。鎌倉仏教の祖師たちが研鑽の場として選んだのも比叡山であり、その仏教が日本仏教の母胎としての役割を果たしたという捉え方は常途のこととなっている。

天台宗の中心は、教学と実践との両者を探求する中国天台の仏教にあり、日本天台宗の宗祖最澄（七六六、一説七六七～八二二）も自身の立場を表明して天台法華宗の語を用いた。しかしながら、実は、中国天台の仏教は複合性を特色とするのであり、加えて、その継承・展開である最澄の仏教は一層その度合いを増した。それは、四宗融合、或いは四宗相承と言われている。円・密・禅・戒の四種である。

それらの中、二つの大きな柱の一つが円教、すなわち天台法華円教であり、もう一つが真言密教である。最澄による密教の尊重は、止観業・遮那業という年分度者の呼称にも顕著であろう。止観は『摩訶止観』に依拠する語で天台、遮那は『大日経』（具名は『大毘盧遮那成仏神変加持経』）に基づく語で密教を意味する。中国天台の創始者である智顗（五三八～五九七）が天台教学を講説していた時代は、密教の展開する以前であった。しかしながら、智顗の教学は、『大日経』や『金剛頂経』といった純然たる密教に聯繫しうる要素を種々内包しているのであり、最澄による密教の導入は不自然ではないのである。

そして、最澄以降、特に優勢となったのが天台密教、いわゆる台密であることは、当時の中国仏教の様相を伝えるものでもある。台密の教学と実践は、最澄同様、遣唐使船で入唐した円仁（七九四～八六四）によって空海（七七四～八三五）を宗祖とする東密と比肩するまでに進展し、加えて円珍（八一四～八九一）の求法、安然（八四一～八八九～、一説九一五没）の大成により東密を凌ぐまでに充実した。

更に、最澄の生涯を考えると、重要な事跡として徳一との三一権実論争と大乗戒独立が挙げられる。前者は天台教学と法相教学との論争であり、最澄にとっては天台教学の発揚に他ならない。後者の大乗戒独立は、恐らくその概要は広く知られている。しかしながら、中国天台も含め、細かい点については多々解明すべき問題点がある。特に日本天台では、戒法門は複雑な展開を遂げることになる。

また、日本天台の禅法門は止観の実践中に包摂される要素を持つが、最澄の禅相承は実践法門としては必ずしも伝承されて行くわけではなく、先ずその相承そのものの意義を考える必要がある。とはいえ、比叡山から栄西（一一四一～一二一五）や道元（一二〇〇～一二五三）が出現し、共に中国から禅法門を伝えることの底流となったことは確かである。

最澄が伝承した四宗に加えて、重要なのが浄土教の法門である。そこには円仁の業績もあるが、特に良源（九一二～九八五）や源信（九四二～一〇一七）によって本格的な浄土教が擡頭したことが天台宗の融合性を理解する上で肝要である。詰まるところ、天台教学を基軸として、密教や浄土教が渾然一体の思想として存在していると言える。そして、それらは密教、浄土教というような個別でも、また、まさに日本天台全体としてでも総合芸術というべき壮大さを有している。

本書は、本来『新・八宗綱要―日本仏教諸宗の思想と歴史―』（二〇〇一年）を編集した時に、同時に進行したいと考えていたものである。諸般の事情で遅れての出版となったが、比叡山が鎌倉仏教の祖師たちを輩出し、それらの教義について『新・八宗綱要』で扱ったのであるから、両書は互いに輔翼するような構成になっている。従って、天台教学や密教（真言宗）の基本については『新・八宗綱要』に譲り、本書では別の観点からの言及を試みた。

そこで、禅、戒律、浄土教についてはそれぞれ一章を設け、更に天台宗系の神道である山王神道、或いは曼荼羅や美術、文学についても各章を独立させることで天台教学の総合性を示すことにした。

本書は、大学生や大学院生、あるいは一般の読書人を対象として、天台教学の基本を広い視野から提示することを目的としている。併せて、近接領域の研究者にとっても有益な書物になることを考えている。但し、天台法門の多様性から言えば、様々な特殊法門を含め、根幹と言い得る分野でも立ち入っていない領域もある。それらについては、後日を期したいと思う。

平成二十五年　霜月朔日

編者　大久保良峻

天台学探尋——日本の文化・思想の核心を探る——＊目次

天台学探尋

日本の文化・思想の核心を探る

本書では次のような略号を用いた。

大正　大正新脩大蔵経
続蔵　大日本続蔵経・卍続蔵経
仏全　大日本仏教全書
新版日蔵　日本大蔵経（鈴木版）
天全　天台宗全書
続天全　続天台宗全書
真全　真言宗全書
伝全　伝教大師全集
恵全　恵心僧都全集
群書　群書類従
続群書　続群書類従

I　天台教学の根本思想

大久保良峻

一　日本天台の仏教

日本仏教は、しばしば比叡山の仏教を母胎として展開したと言われる。比叡山は学問の山、修行の山として仏教者を輩出した。しかし、重要なのはそれだけではない。何となれば、比叡山の仏教、すなわち日本天台宗の仏教は日本の思想や文化の中核としての役割を果たしてきたからである。

日本天台宗の宗祖である最澄（七六六、一説七六七～八二二）の仏教は、円・密・禅・戒からなる四宗相承を特色とする。円というのは、中国天台で立論する『法華経』を中心とした円教（完全な教え）の意味であり、それがいわゆる天台教学の枢要を示す語となる。つまり、天台教学というのは円教を至高とする観点から樹立された中国天台の教義を意味するのである。

最澄の仏教は四宗相承のみならず、四宗融合とも言われるように、融合性・総合性をも特色とする。そして、実はその融合性・総合性は中国天台の特色でもある。しかしながら、最澄が密教を受法して帰国したことは、まさに円密一致という日本天台ならではの法門の出発点となるのである。中国天台の教義に基づく円教と密教の一致を強調するのが天台密教、すなわち台密であり、そこに空海系の密教である東密とは異なった特色が存する。

但し、最澄の相承した密教は不十分なものであると同時に独特のものであった。その伝授された密教について、単純に『大日経』に依拠する「胎蔵界」であるというような解説が現今でもなされることがあるが、誤りである。確かに、台密は『大日経』及びその註釈書である一行（六八三〜七二七）の『大日経義釈』や類同の『大日経疏』に説かれた教義を尊重する。それは、殊には一行が円密一致の先蹤ともいうべき立場からの註釈を施したからである。従って、一方の空海（七七四〜八三五）は一行の註釈に対して淡々とした態度を取り、台密のようには『大日経』の法門に比重を置かない。とはいえ、最澄のもたらした密教は胎蔵界と位置づけられるものでもないし、金剛界に特定できる内容でもないのである。

最澄以後、天台宗は直ちに密教化し、東密を凌駕する一時期を迎えることになる。その密教は天台教学の導入により天台化された密教であり、天台円教の完成度の高さがそのような教理に帰結せしめたと言えるであろう。

やがては、良源（九一二〜九八五）や源信（九四二〜一〇一七）によって表面化する日本天台の浄土教、いわゆる叡山浄土教が日本天台の法門に加わることになる。浄土教の教義や実践に対して、最澄の段階ではほとんど認識がなされることはなかった。叡山浄土教は、台密の基盤を確立した円仁（七九四〜八六四）から徐々に深化していくことになるのである。

その他、日本天台の法門には様々な流伝や展開が見られる。山王神道という天台系の神道も神仏習合史上極めて重要な意義を持ち、天海（一五三六〜一六四三）と家康の時代における山王一実神道という新たな興隆も知られるところとなっている。

二　中国天台の教学

天台教学の入門書として著名なのが、高麗の諦観《たいかん》（十世紀後半頃）が著した『天台四教儀』一巻である。本書の問題点がやや激しく議論されたこともあるが、[1]天台教学の梗概を理解するのに絶好の書物であることは確かであり、例えば元の蒙潤《むにん》（一二七五〜一三四二）が撰述した『四教儀集註』三巻はその註釈書の一つとして尊重されてきた。なお現今、諦観の『天台四教儀』と天台大師智顗（五三八〜五九七）が撰した『四教義』十二巻とが混同されたまま解説される場合もあるが、「儀」と「義」の表記の違いに留意すべきである。因みに、前者は諦観録、後者は大本『四教義』というような略称で示される。

四教とは蔵・通・別・円といわれる四教が基本となる。『天台四教儀』、すなわち諦観録の大綱は五時八教の語で示されるように、二種類の四教を合わせて八教とする。それらの概要については、『新・八宗綱要』の「Ⅲ天台宗」に譲るが、蔵・通・別《べつ》（「べち」とも読む）・円は「化法の四教」という称呼を持つ。中でも、蔵教は三蔵教の意味であり、それを小乗仏教のこととするのは、『大智度論』等に根拠があり、例えば、吉蔵が著した三論宗の綱要書である『三論玄義』[2]にも見られるが、特に天台宗が小乗仏教に配当したことは日本の思想にも大きな影響を与えることになった。

そして、円教については前記したとおりであり、自宗の完全無欠の教えを言う。なお、天台宗では当然『法華経』の教義が中心に据えられるが、小（小乗教）・始（大乗始教）・終（大乗終教）・頓・円という五教判を立てる華厳宗では『華厳経』に基づく円教となる。天台教学ではその『華厳経』にも円教が含まれるとし、六十巻本の

『華厳経』巻八（大正九・四四九頁下）に示される「初発心時便成正覚《しょほっしんじべんじょうしょうがく》（初発心時に便ち正覚を成ず）」という教義を重視するが、『華厳経』は純粋な円教ではなく、別教を兼ねる（兼別）と捉えるのが基本である。要するに、『法華経』以外にも円教の意義を認めるのであり、それをどう理解するかということも大きな問題となるのである。

『華厳経』について一言加えるならば、日本天台では、『華厳経』の言葉として、「夫れ三界は唯一心なり、心の外に別法無し。心・仏及び衆生、是の三差別無し。」という定型句が尊重されている。その初出が光定（七七九～八五八）問、宗穎決の『唐決』（新版日蔵、天台宗密教章疏四・二二四頁下）で確認できるように、原典に基づく取意名文の出現にも配意する必要がある。なお、『唐決』には、その他の要文が散見することも注目される。

また、安然（八四一～八八九～、一説九一五没）によって大成される台密の教学では、蔵・通・別・円・密という五教判へと展開しているが、基本は円密一致にある。その円密一致を成立させる上で、仏身論・教主論は極めて重要である。そのことについては、『新・八宗綱要』で示してあるので、ここでは問題点を述べておく。

現今の出版物でも、毘盧遮那仏と盧舎那仏の区別ができていない記述を屢々見ることがある。この二仏は原語はヴァイローチャナ（Vairocana）で、同じである。しかしながら、音写に基づく訳語として、翻訳者による差異は歴然としている。それは「毘」の字の有無と、「遮」と「舎」の違いである。そのような中、特に問題となるのは「毘盧舎那」という表記であり、日本では古来多用されている。中国仏教でも少数ながらその書き方が存在することは、大正新脩大蔵経所収の諸経論によっても確認できる。とはいえ、原則的に「毘盧遮那仏」と「盧舎那」の語を依用すべきであり、それが本来の訳語である。

天台では、智顗はその違いに注目して、毘盧遮那を法身、盧舎那を報身とした。盧舎那仏を主尊とする経典としては六十巻本の『華厳経』（六十『華厳』）や『梵網経』がある。原語がヴァイローチャナ（Vairocana）であるとしても、智顗にとってそれは問題ではなく、仏の特質を基準にしたのである。ここで問題になるのは、智顗の時代にはなかった八十巻本の『華厳経』（八十『華厳』）が唐代になって訳出されることである。その訳者である実叉難陀は毘盧遮那の語を採用した。勿論、その教主は天台教学に準ずれば報身に当て嵌められるべきである。しかし、そこには表記上の問題があり、湛然（七一一～七八二）が『法華文句記』巻九下（大正三四・三三〇頁中）で「近代の翻訳は法・報を分かたずして、三・二弁ずる莫し。古自り経論に三身有るを許す。若し毘盧と舎那と別ならずと言わば、則ち法身は即ち是れ報身なり。」と述べたことは、その状況を反映している。

ところで、右の湛然の記述では、毘盧遮那を毘盧、盧舎那を舎那という二字の略称で記している。このことに併せて、毘盧遮那については遮那とも記されることには注意が必要である。つまり、遮那と舎那は厳密に区別されなければならないのである。以上をまとめると次のようになる。

法身　毘盧遮那＝毘盧＝遮那
報身　盧舎那＝舎那
応身　釈迦牟尼

さて、これらの仏身は四教の教主となる。基本説は次のとおりである。

円教　毘盧遮那　　虚空座
別教　盧舎那　　七宝座
通教　勝応身（帯劣勝応身）　天衣座
蔵教　劣応身（丈六身）　木樹草座

実はこのことと法華教主との関わりも問題となる。それは『法華経』は円教であるとしても、毘盧遮那の所説ではないからである。法華教主については様々な議論が絡むので、ここで一例として中古の哲匠と称される証真の説を示しておく。証真は円教の教主が法身であり、『法華経』を説いたのが釈迦であることから、法華教主を「応身に即した法身」(即応是法)と捉え、『法華経』と報身の関係については、「本に約せば報身」(約本名報)とする。(3) 天台教学では三身それぞれを各別に説明するものの、実は三身は相即関係にあり、三身即一であり一体であるとするのが基本的立場である。証真の説は、天台教学を巧みに活用した主張と言えよう。

ところで、『大日経』や『金剛頂経』の教主が毘盧遮那如来であることは言うまでもない。密教の大日は毘盧遮那のことであり、そこに円密一致を容易に成立させる要素があった。因みに、最澄が年分度者の一人を遮那業としたのは、『大日経』の具名である『大毘盧遮那成仏神変加持経』に基づいている。

その他、一言を付せば、最近の出版物において毘盧遮那の盧の字が廬、つまり廬山の廬になっているものを少なからず見る。注意を喚起したい。

三　天台学の帰結的名言とその解釈

前節で述べた毘盧遮那については、「毘盧遮那遍一切処」という名言を取り上げなければならない。これは毘盧遮那仏を法身とする根拠でもあり、『法華経』の結経に位置づけられる『観普賢菩薩行法経』(『普賢観経』・『観普賢経』)に、次のように見られることを本拠とする

時に空中の声、即ち是の語を説く。釈迦牟尼を毘盧遮那遍一切処と名づく。其の仏の住処を常寂光と名づく。

常波羅蜜に摂成せらるる処、我波羅蜜に安立せらるる処、浄波羅蜜の有相を滅する処、楽波羅蜜の身心の相に住せざる処、有無の諸法の相を見ざる処、如寂解脱、乃至般若波羅蜜なり。是の色は常住の法なるが故に。是の如く応に十方の仏を観ずべし、と。（大正九・三九二頁下）

ここに明らかなように、この教義は空中からの声によって説示されたもので、そのまま天台宗の法身義の規矩として導入される。すなわち、毘盧遮那仏は遍一切処であり、それは釈迦の名称でもあるとする。これは、いわば、日本の天台密教で大日如来と釈迦の一体を強調する教義の底流である。そして、その仏の住処が常寂光であるとするのは、そのまま天台で立てる四土(4)の中の常寂光土、すなわち法身の土のこととなる。更に言えば、我々の世界である娑婆世界と常寂光土の一体を天台学では「娑婆即寂光」という用語で表すことがあり、その教義もこの記述から導き出すことは容易である。

密教では毘盧遮那仏と曼荼羅の諸尊は一体の関係にある。しかしながら、そこに差異があることも当然のことであり、その違い（差別《しゃべつ》）と一体（平等）は同時に存することになる。そのことを説明する一つの観点が、絶対的に見るか相対的に見るかということである。絶対という語と相対という語は相対的に並記されるとしても、絶対という語が相対性を排除した概念であることを知らないとこのことは理解できない。その絶対的な観点からの教義が随自意語に立脚する教義である。『大日経義釈』巻五（『大日経疏』巻七）には次のような記述が見られる。

上に説く所の如きは、皆是れ随他意語にして、浅略の義を明かすのみ。若し随自意語に就いて深密の義を明かさば、一門に入るに随って、皆、一切の法界門を具す。乃至、諸々の世天等も、悉く是れ毘盧遮那なり。何ぞ浅深の別有らんや。若し行者、能く無差別の中に於いて差別の義を解し、差別の中に無差別の義を解せば、当に知るべし、是の人は二諦の議に通達し、亦、真言の相を識るなり、と。　（続天全、密教1・一八〇頁上）

ここでは、随他意語と随自意語との区別が設けられるのみであるが、ともかく、随自意語の立場では浅深の別なき無差別の義であることが知られる。その無差別とは、同書で尊重される平等の義に他ならない。平等の義については後述する。そして、このことは、右の引用文の少し前に、「若し更に深秘の釈を作さば、三重漫荼羅の中の五位の三昧の如きは、皆是れ毘盧遮那の秘密加持なり。其の与に相応する者は、皆、一生成仏すべし。何ぞ深浅《イ浅深》の殊なり有らんや。」（続天全、密教1・一七九頁上）と示される重要教理と一具に理解すべきである。要を言えば、密教ではあらゆる諸尊が本尊となりうるのであり、しかもどの尊格によっても一生成仏が可能であるとする主張が見られることは、特に日本仏教で喧伝される即身成仏思想との関わりからも緊要である。

このような観点を突き詰めていけば、法身・報身・応身という三身や諸仏身の一体のみを強調する必要はなくなる。しかし、日本天台では特に密教の教主である毘盧遮那仏と『法華経』の教主である釈迦との一体を力説する。すなわち、円仁が「大唐大興善寺の阿闍梨云く、彼の法華の久遠成仏は、只是れ此の経の毘盧遮那仏なり。」（『金剛頂経疏』巻三、大正六一・三九頁中）と、大興善寺の阿闍梨元政《げんせい》（「がんじょう」とも読む）から学んだ語を記していることや、やはり円珍（八一四〜八九一）が入唐中に法全《はっせん》から大日如来と釈迦が、「本来一仏にして二体有ること無し。但、機見に約せば其の別有るに似たり。」（『大悲蔵瑜伽記』巻上、仏全二七・九五五頁下）という口訣を承けてきたことを録していることは、そういった立場の顕著な表れである。

こういった主張は、多分に天台宗としての立脚点を示している。東密では、空海は諸尊が一体であることは認めつつも、法身・自受用身《じじゅゆうしん》を密教の仏として尊重し、他の諸尊は顕教の仏であることを根拠に差別することに力点を置いている。台東両密の根本的な違いであり、台密は中国天台の教義を尊重し、円密一致の観点から諸仏平等の面を強調するのである。東密でも、後の新義真言宗の祖である覚鑁（一〇九五～一一四三）が大日如来と阿弥陀仏の一体を抽出してくるのは、時代の要請でもあったのだろう。

毘盧遮那遍一切処という名言が流布したことは言うまでもなく、それは『大日経義釈』（『大日経疏』）にも及んでいる。そのような中で、同書が毘盧遮那遍一切処という表現を用いるのみならず、「毘盧遮那遍一切身」という語を案出したことは注目されるのではなかろうか。『大日経義釈』巻一（『疏』巻一）には次のように見られる。

即ち平等の身・口・意の秘密加持を以て、所入の門と為す。謂く、身（平）等の密印、語（平）等の真言、心（平）等の妙観を以て、方便と為すが故に、加持受用身を逮見す。是の如き加持受用身は、即ち是れ毘盧遮那遍一切身なり。遍一切身とは、即ち是れ行者の平等智身なり。是の故に此の乗に住する者は、不行を以て而も行じ、不到を以て而も到るを名づけて平等句と為す。一切衆生は皆、其の中に入れども、而も実には能入の者も無く、所入の処も無し。故に平等法門と名づく。則ち此の経の大意なり。（続天全、密教1・一三頁上）

ここに明瞭なように、『大日経義釈』（『疏』）では、平等という概念を極めて重視する。そして三密行は三平等の方便なのであり、右の引用の直前に記される「身は語に等しく、語は心に等しし。」という教説が三平等の意義の基本に据えられているのである。(5) この考えは、三密行を如何に理解するかという問題に直結する。すなわち、三密行こそが密教の修行としての特色であるのにも拘らず、三平等であるならば、一密の行で足りるのではないかというような主張も出されうるのであり、日本仏教では台東両密を中心に実に諸説紛々たる様相を呈することになる。

そして、その三平等の方便、つまり三密行によって、加持受用身を逮見すること、更にその加持受用身が毘盧遮那遍一切身であり、それは行者の平等智身に他ならないことが説かれている。こういった教義は、いわば成仏についても無成の成という主張に繋がる要素を持っていると言えよう。(6) 以上のような思想は、阿字本不生という根本教理に支えられている。そのことについては、『大日経義釈』巻二(『疏』巻二、続天全、密教1・六六頁下)に、「前劫には万法は唯心にして心の外に法無しと悟る。今、此の心を観ずるに、心に即して則ち是れ如来の自然智なり。亦、是れ毘盧遮那遍一切身なり。心は是の如くなるを以ての故に、諸法も亦、是の如し。根・塵は皆、阿字門に入る。故に根・境を離ると曰う。」と記されていることからも推知されよう。ここでは、所謂三劫段(7)の第二劫で万法が唯心であることを悟るとした上で、第三劫において心を観ずる様相を説明するのに自然智や毘盧遮那遍一切身の語を活用しているのである。また、諸法についても同様であることを述べていることは注目に値するであろう。その上で、『大日経』巻一(大正一八・三頁中)に、「所謂空性は、根・境を離れ」と記されていることについて、根・塵、すなわち六根と六塵(六境)が皆、阿字門に入るからであると説明するのである。

日本天台では、円仁が毘盧遮那遍一切処を機根論に導入した。すなわち、『金剛頂経疏』巻一では、根性に一切と当経(『金剛頂経』)の二種があることを述べ、最初の一切について次のように論じている。

初めに一切に約して泛《あまね》く根性を明かすとは、毘盧遮那遍一切の故に、一切有情に皆、仏性有り。是の故に秘密の根性に非ざるは無し。若し毘盧遮那法身を具せば、必ず三昧、及び大智恵を具し、毘盧遮那万徳の果を顕得せざること無し。礦金を得れば必ず鐶釧を獲るが如し。

（大正六一・一四頁下）

当経、つまり『金剛頂経』については、更に「今、此の秘教は三乗顕教の根性に対するに非ず。但、内証心地の眷属と与に秘密道を説く。」（大正六一・一五頁上）と述べるように、密教に限定された機根論を相対的に論じるとしても、一切衆生が密教の機根であることを、毘盧遮那遍一切処を根拠とする仏性論として主張しているのである。仏性との関わりでは、円珍も『観普賢菩薩行法経記』巻上（大正五六・二三九頁中）で、「常不軽《じょうふきょう》は一性を礼拝す。毘盧遮那遍一切処の故に。菩薩戒には六道の衆生、皆我が父母なり、と。故に軽慢す可からず。」と述べていることが注目されるであろう。円珍は常不軽菩薩の礼拝行の根拠を毘盧遮那遍一切処に求め、菩薩戒、つまり『梵網経』（大正二四・一〇〇六頁中）で放生を説く、第二十軽戒の記述に繋げたのである。

ところで、日本密教史上、円仁は三密行の実修を最も尊重した学匠と言えるのであり、三密行の意義も毘盧遮那遍一切処に基づいて語られる。『蘇悉地経疏』巻五では次のように述べている。

若し秘釈に就かば、三密の力は、諸有情の意の楽《ねが》う所に随って、諸悉地を与う。巧色《ぎょうしき》摩尼が人の欲する所に随って種種の宝を出すが如し。是の故に或は世間種種の安楽を与え、或は漏尽の羅漢を与え、或は支仏、乃至仏果を得。世間浅近の悉地を与うと雖も、意は終に本実際事に帰せしむるに在り。何を以ての故に。毘盧遮那遍一切処の故なり。

（大正六一・四五三頁中）

これは、密教の三密行が世間浅近の所楽《しょぎょう》を成就するとしても、究極の目的が仏果にあることを説いたものと言えるであろう。

以上のことから知られるのは、仏性と毘盧遮那遍一切処が結合されるということは、成仏思想、換言すれば即身に毘盧遮那仏を体得しうるという教義の根拠となっているということである。

ところで、次に考えなければならないのは、毘盧遮那遍一切処であるならば、衆生のみならず、一切諸法にも毘盧遮那の遍在性を認めることができるのではないかということである。そういった観点からの教説は、智顗の『法華三昧懺儀』に次のように見られる。


経の中に説くが如く、釈迦牟尼を毘盧遮那遍一切処と名づく。当に知るべし、一切諸法は悉く是れ仏法なり、と。妄想分別して諸々の熱悩を受く。是れ則ち菩提の中に於いて不清浄を見、解脱の中に於いて而も纏縛を起こす。（大正四六・九五三頁上中）

要するに、毘盧遮那遍一切処に依拠して、諸法がそのまま仏法に他ならないことを論じているのである。このことは、湛然撰『法華三昧行事運想補助儀』（大正四六・九五六頁中）には、「経に云く、釈迦如来を毘盧遮那遍一切処と名づく、と。是の故に当に知るべし、一切諸法は仏法に非ざるは無し、と。而れども我は了せず、無明の流に随う。是れ則ち菩提の中に於いて不清浄を見、解脱の中に於いて而も纏縛を起こす。」（大正四六・九五六頁中）と記されている。諸法がそのまま仏法であるという教義を天台教学から導き出すことは容易であるが、このように毘盧遮那遍一切処を根拠としている記述があることに注目しておきたい。

『法華三昧懺儀』の文章は、日本天台の文献では、例えば源信撰と伝えられる『自行略記』（恵全五・六〇一〜六〇二頁）にそのまま用いられ、更に、覚超（九六〇～一〇三四）撰と伝えられる『自行略記注』（版本）では、自心の尊重へと敷衍され、自心がそのまま常寂光土・極楽浄土であるとする教義へ展開する。(8)

さて、一切諸法が仏法であるという考え方は、天台教学の中枢と言えるのであり、その点を別の言葉から考究するならば、「一色一香無非中道（一色・一香も中道に非ざるはなし）」という名言に着眼しなければならないであろう。この表記は天台三大部等に見出されることを原拠とし、後の言及は枚挙に遑がない。それらの中、最も有名なのは『摩訶止観』巻一上（大正四六・一頁下）の、所謂「円頓章」に見られることであり、その箇所の註釈として湛然が『止観輔行伝弘決』巻一之一（大正四六・一五一頁下～）で、無情仏性の十義を掲げたことは、草木成仏の議論へと展開することにもなった。因みに、湛然は同所で「色香中道」の語も用いている。

なお、ここで留意すべきは、色・声・香・味・触・法という六塵（新訳では六境）の中の二つを抽出した説になっていることである。そして、『止観輔行伝弘決』巻三之二（大正四六・二三一頁下）では、「大品に亦云く、一色・一香も中道に非ざるはなし、と。」と典拠を示している。しかしながら、勿論『大品般若経』（『摩訶般若波羅蜜経』）に全同の記述は見出されない。また、このことについて、証真は『止観私記』巻三本（仏全二二・三三五頁上下）で、「大品亦云一色一香無非中道とは、経に云く、色は是れ真如なり。声・香・味・触・法も是れ真如なり、と。然れども今家は常に色香中道と言う。別に応に出処有るべし。応に撿すべし。」と論じているが、この記述からは何も明らかにできないようである。

これらのことに関しては、問の中の記述ではあるが、『菩提心義抄』巻二で次のように論じていることが参看されよう。

又、弘決に云く、大品に云く、一色・一香も中道に非ざるはなし、と云云。是れは草木等に中道有るの文なり。又、弘決に色香中道を釈して、十門を以て無情有性を明かす中に云く、若し法身の性が遍ずることを許さば、亦、報身の性も遍ずることを許す、と云云。是れ草木に三身の性有るの文なり。（大正七五・四八五頁中）

これは、『止観輔行伝弘決』で無情の仏性を説く十義の中、第二で法身等が遍在することを主張する文章に基づく記述である。その原文では、以下のとおり三身の遍在が主張されている。

二には、体に従う。三身相即して暫くも離るる時無し。既に法身が一切処に遍ずることを許さば、報・応未だ嘗て法身を離れず。況や法身の処に二身常に在るをや。故に知んぬ、三身が諸法に遍ずることを。何ぞ独り法身のみならんや。法身若し遍ぜば、尚、三身を具す。何ぞ独り法身のみならんや。（大正四六・一五二頁上）

ここでは、法身の遍在性が説かれ、それが毘盧遮那遍一切処に基づくことは言を俟たないであろう。そこに、三身の相即という天台教学の根本義を導入することで、法身のみならず、報身、応身の遍在性が主張されるのである。このように、遍一切処の義が無情仏性に適応されていることも見逃せない。

安然はまた、『菩提心義抄』巻二（大正七五・四九五頁上）で、「天台判じて云く、一色・一香も中道に非ざるはなし、と。色塵法界にして皆、仏事を作すとは、尤も此の宗に合う。」と述べている。これは、天台と真言の一致を「一色一香無非中道」で論じたものであり、ここでは六塵の中の色塵を採り上げ、それが皆、仏事であるとしている。この記述は、円密一致に立脚する観点から、例えば、証真の『天台真言二宗同異章』（大正七四・四一九頁上）や仁空の講説を録した『義釈捜決抄』（巻二之一、天全一三・五三頁上）で尊重されている。安然のこの主張で注目すべきは、有情・無情に拘らず、眼前の境界が全て仏事となり得ることであり、実はそれを法身説法と捉える教義へと連携することである。

但し、そのことを立論するには、ここで採り上げられている眼根・鼻根の対象となる色塵・香塵のみでなく、色・声・香・味・触・法という六塵全てへの論及が必要になるであろう。六塵については『法華玄義』巻八上（大正三三・七七六頁下～七七七頁上）に、此の土では声・法・色の三塵が経となるが、他土を鑑みれば六塵全てが経になると説かれていることが、円仁や安然によって積極的に台密に導入された(9)。

そのことに併せて、『維摩経文疏』巻一（『維摩経略疏』巻一）に法身説法の語が見られ、それを「常に普く冥に一切衆生を資《たす》く」（続蔵一―二七・四三五丁左上下）と説明していることから、法身の活動が遍在していることを説法の姿とみる教理の樹立が可能になる。要するに、一切諸法が法身の説法に他ならないことになるのである(10)。

以上、本節では「毘盧遮那遍一切処」と「一色一香無非中道」という、天台教学の最重要用語について若干の解説を加えてみた。諸師によって様々に引用されるこれらの言葉が、衆生（有情）の仏性や、無情の仏性を議論する上での要諦となり、また諸法がそのまま仏法であるという理解に繋がることを述べてきた。そのことを、例えば、草木に当て嵌めれば、草木が仏性を有することから成仏することは当然のこととなる。同時に草木も仏法の顕現であり、それを突き詰めればそのまま法身説法を現じていることになるのである。

四　最澄の名言に関して

本節では、最澄の言葉の中から、若干の説明が必要かと思われるものについて採り上げてみたい。それらは、最澄の遺した名言とされるものである。

若き日の最澄は、激烈な自己反省のもと、『願文』（伝全一・二頁）の中で、自身を「愚が中の極愚、狂が中の極狂、塵禿の有情、底下の最澄」と表現した。これは延暦四年（七八五、二十歳、一説、十九歳）の言葉であり、老獪さのない若者による決意の表明であるところに価値が見出される。この記述が持つ問題は「狂が中の極狂」の読みである。この箇所は、しばしば「おうがなかのごくおう」と読まれている。問題は「おう」という音である。敢えて、「きょう」の音を嫌った可能性があるかもしれないが、「おう」という音は辞書には示されない。それでは、「きょう」に直した方がよいのであろうか。このことについて、私見では「おう」という読みを残してもよいと考えている。それは『法華経』如来寿量品（大正九・四三頁下）に見られる「狂子」を、「おうし」と音読していることからも言える。また、「おう」という読みがなされるものの、漢和辞典にないものとして「欺誑」という言葉がある。これは、『法華経』等に見出されるもので、通例「ごおう」と読んでいるのである。付言すれば、竪義と竪者を「りゅうぎ」・「りっしゃ」と読むのもそのような例で、辞書に載せられる「竪」の正字「豎」の「じゅ」という音を採用していないのである。このように、「竪」の「立」の部分の音が通行しているのであり、「狂」についても同様の観点から捉えられるのではなかろうか。

最澄の言葉の中には、先行する名言の活用も見られる。例えば、諸宗に年分度者をあてがうことを要請した、延暦二十五年（八〇六）正月三日の上表文を、最澄の直筆が現存する『天台法華宗年分縁起』に依って示せば、次のように記されている。

将に絶えんとする諸宗を続《つ》ぎ、更に法華宗を加えんことを請う表一首
沙門最澄言す。最澄聞く、一目の羅は、鳥を得ること能わず、と。一両の宗、何ぞ普く汲むに足らん。徒に諸宗の名のみ有りて、忽ち伝業の人を絶つ。誠に願わくは、十二律呂に准じて、年分度者の数を定め、六波羅蜜に法りて、授業諸宗の員を分かち、両曜の明に則りて、宗別に二人を度せん。華厳宗に二人、天台法華宗に二人、律宗に二人、三論宗に三人、小乗成実宗を加え、法相宗に三人、小乗倶舎宗を加う。……（伝全一・五頁）

最初の表題の中に「諸宗を続ぎ」とあるのは「続諸宗」の訓読であり、「諸宗に続き」とも読めるが、「諸宗を続ぎ」、或いは現代的に「諸宗を続け」と読み、南都諸宗を継続させる意味に取る方が好ましい。

要するに、諸宗存続の必要性を説き、その中に天台法華宗の二名を加えることを年分度者十二名の制度として樹立することを申請したのであり、それを「一目の羅は、鳥を得ること能わず」という名言で表したのである。この言葉は、『摩訶止観』巻五上（大正四六・五九頁中）の「一目の羅は鳥を得ること能わざるも、鳥を得るは羅の一目なるのみ。衆生の心行、各各同じからず。」という記述の要旨を採ったのである。この名言について、更にその出拠を示せば、『淮南子』説山訓の、「鳥の将に来たらんとすること有れば、羅を張りてこれを待つも、鳥を得るは羅の一目なり。今、一目の羅を為《つく》れば、則ち時として鳥を得ること無からん。今、甲を被る者は、以て矢の至るに備う。若し人をして必ず集まる所を知らしむれば、則ち一札を懸くるのみ。」という記述に遡ることができる。

また、最澄が常平等・常差別という言葉を龍女成仏に関して用いたことも注目される。すなわち、『法華秀句』巻下（伝全三・二六四頁）には、「有る人云く、変成男子とは、未だ取捨を免がれず、と。今謂く、法性の取捨、法性の縁起は、常差別なるが故なり。法性の同体、法性の平等は、常平等なるが故なり。常平等の故に、法界を出でず。常差別の故に、取捨を礙《さ》えず。」と見出され、身体の取捨について、常平等・常差別の二義により論じ、常差別という観点からは取捨を認容できるとしているのである。即身成仏思想において、特に日本天台では成仏の時点で生身を捨てるか否かが大きな問題となるが、最澄は変成男子の議論で論じたところに一考すべき要素を残すものの、身体の捨受を常平等・常差別という二義の同時性において論じたことは卓見と言いうる。

そのことについては、最澄説の展開である安然の『即身成仏義私記』（仏全二四・二〇二頁上）に、「……常平等の故に、色香中道にして生・仏は皆如なり。常差別の故に、即ち凡・聖、因・果の差別有り。具には大乗止観等の諸文の説の如し。」と記されていることが注目されるであろう。六即という修行の階梯から言えば、六と即という両面が同時に存することになるのであり、ここではそれを常平等・常差別の語で論じている。常平等については、衆生と仏が皆真如であることを「色香中道」、つまり前に述べた「一色一香無非中道」によって説示する。安然は、更に常差別について論じた上で、その根拠として南岳慧思（五一五～五七七）撰と伝えられる『大乗止観法門』を挙げたのである。ここで、最澄の常平等・常差別の依用を『大乗止観法門』に基づくものであると指摘したことには十分注目しなければならない。すなわち、『大乗止観法門』には、常平等・常差別を説明する次のような記述が見出される。

常平等の故に心・仏、及び衆生、是の三差別無し。常差別の故に、五道に流転するを説きて衆生と名づく。流を反《イ汲》して源を尽くすを説きて名づけて仏と為す。此の平等の義有るを以ての故に、仏も無く、衆生も無し。

（大正四六・六四三頁下）

このように『大乗止観法門』に説かれる二義に依拠して、最澄は変成男子の議論で、それらを身体の捨受の義に適用させたのである。勿論、もとの意味するところは、衆生と仏との関わりであるから、成仏論に当て嵌めることは可能である。因みに、ここに見られるのと同様の説を、円珍は『法華論記』巻九本（仏全二五・二六六頁下）で、「南岳釈して曰く」として引用している。

さて、最澄の名言で、最澄の著作ではないものに見られるものとして、「道心の中に衣食有り。衣食の中に道心無し。」という言葉が挙げられる。道心の道とは菩提のことで、菩提、すなわち悟りを求める心のことである。これは、光定の『伝述一心戒文』巻下（伝全一・六四〇～六四一頁、六四三頁）に記されているが、実はその前に「道弘人、人弘道。」とあることが問題なのである。この箇所は、必ずしも一定しないが、「道（は）人を弘め、人（は）道を弘む。」というような読みがなされることがある。それでよいのであろうか。「道心の中に衣食有り。衣食の中に道心無し。」が肯定と否定表現の対になっているのであるから不自然の感があることは否めない。実は、「道弘人、人弘道。」の箇所は、当時においても有名であったと考えられる『論語』（衛霊公）の、「子曰く、人能く道を弘む。道、人を弘むるに非ず。（子曰、人能弘道。非道弘人。）」という記述を髣髴とさせるのである。その依用は、宝亀三年（七七二）三月二十一日の太政官符（『類聚三代格』巻三）に、「古人云く、人能く道を弘む。道、人を弘むるに非ず。」と見られる。この言葉は、肯定と否定表現の対になっていて、最澄の発言としても自然である。何らかの混乱があった可能性は否定できないであろう。とはいえ、『伝述一心戒文』では、「道弘人、人弘道。」

となっている。そもそも、『論語』では人が道を弘めることが主眼であり、それに基づけば「道弘人（道は人を弘め）」の箇所は否定されなければならないのである。そこで、筆者はかつて、「道弘人、人弘道。」の箇所を、「道は人に弘め、人は道を弘む。」と読んだことがあるが、[11]『論語』の文に依拠して理解する方が自然であるかもしれない。なお、『叡山大師伝』（伝全五・附録一七頁）には、台宗の刺史陸淳が最澄に、「道を弘むるは人に在り。人能く道を持す。（弘道在人。人能持道。）」と語ったことが記されているが、ここでもやはり「弘道」であって「道弘」という表記はなされていない。

このことについて付記するならば、『元亨釈書』巻一における最澄伝の賛は「或（人の）言く、人能く道を弘む。道、人を弘むるに非ず、と。苟も其の人無くんば、道、伝わらざるか。」と始まっている。

さて、最澄の名言と言えば、もう一つ「照千一隅」に触れないわけにはいかないであろう。このことについては、既に多くの議論が蓄積され、私見も公開している。敢えて言えば、決着を見ていないことは確かであり、それぞれの都合は度外視して、両説が出されていることを述べた上で自説を展開すべきであろう。

最澄直筆の「天台法華宗年分学生式」（「六条式」）の冒頭に、「国宝とは何物ぞ。宝とは道心なり。道心有るの人を名づけて国宝と為す。故に古人言く、径寸十枚は、是れ国宝に非ず。「照千一隅」、此れ則ち国宝なり、と。」と見られ、「照千一隅」の訓読としては「一隅を照らす」という読みが知られている。或いは、「一隅に照る」という説もある。これらは、「千」の字を「于」と理解するもので、漢文としては自然である。一方、文字通り「千」を採る研究者はあまり訓読に言及せず、「照千・一隅」としたり、「しょうせんいちぐう」でよいとする見解が提示された。しかしながら、それでは漢文として成り立たない。そこで、提案したのが、「千を一隅に照らす」という読み方である。

この読み方は漢文としては基本的な訓読法である。最澄が拠り所としたのは、湛然の『止観輔行伝弘決』巻五之一（大正四六・二七九頁中）に引用された『史記』の記述であることは間違いない。そして、「古人言く」とあるからには故事の内容を変えないことが基本になるであろう。そこで、『止観輔行伝弘決』を見ると、「照千里（千里を照らす）」と「守一隅（一隅を守る）」という動詞による表現が基調となっている。従って、「照千一隅」は「千里を照らし一隅を守る」という意味であるとするところまでは説明しうる。しかし、その訓読が示されることがなかった。詳細な研究があるにも拘らず、[12]なぜ、「千を一隅に照らす」という読みが一考だにもなされなかったのか分からない。このように読むことで、「一隅にいながら千（里）を照らす」というような、原意に通じる意味が導き出されるのではないだろうか。

以上のように、最澄の言葉を考える上で、重要なのは原意の咀嚼である。現在、最澄の真意が正しく伝えられているかどうか、再考を要するものがあることは確かであろう。

その他、蛇足ながら、『守護国界章』巻上之上（伝全二・一六九頁〜一七〇頁）に、「若し船に刻み、株を守らば、其の人愚なること甚しきのみ。」と見られるのが、二つの故事を意味することは言うまでもなく、「刻船守株」という四文字表記の先例としては、「刻舡《イ船》守株」（『弘明集』巻六、大正五二・三八頁上）や「刻舫守株」（『能顕中辺慧日論』巻二、大正四五・四二五頁上）が挙げられる。

五　日本天台における教学の展開

教学の展開を見る上で、いわゆる口伝法門や論義の内容を検討することは不可欠である。その根底が中国天台の思想にあり、その延長上の展開と捉えるべき要素は多い。

先ず、口伝法門は本覚思想とは切り離せず、本覚思想となると台密の現実肯定思想も共通する教理を提示するものの、内容としては天台教学が中心となる。論義も密教のものもあるが、天台教学の解明が主流である。更にそれらは、簡単には分類できないほど複雑に交渉するのであり、天台教学の継承とは言っても、煩瑣な議論への展開を示している。

但し、論義書の場合は、結論が明示されている場合も多く、また本覚思想文献は本覚思想という方向性がないわけではない。とはいえ、それらが織り成す教義の世界の検証には、中国天台の教学についての知識が要求されるため、表面的、或いは形式的な研究がなされるものの、なかなか具体的な研究が進展しないのが実状である。今後の大きな課題と言える。

さて、口伝法門の特色として、しばしば「秘す可し、秘す可し」、や単に「秘す可し」、或いはそれに類した「之を秘す可し」、「秘蔵す可し」というような表現が見出され、中には「最甚秘密の法門、尤も之を秘す可し」[13]というような例もある。それは口伝法門が文献として伝承されてきたことを意味する。また、秘される内容が、往々にして現実肯定思想と密接に関わることは言うまでもなかろう。但し、最大の秘伝と称する口伝が、中国仏教の文献から直接に抽出されていると看做しうる場合も存する。勿論、密教の伝承における秘密性が権威の伝承を意味する場合があることも当然である[14]。

天台宗が天台法華宗であるように、『法華経』を中心とすることは勿論であるが、胎・金・蘇という三部の密教がもう一つの根本法門として樹立したことも確かである。従って、教主義や仏身・仏土義も釈迦と大日如来との関係で議論され、その中枢が天台教学であることが顕著な特徴となっている。ともかく、密教の解釈にも天台教学が導入され、円仁・円珍・安然という学匠により比叡山の密教化が言われるとしても、それは密教の天台化の軌跡でもあった。但し、そこには『大日経義釈』という範とすべき至上の指南書が存在したのである。

そこで、最後に、日本天台宗において、円・密・禅・戒という四宗に加えて、浄土教が極めて重要な法門になったことに触れておきたい。なぜかと言えば、その中心となる仏が阿弥陀仏であり、その尊格が問題になるからである。実は、叡山浄土教におけるその解答はやはり中国天台の教学に求められることになる。

その整然とした議論として、『台宗二百題』の「弥陀報応」[15]を見ると、西方の阿弥陀仏が報身か応身かを問い、天台宗の解釈では応身であるとした上で、その義を説示する。浄土教家が阿弥陀を報身とすることは、例えば道綽（五六二～六四五）の『安楽集』（巻上、大正四七・五頁下）に見られ、『大乗同性経』（巻下、大正一六・六五一頁上～下）が弥陀報身説の依拠となることも知られるところである。しかるに、天台で応身説を主張する根拠の中で、重要なものに、智顗の『維摩経文疏』巻一（『維摩経略疏』巻一）の記述が挙げられる。すなわち、『維摩経文疏』（続蔵一―二七・四三二丁左上）には、「二に凡聖同居の浄土を明かすとは、西方無量寿国は復、果報此れに勝るは比喩す可きこと難しと雖も、然れども亦、是れ染浄凡聖同居国なり。」と見られ、西方無量寿国は染浄凡聖同居国、つまり凡聖同居土であることを明記しているのであり、その土は天台教学では応身の土に他ならないことになる。西方の阿弥陀仏を判じて、応身と落居するのが日本天台における論義の特色と言える。

但し、答えが定着すると自由な議論ができなくなり、形骸化を招くことにもなる。その点、日本天台における議論はそれなりの自由度を残すものであり、そこにも大きな特色があると言えるのではなかろうか。ここで論じた阿弥陀の尊格についても、例えば証真が諸説を検討した結果、『法華玄義私記』巻六（仏全二一・二三六頁上）で、「私に云く、弥陀の大身は勝応と報と未だ定判す可からず。薬師仏の如し。……薬師の仏土は既に極楽に同じ。故に弥陀仏広大の身は、或は応、或は報、亦、不定なる可し。」と説くように、一方に偏しないとする考え方も一つの見識となるであろう。

　このことから推知されるように、日本天台における教義は様々に論じられたのであり、仮に、同一の帰結に辿り着くとしても、その具体的内容の個性を検討することも課題となるのである。

註

（1）関口真大編著『天台教学の研究』（大東出版社、一九七八年）参照。

（2）同書（大正四五・三頁下～四頁上）には、「問う。何を以て、三蔵は是れ小乗なりと知るや。答う。法華（大正九・三七頁中、取意）に云く、亦、小乗三蔵学者に親近せざれ、と。大の照、未だ円かならざれば小法染し容《やす》きを恐るるが故に。智形宜しく隔つべし。行止、共にすること勿れ。大士を誡めて、小人に親近することを勿からしむ。則ち知る、三蔵は大乗に非ざることを。智度論（大正二五・七五六頁上～、略抄）に云く、迦葉・阿難は三蔵を結集し、文殊・弥勒は大乗蔵を集む。外人問うて云く、何が故ぞ、三蔵の内に於いて大乗を集めざるや、と。論主答えて云く、小乗は大を受けず。応に小の内に大を集むべからず、と。此を以て之を推すに、但是れ小乗なるのみ。」と見られる。

（3）証真の説については、拙著『天台教学と本覚思想』（法藏館、一九九八年）「証真教学における教主義と法身説法」、同『台密教学の研究』（法藏館、二〇〇四年）一六八頁、参照。

（4）凡聖同居土（染浄凡聖同居土）、方便有余土、実報無障礙土（果報無障礙土）、常寂光土の四土を言う。（　）内は『維摩経文疏』に依る。

（5）三平等と三密行との関わりについては、拙著『台密教学の研究』第三章「三密行について」参照。

（6）成仏については、『大日経義釈』巻五（『疏』巻六、続天全、密教1・一七二頁下）に、「我覚本不生とは、謂く、自心は本従り以来《このかた》本不生なりと覚了せば、即ち是れ成仏なり。而も実には覚も無く、成も無し。一切衆生は是の如き常寂滅の相を解せず、憶想分別して、妄りに生死有りと念《おも》い、六趣に輪回して、自ら出ずること能わず。」と示されていることが最重要である。このことについては、拙著『台密教学の研究』第一章「『大日経義釈』の教義と受容」第六節、参照。

（7）三劫段については、拙著『台密教学の研究』第一章「『大日経義釈』の教義と受容」第三節、参照。

（8）『自行略記注』には、「……法身は我が心なり。我が心は法身なり。此の仏の住処は常寂光土なり。然れば則ち我が身は法身如来なり。我が心は寂光・極楽浄土なり。」と見られる。詳しくは、拙著『天台教学と本覚思想』五四頁、参照。『自行略記注』は本覚思想特有の名字即成仏を強調する文献であり、そのことについては同『天台教学と本覚思想』一六頁・一四六頁、参照。

（9）拙著『天台教学と本覚思想』「五大院安然の国土観」参照。

（10）拙著『台密教学の研究』第六章「日本天台における法身説法思想」参照。

（11）拙編著『山家の大師　最澄』（吉川弘文館、二〇〇四年）「あとがき」。なお、塩入亮忠『伝教大師』四三四頁（日本評論社、一九三七年）では、「道は人に依つてのみ弘まる、人が無ければ道は弘まらぬ。」という訳をすることで、体裁を調えているが、理由は不明である。

（12）このことについて、佐伯有清『最澄とその門流』（吉川弘文館、一九九三年）には詳細な論考が収められている。

（13）『二帖抄』巻上、天全九・一二九頁上。

（14）なお、「秘密」という語には、奥深い教義の意味もあり、それは密教に限らない。そのことについては、拙稿「天台密教の顕密説」（『仏法僧論集』福原隆善先生古稀記念論集第二巻、山喜房佛書林、二〇一三年）参照。

（15）古宇田亮宣編『和訳天台宗論義二百題』（隆文館、一九六六年）三八七頁〜。

参考文献

福田堯穎『天台学概論』（文一出版、一九五四年。中山書房より再刊）
佐藤哲英『天台大師の研究—智顗の著作に関する基礎的研究—』（百華苑、一九六一年）
古宇田亮宣編『和訳天台宗論義二百題』（隆文館、一九六六年）
安藤俊雄『天台学—根本思想とその展開—』（平楽寺書店、一九六八年）

浅井円道『上古日本天台本門思想史』（平楽寺書店、一九七三年）
関口真大編著『天台教学の研究』（大東出版社、一九七八年）
佐伯有清『最澄とその門流』（吉川弘文館、一九九三年）
大久保良峻編著『新・八宗綱要―日本仏教諸宗の思想と歴史―』（法藏館、二〇〇一年）
大久保良峻編著『山家の大師　最澄』（吉川弘文館、二〇〇四年）

Ⅱ　天台の実践論

Ⅰ　止観概説

松本知己

一　はじめに

『法華玄義』巻三下（大正三三・七一五頁中）の、「智目行足、清涼池に到る」という記述が示すように、天台宗の立場は、教観二門、すなわち理論と実践を等しく重視する。天台教学を大成した智顗《ちぎ》（五三八～五九七）は、実践に関する著述を数多く残した。晩年の講説『摩訶止観』は、実践と教学が融合した、智顗の思想の到達点を示すものであり、『法華経』の要義を説く『法華玄義』、随文解釈の『法華文句』と共に、「天台三大部」として知られる。また、その教説が日本天台に与えた影響は、極めて大きい。そこで、ここでは、『摩訶止観』の説示を中心に、天台の実践論を概観する。

二　天台止観の形成

智顗は荊州の出身である。二十歳で具足戒を受け、二十三歳の頃、光州大蘇山にいた慧思（五一五〜五七七）に師事した。慧思の著作には、『諸法無諍三昧』『随自意三昧』や『法華経安楽行義』等があり、『大品般若経』『大智度論』『法華経』を中心とする実践法を確立していた。智顗の伝記である『隋天台智者大師別伝』の記述によれば、智顗は慧思の下で修行し、法華三昧の前方便たる定に入り、初旋陀羅尼を発得したという。慧思の命に従って陳都金陵に出た智顗は、瓦官寺で、『釈禅波羅蜜次第法門』（以下、『次第禅門』と略称）等の講説を行い、後進の指導に従事すること約八年間にして、天台山に隠棲した。山中の華頂峯で頭陀を行じた智顗に神僧が一実諦の法門を授けたと伝えられる。その後、隋の中国統一の前後に、『摩訶止観』を含む「天台三大部」の講説を行い、晩年は、晋王広（後の煬帝）の懇請に応じて、『維摩経』に関する著述を行った。

実践に関する智顗の著作中、佐藤哲英氏による時代区分に従えば、瓦官寺時代を代表するのは『次第禅門』であり、三大部講説時代を代表するのが『摩訶止観』である。『次第禅門』では、『大智度論』に基づき、禅の一語で仏教の諸々の実践を統括する。『摩訶止観』に至ると、同じ構想が、止観の語によって展開するのであり、このことは、智顗の実践理論が、禅から止観へと移行したことを示すものである。また、三諦三観や一念三千など、「天台三大部」に広説される重要教義が、瓦官寺時代を含む前半生の著作には明確に見出せない。換言すれば、天台山隠棲時代における思索の深化を示すといってよい(1)。

『摩訶止観』十巻は、開皇十四年（五九四）、荊州玉泉寺における夏安居中に行われた智顗の講説を、弟子の灌頂

（五六一～六三二）が筆録し、修治して成立した。「止観明静、前代未聞なり。」（大正四六・一頁上）という文にはじまり、灌頂が「此の止観は、天台智者、己心中所行の法門を説く。」（大正四六・一頁中）と述べるように、智顗が慧思から相承した方法を基盤としながらも、独創的な構想によって、仏教における各種の実践法のみならず、教理の全体を止観の二字で包摂し、天台教学に基づく実践体系を確立することを企図している。『摩訶止観』は、五略十広の組織を有する。十広とは、一大意、二釈名、三体相、四摂法、五偏円、六方便、七正観、八果報、九起教、十指帰の十章であり、第一の大意は、さらに発大心、修大行、感大果、裂大網、帰大処の五項目で説示される。これを五略という(2)。

三　三種止観

天台止観は、証悟への階梯の相違によって、漸次・不定・円頓の三種に区分される。『摩訶止観』の序分に、「天台は南岳より三種の止観を伝う。一には漸次、二には不定、三には円頓なり。皆是れ大乗にして倶に実相を縁じ、同じく止観と名づく。」（大正四六・一頁下）とあるように、智顗が南岳、すなわち慧思から伝授された三種止観は、全て諸法実相を体得する大乗の行法である。漸次止観及び不定止観の方法論については、それぞれ『次第禅門』『六妙門』に詳説されている。『摩訶止観』が解明するのは円頓止観である。次に引用する箇所は円頓章と呼ばれ、円頓止観の要諦を示す文として重視されている。

円頓とは、初めより実相を縁ず、境に造《いた》るに即ち中にして、真実ならざること無し。縁を法界に繋け、念を法界に一《ひとし》うす。一色一香も中道に非ざること無し。己界及び仏界、衆生界も亦た然り。陰・入皆如なれば苦の捨つべき無く、無明塵労即ち是れ菩提なれば集の断ずべき無く、辺邪皆中正なれば道の修すべき無く、生死即ち涅槃なれば滅の証すべき無し。苦無く集無きが故に世間無く、道無く滅無きが故に出世間無し。純ら一実相にして、実相の外に更に別法無し。法性寂然なるを止と名づけ、寂にして常に照らすを観と名づく。初後を言うと雖も二無く別無し。是れを円頓止観と名づく。

（大正四六・一頁下～二頁上）

漸次止観が段階的な修行法であり、不定止観は行者の資質や能力によって段階を定めないのに対し、円頓止観は初めから諸法実相を対境とする。「一色一香無非中道」という文が示すように、無明がそのまま菩提であり、生死がそのまま涅槃であるのが中道すなわち実相であるとすれば、四諦にいう苦・集はなく、それを対治する道・滅もない。したがって、円頓止観における止は「法性寂然」（法性に同化して動揺がなく、静まっていること）であり、観は「寂而常照」（静まっていながら常に活動性を有し、全てを照らし出す）という、実相或いは法性そのもののあり方に他ならない。

ところで、「止」及び「観」とは、それぞれサンスクリットのシャマタ（śamatha）、ヴィパシャナー（vipaśyanā）の訳語であるとともに、数息観に関する六息念（数・随・止・観・還・浄）の第三であるスターナ（sthāna）、及び第四のウパラクシャナー（upalakṣaṇā）の訳語でもある。このうち、シャマタは「心の動きを止める」（止息）の意、スターナは「心を一所に固定させる」（安止）の意であり、両者は語義を異にする。しかし中国では、夙に鳩摩羅什門下である僧肇の『注維摩詰経』にシャマタを安止の意味で説明する用例が見出されるなど、インドとは異なって、両者を同一視する理解がなされていた。智顗も、『摩訶止観』巻三上で止観の名を釈する際、止を「息」

「停」「対不止止」、観を「貫穿」「観達」「対不観観」の各三義で規定している。止について見ると、「息」は止息、「停」は安止の意味であり、この定義が中国的な系譜に属することがわかる。[3]

智顗は、右の三止三観を相待《そうだい》止観と呼び、法華以前の諸教に説く止観法門に位置づけ、『摩訶止観』所説の法華円教の止観を絶待《ぜつだい》止観と名づける。そして、この円頓止観、絶待止観の本質を論ずる体相章では、大乗独自の三止三観を提示する。凡夫や二乗より高次の止としての、体真止、方便随縁止、息二辺分別止であり、観は、空仮中の三諦を観ずる三観、すなわち従仮入空観（二諦観）、従空入仮観（平等観）、中道第一義諦観である。この三止三観の独自性は、体真止等の一止或いは一観が、それぞれ空仮中の三諦を具備し、前の息等の三止或いは三観をも具備している点にある。例えば、体真止については、「体真止の時の如きは、因縁仮名空にして主無しと達すれば、流動の悪息む。是れを止息の義と名づく。心を停めて理に在り、正しく是れ因縁に達するは、是れ停止の義なり。此の理即ち真、真即ち本源、本源止と不止とに当たらず。是れ非止の止なり。此の三義共に体真止の相を成す。」（大正四六・二四頁上）という説明がなされる。すなわち、体真止が三諦でいえば空であり、息・停・不止止の三義を具しているのである。ただし、この三止三観が各別になされるのでは不十分であり、行者の心において相互に融即することが必要となる。「円頓止観の相とは、止を以て諦を縁ずれば則ち一諦にして三諦なり。諦を以て止に繋ければ則ち一止にして三止なり。……観を以て境を観ずれば則ち一境にして三境なり。境を以て観を発すれば則ち一観にして三観なり。」（大正四六・二五頁中）とされる。つまり、一即三、三即一のあり方が、『摩訶止観』所説の円頓止観の相とされるのである。これを端的に言表するのが一念三千であり、後に解説する。

四　四種三昧

止観実践の行法は四種三昧であり、五略の第二、修大行で説示される。四種三昧とは、常坐三昧・常行三昧・半行半坐三昧・非行非坐三昧をいう。仏教の数多い実践を、行・坐の四句で網羅する構想による。このうち、半行半坐三昧は、法華懺法と方等懺法を包含し、非行非坐三昧には、請観世音懺法が含まれる。そもそも懺法とは、滅罪のための懺悔を儀礼化した行法であり、中国では治病や除厄を目的として修されることが多かった。しかし、智顗においては、「一に四種三昧を勧進して菩薩の位に入ることを明かさんとして是の止観を説くとは、夫れ妙位に登らんと欲せば、行に非ざれば階《のぼ》らず。善く解して鑽揺せば、醍醐を得べし。」（大正四六・一一頁上）とあるように、懺悔の形式をとるとしても、菩薩の位に入るための修行法である。この点は、中国仏教における新機軸をなすものといえる。(4) なお、「醍醐」とは、湛然（七一一～七八二）の註釈（『止観輔行伝弘決』巻二之一、大正四六・一八二頁上）によれば、初住位を指すのであり、したがって、四種三昧は、成仏のための行法である。

『摩訶止観』の説示は、方法及び勧修に大別される。方法とは身口意の三業の所作であり、身の開遮（承認事項と禁止事項）、口の説黙、意の止観が規定されている。

常坐三昧は、『文殊問般若経』『文殊説般若経』に基づく。一行三昧とも称する。九十日を一期《ご》とし、一仏の方面に向かって端坐修観する。本尊は定められていないが、湛然（『止観輔行伝弘決』巻二之一、大正四六・一八二頁下）は阿弥陀仏とする。経行・食事・便利の他は専ら坐する。沈黙を正儀とし、疲極・疾病・睡眠などの障が生じた場合のみ、一仏の名を称し、障を除去する。そして、「但だ専ら縁を法界に繫け、念を法界に一《ひとし》うす。」（大正四六・一一頁中）とあるように、実相を観ずる。

常行三昧は、『般舟三昧経』に基づく。修行中に十方の現在仏が現前に立つのを見ることができることから、仏立三昧ともいう。九十日を一期とし、阿弥陀仏を本尊とする。道場の周囲を繞旋行道し、住坐臥を遮する。常に阿弥陀仏の名を唱え、阿弥陀仏を念ずる。所作の要点については、「歩歩《ぶぶ》声声《しょうしょう》念念、唯、阿弥陀仏に在り。」（大正四六・一二頁中）という記述が知られている。意の止観としては、阿弥陀仏の三十二相及び極楽浄土を観ずる。湛然の註釈（大正四六・一八七頁中下）では、その観相を、空仮中の三観に配当する。心身いずれによっても仏は認識できず（不可得）、三昧中に心に仏を見るのは、行者自身の心を見ることである。己心と仏心とは、本来的には能所の別なく、中道に他ならないことを知るべきことを述べる。

半行半坐三昧は、行道・礼拝・坐禅を兼ねて行うものである。『大方等陀羅尼経』に基づく方等三昧と、『法華経』及び『観普賢菩薩行法経』（以下、『観普賢経』或いは『普賢観経』と略称）に基づく法華三昧の二種がある。

方等三昧は、七日を一期とし、二十四尊を本尊とする。道場を荘厳して円壇を設け、五色幡を懸ける。行者は、摩訶袒持《たんじ》陀羅尼（大秘要遮悪持善と訳される）の章句を、一匝《そう》に百二十遍誦しながら、円壇の周囲を百二十匝懺悔行道し、次に坐して思惟する。意の止観は、摩訶袒持陀羅尼を思惟するのであり、それはすなわち実相中道正空を思惟することであるとされる。また、五色蓋や二十四像など、行法の諸事に托した観法を修する。この場合、前者は五陰に、後者は逆順の十二因縁に見立てられる。なお、別行本として『方等三昧行法』一巻があり、『国清百録』巻一にも、『方等懺法』が収録されている。

法華三昧は、身の開として、「一厳浄道場、二浄身、三三業供養、四請仏、五礼仏、六六根懺悔、七遶旋、八誦経、九坐禅、十証相」（大正四六・一四頁上）とあるが、所作の詳細は、別行の『法華三昧』に譲っている。右の次第は、内容が一致する智顗の『法華三昧懺儀』によれば、次のとおりである。三七日（二十一日間）を一期とし、道場に高座を設けて『法華経』を安置し、十方の三宝を礼し、釈迦・多宝・分身諸仏や『法華経』、菩薩以下の聴衆などを奉請し、敬礼する。その後、六牙白象に乗り、無量の眷属に囲繞せられた普賢菩薩が行者に現前するので、『普賢観経』の説示に基づいて、眼耳鼻舌身意の六根懺悔を行い、行道、誦経する。その後、坐禅によって実相を思惟し、機根に応じて得益するのである。ところで、『法華三昧懺儀』に規定される奉請三宝の儀式は、智顗の懺法全てに共通するものであるが、この成立については、近年道教からの影響が指摘され、解明を要する問題になっている。(5)

なお、慧思は、『法華経安楽行義』（大正四六・七〇〇頁上中）で、法華三昧の行法として、安楽行品による無相行と普賢菩薩勧発品による有相行の二種を区分した。これに対して智顗は、『摩訶止観』の意の止観を説示する箇所で、安楽行品にも『法華経』の護持等の事―有相行があり、勧発品と同視した上で、『観普賢経』にも懺悔等の理―無相行があると述べる。そして、「是れ行人事に渉りて六根懺を修して悟入の弄引と為す。故に有相と名づく。若しは直ちに一切法空を観じて方便と為す者あり。故に無相と言う。妙証の時、悉く皆両ながら捨つ。若し此の意を得ば、二経において疑無し。」（大正四六・一四頁上）とあるように、有相行である六根懺悔も、無相行である空観も、証悟の後は捨てられるべき手段に過ぎないとして、法華三昧の行法を体系化したのである。

非行非坐三昧は、右の三三昧と異なり、行坐等の規定がなく、一切の事に通ずる三昧である。換言すれば、諸行法中、右の三昧に含まれないもの全てをいう。随自意三昧、覚意三昧とも称する。『摩訶止観』では、二種に大別される。第一には、「約二諸経一」であり、諸経典所説の三昧の代表例として、特に『請観世音経』（『請観世音菩薩消伏毒害陀羅尼呪経』）に基づく行法を説示している。第二には、「約二三性一（善・悪・無記）」であり、特定の経典に依ることなく、善・悪・無記の心を観ずる行法である。

なお、『請観世音経』に基づく行法は、懺法の形式をとり、阿弥陀仏と観音・勢至菩薩の三尊像を請じ、楊枝浄水を設けて行う。そこでは、三障（報障・業障・煩悩障）を破する銷伏毒害陀羅尼や破悪業障陀羅尼、六字章句陀羅尼など、多くの陀羅尼を用いる。『摩訶止観』（大正四六・一五頁上中）では、この六字を六観音（大悲・大慈・師子無畏・大光普照・天人丈夫・大梵深遠）に配し、地獄乃至天の六道の三障を破するとする。また、六観音を二十五三昧に配当している。(6)

五　十境と十乗観法

円頓止観が初心から実相を対境とし、身口意の所作等が四種三昧の規定によるとして、行者が実際に修行する際、どのようにすべきか。そのことは、『摩訶止観』では、十広の第六、方便に説かれる二十五方便（具五縁、呵五欲、棄五蓋、調五事、行五法）を具足することを前提に、第七の正観（正修止観）で詳説される。

止観が観法である以上、その対象が必要となる。止観の対境は、陰入界境、煩悩境、病患境、業相境、魔事境、禅定境、諸見境、増上慢境、二乗境、菩薩境の十境である。

これらに対して、十の法門、具さには、観不可思議境、発真正菩提心、巧安止観、破法遍、識通塞、修道品、対治助開、知次位、能安忍、無法愛という方法で観じてゆく。十境に対して十の法門で観心を行うことから、十乗観法と称する。ところで、ここでは、四種三昧に言及することがないため、両者の関係が論点となりうる。つまり、五略で説示される四種三昧は、十乗観法の前方便に過ぎないか否か、という問題であるが、湛然は、『止観輔行伝弘決』(大正四六・一八三頁中)で、四種三昧には十乗観法の趣旨が略説されているため、両者には広略の相違があるのみであり、優劣はないと理解している。

十境のうち、凡夫から聖人に至るまで、全ての行者の現前にあるのは、陰入界境である。それに対し、他の九境は、修行の過程によって発不発が定まらない。したがって、陰入界境は止観の対境の基盤を為すものである。陰入界境は、五陰(色受想行識)・十二入(眼耳鼻舌身意の六根、色声香味触法の六塵)・十八界(六根六塵、及び眼識以下の六識)の三科から構成される。この中で、智顗が対境に定めるのは、「今当に丈を去って尺に就き、尺を去って寸に就き、色等の四陰を置いて但だ識陰を観ずべし。識陰とは、心是れなり。」(大正四六・五二頁上中)とあるように、五陰中の識陰であり、心である。ちなみに、対境をどう理解するかは、中国及び日本で、それぞれ問題となった(7)。

この識陰或いは心を通じて得られる表象が、思議を超越した境界、つまり不可思議境であることを観得するのが、観不可思議境という観法である。『摩訶止観』では、『華厳経』(大正九・四六五頁下)の、「心は工なる画師の如く、種種に五陰を画き、一切世界の中に法として造らざるは無し。」という偈が説示の出発点となる。心が造る五陰は、十法界(地獄・餓鬼・畜生・修羅・人・天・声聞・縁覚・菩薩・仏)を構成する。これを五陰世間と呼ぶ。また、十法界には異なる衆生が住することから、これを衆生世間と呼ぶ。さらに、衆生が住する国土も十種に異なるので、これを国土世間と呼ぶ。この三世間は、『大智度論』に拠るものである。十法界に三世間があるとして、この三十種の世間における諸法のあり方を示すのが、『法華経』方便品(大正九・五頁下)の説示に基づく十如是(如是相・如是性・如是体・如是力・如是作・如是因・如是縁・如是果・如是報・如是本末究竟等)である。これらが、観心を行う行者の一念の心において、個別に存在するのではなく、互融するのが観不可思議境である。次の記述は、一念三千を述べる箇所として知られる。

夫れ一心に十法界を具す。一法界に又十法界を具して、百法界なり。一界に三十種の世間を具し、百法界は即ち三千種の世間を具す。此の三千は一念の心に在り。若し心無くんば已みなん。介爾も心有れば即ち三千を具す。

（大正四六・五四頁上）

一法界が十法界を具し、十法界が互いを具すると百法界となる。各法界に、諸法実相としての十如是がある。これらを三種世間を通じて把握すれば、合計三千の法となる。このように、融即した三千の法が、一念の心に具備されるというのである。なお、例えば、『法華玄義』巻二上（大正三三・六九三頁中）では、三種世間を加えずに、百界千如で説示されることから、三千という数字には拘泥する必要はないかもしれない。重要なのは、心が諸法を具する所以、つまり一念心と三千との関係である。智顗は、右の文に続いて、心と三千に先後はなく、能生、所生の関係が成立し得ないことを指摘する。

若し一心より一切法を生ぜば、此れ則ち是れ縦なり。若し心一時に一切法を含まば、此れ即ち是れ横なり。縦も亦不可なり。横も亦不可なり。秖《ただ》心は是れ一切法なり。一切法は是れ心なり。故に縦に非ず横に非ず、一に非ず異に非ず。玄妙深絶にして、識の識る所に非ず、言の言う所に非ず。所以に称して不可思議境と為す。意は此に在り云云。

（大正四六・五四頁上）

心が一切法を生ずるのではなく、既にある一切法を心が認識するのでもない。ここでいわんとするのは、心が一切法であり一切法が心であるという、認識や言語などによる概念的な理解を超えた、言語道断、心行処滅のあり方である。その理由は、「当に知るべし、四句もて心を求むるも不可得、三千法を求むるも不可得なり。」（大正四六・五四頁中）とあるように、（自・他・共・無因などの）四句推撿或いは四句分別によって推論するに、心も一切法も不可得、すなわち実体的な把捉ができないという点に求められる。不可得の故に一切法は不二相即であり、心についていえば、そのありようを言表するには、「一心一切心、一切心一心、非一非一切」という仕方による以外にはない。むしろ、それが至当ということになる。このことは、心だけでなく、陰入界など一切法について該当するのであり、空仮中の三諦との関係でいうと、次のようになる。

若し法性と無明と合して一切法陰界入等有るは、即ち是れ俗諦なり。一切の界入是れ一法界なるは、即ち是れ真諦なり。非一非一切は、即ち是れ中道第一義諦なり。是の如く遍く一切法に歴るに、不思議の三諦に非ざること無し云云。若し一法一切法ならば、即ち是れ因縁所生の法、是れを仮名と為す。仮観なり。若し一切法即ち一法ならば、我説即是空、空観なり。若し非一非一切ならば、即ち是れ中道観なり。一空一切空ならば、仮中にしてしかも空ならざるは無く、総じて空観なり。一仮一切仮ならば、空中にしてしかも仮ならざるは無く、総じて仮観なり。一中一切中ならば、空仮にしてしかも中ならざるは無く、総じて中観なり。即ち中論に説く所の不可思議の一心三観なり。

（大正四六・五五頁中）

要するに、法性と無明によって施設される陰入界等は、一法一切法―俗諦、一切法一法―真諦、非一非一切―中道第一義諦という不思議三諦として捉えられる。それを対境とする行者の一心において、一空一切空、一仮一切仮、一中一切中というように、三観相互が融即するのが一心三観である。三観によって得られる智は、一切智・道種智・一切種智の三智であり、円頓止観においては、これも一心に具することになる。このことは、しばしば「三智一心中に在り」或いは「三智一心中に得」という、『大智度論』巻二七（大正二五・二六〇頁中）の取意の文で引証される。

三観は、『摩訶止観』では、十乗観法の第四破法遍において、行者の顚倒を破すべく、惑の対治を中心として、最も詳細に説示されている。そこでも基調は一心三観にある。三観を段階的に修する次第三観、或いは別相三観が、別教の修法として、円教の一心三観との対比で整理されるのは、最晩年の『維摩経玄疏』や『三観義』といった『維摩経』に関連する著作においてである。なお、智顗が生前完成できなかった『維摩経文疏』では、巻二一以降、円教の三観として、一心三観以外に通相《つぞう》三観という観法が説かれ、三種三観の構想が見られる。ただし、智顗の説示は意を尽くしたものではなく、その解明は今後の課題である(8)。

六　天台実践の根幹――四種三昧の日本における展開――

既に述べたように、四種三昧は、天台止観の実修形式を定めるものであり、実践の根幹をなす。日本への体系的な導入は、最澄（七六六、一説七六七～八二二）以降のことである。最澄は、延暦二十三年（八〇四）から二十四年にかけて、還学生として入唐し、天台教学を中心に、密教も学んだ。止観等の実践については、主に湛然の弟子である道邃から伝授されたようである（『内証仏法相承血脈譜』、伝全一・二三〇頁）。翌延暦二十五年（八〇六）には、

「天台法華宗」への年分度者二名の配分を上奏し、許可された。ここに天台宗が公認され、年分度者の学業は、一名が遮那業（『大日経』を読む）、一名が止観業（『摩訶止観』を読む）とされた。密教と共に、止観法門が、日本天台の存立基盤における一翼を担うことになったのである。

帰朝後から晩年にかけて、最澄にとっての最重要課題の一つが、法相宗の学匠、徳一との論争であった。『守護国界章』巻上之下では、実践に関する議論が展開されている。そこで主な論点となったのは止観の意義であり、四種三昧に関する具体的な問題には言及されることはない。しかし、最澄は、徳一の説を批判した後、独自の実践論を提示するのであり、それは四種三昧を主要な要素とするものである。すなわち、仏教を、権小（かりの小乗）・権大（方便としての大乗）・実一乗に区分し、それぞれの実践について、「修行道に亦、歩行迂回道・歩行歴劫道・直道」（伝全二・三四八頁）があり、修行者にも前二者の行者に加えて直道を修する「飛行無礙道」の行者があるとする。最澄によれば、徳一の実践論は前の二つに該当し、天台宗の実践論こそが、速疾な成仏を可能とする直道——飛行無礙道である。その内実を成すのが次の記述である。

此の二の歩行道は、教のみ有りて修人無し。当今の人機は皆転変し、都て小乗の機無し。正・像稍過ぎ已りて、末法太だ近きに有り。法華一乗の機、今正に是れ其の時なり。何を以て知るを得ん、安楽行品の末世法滅の時なることを。今、四安楽行、三の入・著・坐行、六牙白象観、六根懺悔法、般若一行観、般舟三昧行、方等真言行、観音六字句、遮那胎蔵等、是の如き直道経、其の数無量有り。今現に修行する者は、得道数うべからず。

（伝全二・三四九頁）

歩行迂回道及び歩行歴劫道は、末法に近い世では教えのみあって修行者がなく、時機相応なのは、天台宗が標榜する法華一乗の実践であると述べて、行法を列挙している。『法華経』安楽行品に説示される四安楽行、法師品の弘経の三軌、普賢菩薩勧発品の六牙白象観、及び法師功徳品の六根懺悔法は、半行半坐三昧のうち法華三昧である。般若一行観は常坐三昧、般舟三昧行は常行三昧である。方等真言行は、半行半坐三昧のうち方等三昧であり、観音六字句は非行非坐三昧である。さらに、遮那胎蔵として、『大日経』に基づく胎蔵法を挙げている。要するに、直道の骨子となるのは、『摩訶止観』所説の四種三昧及び密教の行法ということになる。こうした点に、慧思や智顗以来の実践の尊重と、日本天台の特色である円密一致の教学形成への萌芽を見ることができるであろう[9]。換言すれば、円密一致の教学を構築する際には、両者の関係が問題となりうるのであり、台密教学の大成者たる安然（八四一～八八九～、一説九一五没）や、「三大部私記」を著した証真（一一三一～一二二〇頃）も、それぞれの立場から論じている[10]。

ところで、最澄には、四種三昧を実修する道場として「四種三昧院」を設置する構想があったようである。『山家学生式』「天台法華宗年分度者回小向大式」（四条式）（伝全一・一六～一七頁）では、年分度者や回心向大の初修者を、十二年間、四種三昧院に止住させるとしている。また、『顕戒論』巻上（伝全一・七四頁）では、「四三昧院とは、行者の居する所なり。春秋は常行、冬夏は常坐、行者の楽欲に随いて、応に半行半坐を修し、亦非行非坐を修すべし。」とし、常行三昧は春秋、常坐三昧は冬夏などと、行ずる時節にも言及している。しかし、最澄の構想がどの程度実現したのかについては未詳の点が多く、『叡山大師伝』などによれば、弘仁三年（八一二）七月に法華堂が創建されたという記述が見出されるにとどまる。また、最澄の生前における実修の形態も、よくわかっていない。

最澄によって導入された四種三昧のうち、日本において、勤行の作法として注目されたのは、法華三昧と常行三昧である。それぞれ、『摩訶止観』等における智顗の説示とは少しく異なる形態をとりながら定着した。日本天台の実践として、「朝懺法夕念仏」或いは「朝懺法夕例時」という成句が知られるように、法華懺法及び例時作法の呼称で修されるようになり、現在に至っている。

こうした方向性の基盤を作ったのは、円仁（七九四～八六四）の業績とされている。

まず、法華三昧については、例えば、『慈覚大師伝』の嘉祥元年（八四八）の記事には、「大師、是に於いて始めて法華懺法を改伝す。先師は昔其の大綱を伝え、大師は今此の精要を伝う。」（続天全、史伝2・六七頁上）とあり、円仁が法華懺法を改めて将来し、その儀則の枢要を伝えたとしている。円仁の改伝にしても、その具体的な内容は未詳であるが、日本で実修されてきた法華懺法は、智顗の『法華三昧懺儀』所説の行法とは異なって、坐禅観法や証相を含まず、儀礼化が進展したものであることが解明されている。[11]

次に、常行三昧については、同じく『慈覚大師伝』の仁寿元年（八五一）の記事に、「五台山の念仏三昧の法を移して諸弟子に伝授し、常行三昧を始修せしむ。」（続天全、史伝2・六八頁下）とある。すなわち、円仁が入唐中に見聞した、法照流の五会念仏を導入し、これを常行三昧としたということである。円仁の死の翌年、貞観七年（八六五）八月には、東塔に円仁が建立した常行堂において、不断念仏が始修された。その後、寛平五年（八九三）には西塔に、天暦八年（九五四）には、藤原師輔の発願によって、横川にも常行堂が建立された。この不断念仏のありさまについては、『三宝絵詞』下巻「比叡不断念仏」に詳しい。それによれば、不断念仏は四種三昧中の常行三昧であり、念仏と共に『阿弥陀経』の誦経が用いられ、その滅罪除障の効果として極楽往生を期することを内容とする。これについては、法照の五会念仏との共通性が指摘されている。[12]

以上のように、円仁を起点に展開した天台の実践法は、慶滋保胤《よししげのやすたね》らを中心とする勧学会《かんがくえ》の活動に知られるごとく、『法華経』信仰の一形態として、或いは極楽往生のための行として、貴族社会にも深く浸透し、日本の浄土教発展の揺籃となったのである。

なお、法華懺法の展開について付言すれば、日常的な勤行の他、『法華経』を書写する法会である如法経供養（これも円仁を起源とする）の一環としても修されるようになっていった。また、摂関期頃からは、貴族の私的な追善供養の儀礼として盛んに行われた。宮中では、保元二年（一一五七）、後白河天皇が仁寿殿で修した例を嚆矢とする。その後、記録には見えない時期もあるが、南北朝時代以降は、先帝などの追善供養を行う公的な法要、すなわち御懺法講として、天皇が書写した『法華経』を用いる法華八講、すなわち宸筆御八講《しんぴつ》に代替する形で定着していった。御懺法講《おせんぼうこう》は、その後、江戸時代を通じて実施されたが、文久三年（一八六三）十月十二日・十三日の二日間、新朔平門院《しんさくへいもんいん》（仁孝天皇の女御・皇太后）十七回忌を禁中御懺法講として修したのを最後に、明治政府によって朝廷の仏事が廃止されたことから、断絶した。その後、もと門跡寺院であった大原三千院が復興した。昭和五十四年（一九七九）からは、同院において、毎年五月三十日に開催されている。(13)

註

（1）佐藤哲英『天台大師の研究―智顗の著作に関する基礎的研究―』（百華苑、一九六一年）第一篇「天台智顗の生涯と著作」参照。

（2）ただし、『摩訶止観』の記述は、十広の第七正観に十境を説くうち、第七の諸見境までで終わり、十広の第八以降は不説となっている。この点につき、佐藤前掲（註1）書、三六五頁参照。

（3）楠山春樹「漢語としての止観」（関口真大編著『止観の研究』岩波書店、一九七五年）参照。本文のように両義的な止の定義を明確に行ったのは『摩訶止観』が嚆矢であること、智顗は、漢語としての止が本文のような二重の意味を有することを知悉した上で、円頓止観の説示などにおいては、むしろ積極的に安止の義を活用したことなどの指摘がなされている。

（4）小林正美『六朝仏教思想の研究』（創文社、一九九三年）第六章「智顗の懺法の思想」Ⅰ「三昧法としての懺法」参照。

（5）小林前掲（註4）書、第六章Ⅱ「奉請三宝の儀式と道教の醮祭」参照。これに対し、阿純章「天台智顗の懺法における奉請三宝の由来―漢訳経典の立場から―」（『天台学報』四九、二〇〇六年）、同「奉請三宝の由来―智顗以前に中国で行われた懺悔法を中心に―」（『印度学仏教学研究』五六-一、二〇〇七年）は、智顗以前にも仏教において類似の儀式が行われていたことを指摘する。ただし、智顗の規定が道教のそれに酷似したものであり、かつ道教の儀礼は仏教と無関係に形成されたことから、智顗は道教の儀礼に触発されたとの結論を示している。

（6）この点につき、三﨑良周『台密の研究』（創文社、一九八八年）第一編第五章「四種三昧と密教」参照。また、大久保良峻編著『新・八宗綱要―日本仏教諸宗の思想と歴史―』（法藏館、二〇〇一年）八二頁参照。

（7）中国では、四明知礼（九六〇～一〇二八）を中心とする山家派と、華厳教学や禅の思想を導入した山外派が教義論争を展開した。両者の論点は多岐にわたるが、止観の対境としては、前者が妄心（六識陰妄の一念）とするのに対し、後者は真心（真性の理心）とした。この論争については、安藤俊雄『天台性具思想論』（法藏館、一九五三年）、同『天台思想史』（法藏館、一九五九年）、玉城康四郎『心把捉の展開―天台実相観を中心として―』（山喜房佛書林、一九六一年）参照。日本では、「観境六八」の論題になり、第六識と第八識のいずれを対境とするかが論じられた。証真は、『止観私記』巻五本（仏全二二・九六六頁下～九七〇頁上）で、対境を根塵相対の一念心、つまり第六識とするか、元初一念、つまり無始無明一念、第八識とするかという議論を行い、前者の立場を採っている。中世の日本天台では、「元初一念」がキーワードになった。

（8）佐藤前掲（註1）書、付篇「三観思想の起源及び発達」参照。また、同「三観思想の起源及び発展」（関口真大編著『止観の研究』）参照。通相三観についての研究動向と問題点については、拙稿「証真の教学における三種三観について」（『印度学仏教学研究』五九-二、二〇一一年）参照。

（9）　この点を含め、最澄の教学全般について、大久保良峻「最澄の教学」（『山家の大師　最澄』吉川弘文館、二〇〇四年）参照。また、最澄の成仏論における密教義の意義について、同「最澄の成仏思想」（『仏教学』四八、二〇〇六年）、同「最澄と徳一の行位対論」（『真言密教と日本文化』加藤精一博士古稀記念論文集、上、ノンブル、二〇〇七年所収）参照。なお、徳一との論争及び最澄の実践論について、田村晃祐『最澄教学の研究』（春秋社、一九九二年）第四部第六章「最澄の実践論」参照。

（10）　三﨑前掲（註6）書、一〇六～一〇九頁参照。安然は、密教の三密修法と四種三昧について、行法は異なるが意義は同じと判じ、証真は、四種三昧に真言密教同様の効用を包含するという立場を採るとする。また、大久保良峻『台密教学の研究』（法藏館、二〇〇四年）第三章「三密行について」は、この点について、日本天台における三密行の受容を論ずる過程で言及する。

（11）　佐藤前掲（註1）書、第二篇第三章「法華三昧懺儀」参照。

（12）　この点について、薗田香融「山の念仏―その起源と性格―」（藤島達朗・宮崎円遵編『日本浄土教史の研究』平楽寺書店、一九六九年）参照。また、円仁による法華懺法・常行三昧の相伝全般について、塩入良道「慈覚大師改伝・相伝の懺法について」（福井康順編『慈覚大師研究』天台学会、一九六四年）参照。

（13）　法華懺法の展開について、天納傳中「宮中御懺法講について」（『日本仏教学会年報』四三、一九七七年）、同『天台声明―天納傳中著作集―』（法藏館、二〇〇〇年）、高木豊「院政時代の法華懺法―『玉葉』より見たる―」（『仏教と民俗』一四、一九七七年）参照。最近の研究成果としては、三島暁子『天皇・将軍・地下楽人の室町音楽史』（思文閣出版、二〇一二年）、第五章「南北朝・室町時代の宮中御八講」、第六章「御懺法講への転換と定着」、第七章「南北朝・室町時代の追善儀礼と公武関係」がある。如法経との関連については、兜木正亨『法華写経の研究』（兜木正亨著作集第二巻、大東出版社、一九八三年）参照。

Ⅱ　天台の実践論

Ⅱ　朝題目夕念仏・観心法門

柳澤正志

一　朝題目夕念仏の概容

江戸末期に著された『恵心僧都絵詞伝』には、天台一宗万代不易《まんだいふやく》、すなわち、いつまでも変わることのない軌則として次のように説かれる。

寛弘三年丙午、僧都六十五の御年、一乗要決三巻を撰集し、天台の宗意一乗真実の旨をのべて、法相五姓各別の権執をはらひ給へり。是より已前に僧都往生要集を撰び給ふ。彼此合て二つの法門は、そのみなもと天台智者大師最後の御遺誡にて、所謂聖道浄土の二門これなり。……此法門は天台大師より師資相承して、慈覚大師にいたりて、六根懺悔の法華三昧を朝課とし、引声の念仏常行三昧を晩課とし給ふ。（恵全五・七六九頁）

法華と浄土の二つの法門の双修は智顗に源を発し、日本において円仁が朝課として法華三昧、夕課として常行三味を定め、その流れの中で、源信は『一乗要決』を著して一乗真実の旨を述べ、『往生要集』で浄土教の理を開陳したという。

また、『法華懺法聞書』には「但し、南岳の懺法と云う事、子細これ有り。南岳大師朝は普賢願海に帰して懺悔の船に涙流し、夕には弥陀の悲願の望に懸く」（天全一一・三頁上）とあり、その成立を南岳慧思に求めている。

このように起源は定かではないにしろ、朝に法華を修し、夕に念仏を唱えるという日本天台の日常行儀は、「朝題目夕念仏」という句で人口に膾炙している。

この「朝題目夕念仏」が表すところについて検討してみたい。題目を単に唱題のみと捉え、念仏も称名念仏のみを意味すると解すれば、天台の行儀から少なからず乖離する。

朝題目夕念仏を論ずる際に用いられる資料に『法華験記』、慶滋保胤撰『日本往生極楽記』（以下、『往生極楽記』と略称）『続本朝往生伝』『拾遺往生伝』『後拾遺往生伝』が挙げられている。これらの伝記には様々な往生の行因が記されている。法華の行としては『法華懺法』や『法華経』の受持・読経・誦経・解説・書写の五種法師、唱題があり、念仏行としては『例時作法』や念仏三昧、「山の念仏」といわれる引声念仏や称名念仏が挙げられ、それぞれ単独の行のこともあれば、法華と念仏の双修も伝えられている。(1)

硲慈弘氏は上古・中古天台における法華浄土双修を表す用語として、「朝題目夕念仏」「朝懺法夕念仏」いう語を用いる。そして、こうした成句は「その真意義はかゝる形式上のことをいふのではなくして、寧ろ法華と念仏とは全く同体一味なることを意味する」(2)ものと解釈している。つまり、単に朝と夕の勤行の行儀を示すのではなく、中古天台の教相を一言で表したのがこの「朝題目夕念仏」とする。

また、山口光円氏は「朝題目は普賢を本尊とするが故に一念三千、夕念仏は阿弥陀を本尊とするが故に一心三観なり」として、ともに天台一宗の教義を表しているとする。ただし、山口氏は、恵心僧都にあっては「朝題目」は法華に合致した浄土教、「夕念仏」は法華を離れた浄土教であると説く[3]。

二　法華・浄土双修について

裕氏が指摘するように、中古天台の一つの特徴は法華と浄土の双修にある。しかし、これは日本天台の独創ではない。天台大師智顗は『国清百録』の記事[4]では浄土願生者として伝えられているのであり、また、『摩訶止観』の四種三昧中、特に常行三昧は阿弥陀仏を本尊とした観想念仏の行である。そして何より、『法華経』薬王本事品には『法華経』聞経の功徳による安楽浄土（極楽浄土）への女人往生が説かれている。つまり、日本天台における法華・浄土双修の素地は『法華経』並びに中国天台に求めることができる。

日本天台では円仁以降、『法華経』と密教の一致（円密一致）が強調されていく。日本天台における双修は、法華と密教の間にもあった。制度の上でも、年分度者の配当は止観業と遮那業の学生であった。また、『恵心僧都四十一箇条御詞』（仏全三三・一九七頁下）という制戒の第三十一条に、「一、朝は経を読み、暮には念誦すること闕怠すべからず」とあり、朝の読経、夕の念誦という結構があった。『往生極楽記』には様々な双修が記録されている[5]。このように、上古から中古にかけての日本天台では、様々な双修の形態があったと考えるのが穏当である。

行儀としての意味

法華・浄土双修の行儀には三つの意味が求められる。第一に、追善供養としての役割。第二に、法会における行儀、第三に、日常勤行の行儀である。

第一に、追善供養として『法華懺法』と念仏が一対となって行われたという記録が、慈恵大師良源の追善儀式に見られる。(6) ここで良源は、自身の死後、四十九日間の追善供養儀礼として、法華懺法と念仏行の双修を指示している。また、『梁塵秘抄』（新日本古典文学大系五六・一六四頁）には後白河法皇が乙前の供養に「朝には懺法を誦みて六根を懺悔し、夕には阿弥陀経を読みて西方の九品往生を祈る事、五十日勤め祈りき。」とある。一方、東密においても法華・浄土の双修が行われていたことが、台密の文献ではあるが仁空の『義釈捜決抄』に記されている。これによると、良源と交流のあった元杲が醍醐に隠居した際に、日中の所作として『法華経』の読誦と夜の勤めとして念仏する旨の遺戒を作り、自分が入滅の後には極楽を拝むよう指示したことが伝えられている。(7)

第二の法会における行儀については、『往生極楽記』「延昌伝」の記述がある。

> 戒を受けてより以降《このかた》、毎夜に尊勝陀羅尼百遍を誦す。毎月の十五日、諸の僧を招延して、弥陀の讃を唱へ、兼て浄土の因縁、法花の奥義を対論せしむ。（日本思想大系七・二七頁）

延昌自身は尊勝陀羅尼を誦し、毎月十五日には僧を集めて法華と浄土について対論させていた。彼はまた、自身の臨終に際して二十一日間の不断念仏を修させているのであり、念仏を往生の業として重視していたと伝わっている。

その他、法会としては勧学会が挙げられる。勧学会に関しては『三宝絵詞』や『本朝文粋』の記述が古い。『三宝絵詞』（新日本古典文学大系三一・一七三頁）の第十四条「比叡坂本勧学会」には「十五日の朝には法花経を講じ、夕には弥陀仏を念じ」とあり、『本朝文粋』には勧学会において作成された詩文が残されている。慶滋保胤（新日本古典文学大系二七・二九二頁下）は「ここに於いて毎日妙法一乗を講じ、毎夜念仏三昧を修す。」と記し、高積善（新日本古典文学大系二七・二九四頁上）は「積善、宿露を競うに、以て一乗の文を講じ、落日に属しては以て九品の望みに繋ぐ。」と述している。

第三に、日常の勤行行儀として行われていたという記録も残っている。『往生極楽記』（日本思想大系七・三二頁）「広道伝」には、兄弟の僧が「昼は法花経を読み、夜は弥陀仏を念じて、偏に慈母の極楽に往生せむことを祈る。」と、母の往生のために法華と念仏を双修していたとある。また、藤原宗忠の『中右記』（増補史料大成『中右記』五・二五四頁下）保安元年（一一二〇）九月二十九日条には、宗忠籠居中の日野法界寺の勤行について「朝に法華懺法を聞き、自ら六根の罪障を滅し、夕には弥陀念仏を唱え、偏に九品の往生を祈る。」という記録がある。日野法界寺は藤原宗忠発願の寺で、法界寺の塔の落慶（保安元年八月二十二日条）には講師として忠尋が招かれているように、天台と深いつながりがある。つまり、この記述は、当時、朝懺法夕念仏が寺院の日常行儀として行われていた記録として意味を持つ。

以上に見てきたことから、法華・浄土双修の目的が二つあったことが見て取れる。一つは追善供養のため、二には極楽往生のためである。しかしながら、来世の安穏を求めた点は共通している。

さて、「朝題目」の中に「南無妙法蓮華経」という唱題を含めるか否かについて検討したい。『往生極楽記』『続本朝往生伝』『拾遺往生伝』『後拾遺往生伝』にいわゆる題目が出てくるのは、『拾遺往生伝』「橘朝臣守輔伝」のみである。ここには「毎昏《ゆうべごと》に西に向ひ、二手合掌して、弥陀の宝号を唱へ、法花の題目を称へむ。」（日本思想大系七・三五一頁）とあり、この題目は「南無妙法蓮華経」と経題を唱えることを意味すると解せる。

唱題のみに功徳があることは、天仁三年（一一一〇）開講の『法華修法一百座聞書』で説かれている。同書で説かれる唱題の果たす役割は破地獄や極楽往生である。しかしながら、この書は南都の僧侶による講義録であるため、即座に天台の思想と同一に論ずることはできない。

日本天台では最澄仮託の『修禅寺相伝私注』（以下『修禅寺決』と略称）には臨終に経題を唱えることが説かれている。ここでは臨終の一心三観として法具一心三観を修することを説き、その法具一心三観とは即ち妙法蓮華経のこととする。

臨終の時、南無妙法蓮華経と唱う。妙法三力の功によりて、速ち菩提を成じて、生死の身を受けざらしむ。……然して本伝中の臨終一心三観とは、後生の安楽のためなり。（伝全五・七四頁）

臨終における唱題は一心三観の行であり、それはそのまま菩提への行である。そして、『修禅寺決』で説く臨終の一心三観の求めるところは後生の安楽とされる。この安楽が安楽国かどうかは検討の余地があるが、いずれにせよ、死後の苦からの脱却という点では、臨終の念仏の果たす役割と同じである。

また、同じく最澄仮託の『法華肝要略注秀句集』には、妙法蓮華経の五字から真言教・五大・五蔵・五形などが出るという言説も見られ(8)、経名に特別な意味を付するようにもなる。

『修禅寺決』を院政期までの成立とみると、この時代には唱題に対して特別の意味を持たせているので、それが、来世得果の法として、南都北嶺に流布していた可能性はある。ただし、唱題をしていたのが、沙弥や俗人という点から、これが直ちに日本天台の日常行儀として行われていたかは疑問が残る。一方で『法華三昧懺儀』（大正四六・

九五三頁下）においては、行道法の中で「南無妙法蓮華経」と唱える。一概に否定はできないが、少なくとも比叡山で唱題のみが修されていたという記録は、現時点においては確認することができない。

教理的意義

教理の面で、法華・浄土双修を説いたのは、観心主義に基づく叡山浄土教文献である。源信仮託書である『自行念仏問答』では、法華即阿弥陀仏説が三義にわたって展開する。

一に別に説かずとは、法華は即ち阿弥陀仏なり。故に法華を讃うるは、即ち弥陀仏を讃うるなり。謂く釈迦仏なりとは、我所得の智慧は、微妙にして最第一なり、と。又、諸仏の智慧は、甚深無量なり。其の智慧門は難解難入なり、と。然して唯識論の説くところは、妙観察智は三身に遍ず、と。……二に全説とは、法華開会の心は、爾前の諸経が、法華一乗に開出す。然れば今、十方仏土中、唯だ一乗法の開会のみあり。爾前の諸経は併せて法華経なり。……若しこの心を得れば、観経等に説く所の十六想観、九品階位は即ち法華の説なり。

三に略説とは、先徳の伝に云く、……然れば薬王品中の「言如説修行、即往安楽世界」とはこれ略説なり。

（仏全三一・二一二頁下～二一三頁上）

第一説は法華即阿弥陀仏という説である。これは仏智の遍満を根拠として論じられる。第二説は法華開会を論拠とする。そして第三説は「薬王本事品」の聞法往生の経説を略説としている。ここでは浄土教を『法華経』に摂して論じているのであり、中心はあくまで法華にある。観心を基調とした叡山浄土教文献が教理的に依拠するのは、『法華経』と『華厳経』が中心であり、これらは、天台教学に寄せた浄土教である。また、檀那流の口伝書『北谷秘典』（続天全、口決2・三〇六頁上）にも「弥陀は即ち法華、法華は即ち弥陀」と説かれ、また同書（続天全、口決2・二八八頁上）では檀那流の三種法華として、「師の云く、三種法華とは、心経は根本法華、阿弥陀は隠密法華、妙法華は顕説法華なり。」と、『阿弥陀経』を隠密法華と位置づける。

また、小原の座主、顕真の法華と浄土一体を説いた言葉が、法相宗の論書である『明矢石論』に伝えられている。

小原の座主は、阿弥陀経を読みてはこれを小法華と称讃し、法華経を読みてはこれを大名号を唱うと号す。両人倶に法華の意を得と謂うべし。（新版日蔵、法相宗章疏二・二八八頁上）

顕真は、『阿弥陀経』読誦を小法華と称讃し、『法華経』読誦を大名号を唱えることと号して、どちらも『法華経』の意を得るとしている。室町時代の碩学、尊舜は『法華経鷲林拾葉鈔』巻一一で、法華弥陀同体について、長宴の言として次のように述べている。

真言の祖師、大原の長宴は、大念仏とは法華経なり。略法華経とは弥陀の六字名号なり。我、常に法華の読誦に隙なし。故に略法華経を読むなりとし念仏し申す。誠に六万九千の妙文を三字に縮む。六字名号の功徳は八軸金典を顕す。故に不思議甚深の名号、五劫思惟したまえるも理りなるにや。（新版日蔵、法華部章疏五・二七九頁下）

長宴は大念仏を『法華経』とし、その念仏の功徳は『法華経』を顕すとする。また、「略法華経」を六字名号（念仏）とし、『法華経』の六万九千字の妙文を「阿弥陀」の三字に縮めたと述べる。すなわち、『法華経』読誦はそのまま念仏行となり、念仏は同時に『法華経』読誦の略儀となる。『法華経』と六字の名号とが一体不二であるという解釈がなされていたことが判る。

こうした諸説からは、法華と浄土は決して乖離した教えではなく、むしろ『法華経』を中心として、その下に浄土教を摂入していたということが日本天台の特徴であるということが理解できる。中古天台では『法華経』と念仏を別のものとして双修していたというのではなく、浄土教（念仏）を『法華経』の下に収斂し、同じく法華の業（行）として朝の『法華経』読誦（『法華懺法』）と夕の念仏（『例時作法』）が行われていたのである。

最後に阿弥陀三諦説について触れておく。天台の念仏の特徴の一つとして、阿弥陀の三字に空仮中の三諦や三身・三法・三般若等を配する念仏観がある。これは名号にあらゆる功徳を包摂するものである。この言説は観心念仏として説かれているのであり、夕念仏の念仏がこうした思想に裏打ちされているのであれば、「朝題目夕念仏」とは天台の行儀として一つの完成形を見ることになるのである。

三　観心について

観心を定義する時に用いられるのが、『法華文句』巻一上（大正三四・二頁中）に「己心の高広を観じ、無窮の聖応を扣《たた》く」という一文である。特に、『法華文句』の解釈は因縁・約教・本迹・観心の四種釈で構成されていて、観心釈には智顗の教学的特徴がある。天台における観心は、元来、智顗所得の内証を指す。

『摩訶止観』において十境を立てる中、観境として常に立てられるのは目前の現象である「陰入界」である。この陰入界の実相を観ずるにあたって、その所観の対象（境）としたのが心である。

然るに、界の内外一切の陰入は皆心由り起る。……心は是れ惑の本とは其の義是くの如し。若し観察せんと欲さば、須く其の根を伐り、病に炙するに穴を得るが如くすべし。今当に丈を去って尺に就き、尺を去って寸に就く。色等の四陰を置いて但、識陰のみを観ず。識陰とは心是れなり。（『摩訶止観』巻五上、大正四六・五二頁上中）

このように、心から一切の陰入界が生じるのであるから、陰入の根本として心を観察することを説く。この心に関しては、『法華玄義』巻一上（大正三三・六八五頁下）では「心は即ち実相なり。初めて観ずるを因と為し、観成じて果と為す。観心を以ての故に悪覚起こらず。心数の塵労、若しは同、若しは異なれども、皆化せられて転ず。」と、心が実相に他ならず、観心によって悪覚を起こさず、心数の塵労も化せられて転じゆくと論ずる。『法華文句』巻一上（大正三四・八頁上）には「観心とは、中道の正観なり。空・仮の二辺に落つるを漏らさず、二辺の煩悩滅するなり。能く心性を観ずるを名けて上定と為す。」とあり、観心を中道の正観とする。また、『摩訶止観』巻一下（大正四六・九頁上）では「華厳に云く、心仏及び衆生、この三、差別無し、と。まさに知るべし、己心に一切の仏法を具せんことを。」と、『華厳経』唯心偈に依拠した唯心思想による己心の解釈が行われる。そして『十不二門』（大正四六・七〇二頁下）で「観心は乃ち是れ教行の枢機」といわれるように、天台の教・行両門において観心が重視されるにいたる。

四　日本天台における観心法門

日本天台では摂関期以降、いわゆる中古天台では、恵心流、檀那流の口伝法門が興隆する。その口伝の内容は、観心によって導き出された教理、教学である。恵心流は本覚門、檀那流は始覚門といわれてもいるが、上杉文秀氏は恵檀二流の近似性に言及しているのであり(9)、更には近年刊行された檀那流の口伝書(10)の内容を見ると、恵心流と共通の教説も散見する。その教学的差違については今後の研究を俟つところである。

中古日本天台の教理は、観心主義の教学と教相主義の教学に分けられる。前者をここでは観心法門とする。観心を思想的基盤として発展したのが、いわゆる口伝法門である。この観心法門において、天台本覚思想が花開いたのである。それ故、観心法門からは現実肯定思想に基づく言説が展開されることとなる。

観心の中心は一心三観である。一心三観の伝授に関しては、『顕戒論』(伝全一・三五頁)に「遂に天台道邃和上に付く。和上慈悲もて、一心三観を、一言に伝う。」とあるように、最澄が道邃から一言にて伝授されたものであり、口伝との親和性が非常に高い教理である。それ故、観心の教説が口伝の中心となっていったとも考えられる。

この口伝法門の展開については、観心法門によって各口伝が作られ、その口伝が切紙として写され(文書化)、更にこれを纏めることで、様々な口伝法門文献が成立したと考えられている。

観心法門の隆盛は源信以後である。特に平安から鎌倉に成立したと思しき著作の多くは最澄、円仁、円珍、良源、源信、覚超、覚運らの仮託文献であり、それ故、その成立過程を論ずることは困難である。

最初期の代表的著作と目される『観心略要集』は、十一世紀中期から後期にかけての成立である可能性が説かれているのであり、[11]遅くとも、源信の死後百年を待たずして、観心法門の文献が著されたことになる。その後、十一世紀末までに『妙行心要集』が成立し、また、院政期までには『修禅寺決』『本理大綱集』『円多羅義集』『三十四箇事書』や『真如観』『自行念仏問答』『極楽往生観心偈』など、多数の観心主義に基づく教学書が著されたと考えられる。

五　観心法門における実践

観心法門の実践についての特徴は、一心三観を中心としていることである。具体的な行法としては四種三昧による行が実修される。一心三観と四種三昧については、ここでは詳しくは論じない。なお、一心三観という場合、それは能観の修徳を意味する。所観である性徳本具の空仮中の三諦が、円教を修行する者の観法の上に現れたものが、一心三観の行法である。この性徳の三諦と修徳の三観が不二であることを、『止観大意』(大正四六・四六〇頁中)には「諦と観とは名別なれども、体は複た同じ。是の故に能所は二にして二に非ず。」と述べている。性徳の三諦と修徳の三観のその体は同じであり、それ故に、修徳の一心三観は衆生の内面(性徳)より出ずる行法とされる。そして、その性徳の所在を心に置くのが観心である。

一心三観に基づく天台の観心では、所観の対象を三種に分ける。託事観、約法観(附法観)、従行観(約行観)の三種である。これを三種観法という。『止観義例』には次のように論ずる。

夫れ三観とは、義は唯、三種なり。一は従行。唯、万境に於いて一心を観ずるのみ。万境殊なりと雖も妙観の理等し。陰等を観ずるが如きは即ち其の意なり。二は法相に約す。四諦・五行の文に約して、一念心に入るを以て円観と為すが如し。三は事相に託す。王舎・耆闍の名、事に従って立つが如し。事に借り観をなして以て執情を導く。

（大正四六・四五八頁上）

まず、従行観はここでは万境を一心において観ずるとあるように、万法唯心と解釈し、衆生の一心において三観を修する。すなわち、一念心を所観の対象として心性のままに即空即仮即中を観ずるのであり、『摩訶止観』所説の止観の観法を指す。

第二は通例、附法観と呼ばれる。これは経文所説の四諦・五行などの教えを観ずるときに、その法相を自身の外に求めるのではなく、自己の一念心の中に入れて観行を修することである。これは『法華玄義』の四諦の観心、五行の観心などに明かされる。

第三の託事観では、事相の一つ一つを心に入れて理を観じてゆく。『止観義例』にいう王舎・耆闍とは『法華文句』巻一上（大正三四・五頁下）の観心釈で王舎城や耆闍崛山から法性の理を観じていることを指しているのであり、具体的事象から、その本質たる理を心の内において観ずるのである。

六　己心即仏・唯心浄土

日本天台の観心法門の教説においては、衆生と仏、娑婆と仏土の不二相即が強調される。それが「己心即仏」「唯心浄土」である。この語は、あらゆる差別相を生み出す凡夫の心そのものが、平等無差別である仏・仏土に他ならないことを表す。これは事常住・俗諦常住を心の観点から述べたものであり、観心法門における帰結点の一つである。台密でも衆生と仏の相即が論じられた。安然の『菩提心義抄』巻二（大正七五・四八八頁上）の草木成仏に関する議論では、草木に心慮がある根拠として「我心即ち仏、初心即ち極」や「情と性は一如なり」と、草木も仏や真如とかけ離れた存在ではないと説かれた。この議論の問いは『華厳経』唯心偈と、衆生の心と盧舎那仏の相即とを基に発せられたものであり、これは後の観心法門への影響を想起させる。一方、浄土教では衆生と仏の相即が特に強調されて論じられる。中国天台では「本性弥陀」「自性弥陀」「唯心浄土」という語で論じられ、叡山浄土教では「己心即弥陀」「己心即西方」等と、心と阿弥陀仏・極楽浄土との相即をもって教理を形成してゆく。『観心略要集』「第四、空仮中を弁じて執を蕩かす」では仮諦即法界の議論の結論として次のように論じている。

我身即ち弥陀、弥陀即ち我身なれば、娑婆即ち極楽、極楽即ち娑婆……一念の妄心を翻して法性の理を思えば、己心に仏身を見、己心に浄土を見る。法性の明鏡の身を得れば、像として現ぜざるなきなり。浄穢は唯だ是れ迷悟差別なるのみ。迷となさば極楽は即ち娑婆。覚悟の前には娑婆は即ち極楽なり。

（仏全三一・一六一頁下～一六二頁上）

ここでは、一念の妄心（仮諦）と法性の理（法界）の相即という原則に立ち、一念の妄心を翻すことで法性の理が顕現し、凡夫の妄心に仏身を見、仏土を見ることができるとする。そしてそれは、我身と阿弥陀仏、娑婆と極楽が相即している故に可能となる。

また、己心と仏、娑婆と極楽の相即を基に、『妙行心要集』では凡夫の心に一切を内包するという説が展開される。

我が心の外、十万億土を去りて、安養刹・弥陀・諸賢聖有るには非ず。亦、彼の仏の心の外に、東方爾所を隔てて、娑婆界・我等一切衆有るには非ず。故に知んぬ、極楽の水鳥・樹林、依正荘厳は、我心に円かに備う。釈迦如来の久遠寿命、弥陀如来の無量寿命は、唯、我が心の刹那の中にのみ在り。（仏全三三・九二頁下）

凡夫の存在や娑婆世界は仏の心に他ならず、また、凡夫の心はそのまま仏であり、極楽浄土であることが強調される。こうした己心と仏の相即の理論としては、次の『自行略記』にその大意が示されている。

夫れ三界は唯、一心にして、心の外に別の法無し。心と仏と及び衆生と、是の三、差別なし、と。阿鼻の依正は全く極聖の自心に処す。毘盧の身土は凡下の一念を越えず、と。若し己心を観ずれば仏心に異ならず。速かに如来浄妙の法身を証せ。我れ今、仏を求むるに、宜くこの観を学ぶべし。（恵全五・五九七頁）

『自行略記』では、三界の一切の事象はすべて心より出来するものであり、心も衆生もそして仏さえも差別がないとする『華厳経』の唯心思想と、阿鼻地獄の依正は極聖たる仏の心にあり、毘盧遮那仏の身土さえ凡夫の一念に過ぎないとする『金錍論』の説を観心の大意とする。意図するところは、凡夫当体の心中に聖たる仏・仏土があるということである。そして、こうした凡聖不二の理を観ずることで、仏を遥か彼方にではなく、自心の内に感得するというものである。

また、己心即仏が成立する理由として、心の本質が「自性清浄」や「本覚」であるということが語られる。『観心略要集』（仏全三一・一五八頁上）には「只、自性清浄本覚心のみ有りて而も実なり。」とあり、『自行略記注』（明暦二年版本・七丁左）では「我が一念の心、自性清浄にして、周遍法界なれば、此の心より仏も顕わる。」と説かれる。

心については、趙宋天台の山家山外の論争にあっては、真心観と妄心観を巡っての議論があった。[12]しかし、日本天台においてはそうした議論は見られず、基本的には、理としてあるのは自性清浄心であり、凡夫当体の心は妄心である。

そして、凡夫の妄心であってもその本性が清浄であるから、速やかな成仏が可能となり、それはあたかも掌を返すようであると語られる。こうした速疾成仏の議論は『自行念仏問答』にも見られ、己心即仏、己心即浄土が説かれた後、速疾成仏との関係が問答される。その答えでは「然るに今、摩訶止観の心は、但、我が初の一念心は即ち仏なりと謂う。全く二念を隔てず、と。故に成仏の事、速疾なり。」（仏全三一・一九九頁上）と成仏の速疾が説かれる。また、『真如観』（仏全三三・五一頁上）では、「疾ク仏ニ成ラント思ヒ、必ズ極楽ニ生ント思ハバ、我心即真如ノ理也ト思ベシ。」と、成仏の速疾性を求めて、我心と真如の理との相即が説かれるのである。本覚思想における成仏論の帰結は、成・不成を論ぜずということで、成仏の否定に行きつくのであるが、[13]同じ観心法門の議論の過程においては速疾成仏が説かれ、その根拠となったのが心と仏・仏土との相即であった。

観心法門で己心と仏の相即が説かれる場合、それは衆生本具の清浄性に依拠する成仏の可能性を指し示したといってよい。本来覚っているという理が顕れることで、現在の衆生が内なる覚体（仏）の存在を意識し、心と仏とが相即していることを観ずる。覚りが自心の本性であれば、仏への道は限りなく近くなる。日本天台で強調された成仏の速疾性を保証する教義を形成したのが観心法門なのである。

七　まとめ

日本天台の実践として、「朝題目夕念仏」の意味と、実践の背骨となる観心法門について検討してきた。「朝題目夕念仏」は法華・浄土双修を意味し、浄土教を『法華経』に収斂することで、法華の行としての日課勤行の体系が形成されている。観心法門は日本天台の教学を形成する上で、重要な役割を果たした。その教理の中には、本覚思想に象徴される現実肯定思想が醸熟してゆく。そうした教理の帰着として、衆生の心と仏・仏土が相即するという「己心即仏」が論じられた。観心法門はその性質上、個人的宗教体験に依拠するところが大である。故に後世、堕落思想との誹りを受けることとなった現実肯定的言説も、その本源に立ち返ると、天台の実践から導かれた思想なのである。

註

（1）木内堯央氏は題目という語を「『法華経』の読誦、講演ないしは、天台智者大師に発する、法華三昧の行法、ないしは、そのまとめられた『法華懺法』の実修にまでおよぶ範囲を、集約してその一語に代表させたもの」とし、念仏を弥陀念仏欣求浄土の一切の行儀と定義する（木内堯央「朝題目夕念仏」『日本仏教学会年報』四三、一九七七年。のちに『木内堯央論文集』第二巻に収録）。

（2）硲慈弘『日本仏教の開展とその基調』上（三省堂、一九四八年）一三六頁。

（3）山口光円『天台浄土教史』（法藏館、一九六七年）三八一～三八二頁。

（４）大正四六・八一一頁中。
（５）双修の形式として、密教と念仏（明靖伝）、『金剛般若経』読誦と念仏（尋静伝）、『摩訶止観』と念仏（春素伝）がある。
（６）新校群書類従第一九・二九七頁。
（７）天全一〇・二三四頁下。
（８）伝全五・二九三頁。
（９）上杉文秀『日本天台史』正（破塵閣書房、一九三五年）「第六章　日本天台の分流　第一節　恵心・檀那の二流」参照。
（10）続天全、口伝２。
（11）末木文美士・西村冏紹『観心略要集の新研究』（百華苑、一九九二年）「『観心略要集』の研究」参照。
（12）安藤俊雄『天台学―根本思想とその展開―』（平楽寺書店、一九六八年）「第十四章　宋代における四明天台の興隆」参照。
（13）大久保良峻『天台教学と本覚思想』（法藏館、一九九八年）「Ⅰ　本覚思想と現実肯定思想」参照。

参考文献（Ⅱ－１・Ⅱ－２）

島地大等『天台教学史』（明治書院、一九二九年）
上杉文秀『日本天台史』正・続（破塵閣書房、一九三五年）
佐々木憲徳『列伝体漢魏六朝禅観発展史論』（改訂増補版）（山崎宝文堂、一九三六年）
比叡山延暦寺開創記念事務局編『将此大乗―比叡山史之研究―』（比叡山学会出版、一九三七年）
石津照璽『天台実相論の研究―存在の極相を索めて―』（弘文堂書房、一九四七年）
硲　慈弘『日本仏教の開展とその基調』上、下（三省堂、一九四八・一九五三年）
福田堯穎『天台学概論』（文一出版、一九五四年。中山書房より再刊）
福田堯穎『続天台学概論』（文一出版、一九五九年）

佐藤哲英『天台大師の研究―智顗の著作に関する基礎的研究―』（百華苑、一九六一年）
佐藤哲英『叡山浄土教の研究』（百華苑、一九七九年）
佐藤哲英『続・天台大師の研究』（百華苑、一九八一年）
玉城康四郎『心把捉の展開―天台実相観を中心として―』（山喜房佛書林、一九六一年）
田村芳朗『鎌倉新仏教思想の研究』（平楽寺書店、一九六五年）
山口光円『天台浄土教史』（法藏館、一九六七年）
安藤俊雄『天台学―根本思想とその展開―』（平楽寺書店、一九六八年）
安藤俊雄『天台学論集―止観と浄土―』（平楽寺書店、一九七五年）
関口真大『天台止観の研究』（岩波書店、一九六九年）
関口真大編著『止観の研究』（岩波書店、一九七五年）
浅井円道『上古日本天台本門思想史』（平楽寺書店、一九七三年）
多田厚隆・大久保良順・田村芳朗・浅井円道校注『天台本覚論』（日本思想大系九、岩波書店、一九七三年）
速水　侑『平安貴族社会と仏教』（吉川弘文館、一九七五年）
新田雅章『天台実相論の研究』（平楽寺書店、一九八一年）
末木文美士・西村冏紹『観心略要集の新研究』（百華苑、一九九二年）
大久保良峻『天台教学と本覚思想』（法藏館、一九九八年）
木内堯央『日本における天台宗の展開』（木内堯央論文集第二巻、宗教工芸社、二〇一二年）

Ⅲ　天台密教の伝灯

大久保良峻

一　中国天台から日本天台開創へ

日本天台宗の宗祖、伝教大師最澄（七六六、一説七六七～八二二）が還学生《げんがくしょう》として入唐求法した最大の目的は、天台法門の修学にあった。後に初代天台座主となる義真（七八一～八三三）を訳語（通訳）として伴ってのことである。明州に到着し、しばらく療養してから、台州の天台山に赴いた。台州に滞在して、道邃《どうずい》（生没年不詳）や行満（一説、七三七～八二四）その他から授法されたのは約半年であるが、その間に国清寺の惟象から大仏頂大契曼荼羅の行事を伝授されている。但し、詳しいことは不明である。

その後、明州に戻り、帰国の出帆までの一箇月半あまりの間に、越州で偶然あるいは願ってもない好運とも言うべき出会いがあり、独得の密教を伝授されるのである。恐らく、最澄は渡唐以前に密教について興味を持ち、若干の知識を有していたであろうが、密教の伝法を予め計画してはいなかったであろう。しかしながら、泰山霊巌寺の順暁阿闍梨が越州龍興寺にいることを知った時に、受法に熱意を注いだことと思われる。そして、その順暁から付法されたことは、後の台密の展開にとっても、最澄自身にとっても極めて重大な出来事になるのである。

さて、その台密の出発点となる最澄の受法について述べる前に、中国天台の教学について触れておくことにしたい。というのは、台密の最大の特色は、後でも論及するところがあるように、中国天台の教学と密教の教学、別の言い方をすれば、天台法華円教と密教の融合・一致を、諸観点から主張するところに求められるからである。それは、円密一致の語で示されるものであり、特に教学面において論じられる。

例えば、密教の教学を代表する教理に法身説法と即身成仏があるが、それらは中国天台で独自の見地から醸成されてきた思想でもある。視座を仏に定めると、天台教学では法身仏を毘盧遮那と呼ぶのであり、毘盧遮那仏と言えば密教では、しばしば法身大日如来の呼称で表されるのである。しかも、天台教学では、同時に「法身説法」の語による教理が展開している(1)。また、即身成仏は衆生と仏との関わりをどこまで近づけるのかということが基本的問題となるが、それも中国天台の思想として極めて重要なものであり、最澄は法華円教による即身成仏を顕揚することで、後の進展の基盤を構築したのである。したがって、即身成仏思想は天台教学のみの範疇において議論されることもあるが、特に密教を中心にした場合に、天台教学との関係を説明することが台密の学匠の課題になった。そして、そういった台密の思想は空海以後の東密に大きな影響を与えることになる。なお、円密一致は日本天台の基本線であり、中古の哲匠と言われる宝地房証真の立場のように、天台教学を中心にした円密一致教学があることにも注意が必要である(2)。

そこで、順暁から最澄への授法であるが、貞元二十一年（八〇五）四月十八日に峯山道場(3)（峯山頂道場）で三部三昧耶《さまや》が付された。その道場は『顕戒論縁起』所収の付法文（伝全一・二七九頁）では「毘盧遮那如来三十七尊曼荼羅所」、『越州録』（伝全四・三八一頁）では、「五部灌頂蔓(ママ)荼羅壇場」となっていて、三十七尊・五部の語は共に金剛界の道場での灌頂を想起させるのである。しかも、『越州録』（伝全四・三七四頁）には胎蔵界に関わる記述がなく、「三十七尊様一巻」・「三十七尊供養具様一巻」という将来品が目を引くのである。それでは、三部三昧耶とは何かと言うに、「阿鑁藍吽欠《あばんらんかんけん》　上品悉地、阿尾羅吽欠《あびらうんけん》　中品悉地、阿羅波者那《あらはしゃな》　下品悉地」というものなのであり、その印信《いんじん》を受けたことが台密の濫觴となり、また最澄から後継者たちに相承されていく。

最澄の密教授法は帰国間際の慌ただしいものであったし、後継者への課題を多く残すものであった。その不完全性の補充こそが、後の台密の勢力となっていくことが重要であろう。その他、順暁との邂逅後、五月五日には大素より冥道無遮斎法の抄本（『越州録』では一巻）及び五仏頂法、江秘より普集壇と如意輪壇、霊光より軍荼利菩薩壇法を伝えられた。これらの伝授を載せるのは帰国後十四年を経てから完成した『内証仏法相承血脈譜《そうじょうけちみゃく》』であり、果たして全て同日の伝法と見てよいかという問題もあるが、ともかくそこでは前述した惟象からの伝授を併せて「雑曼荼羅相承師師血脈譜」（伝全一・二四四頁〜）としている。

帰国後、同年（延暦二十四年、八〇五）九月七日に、最澄が日本で初めての灌頂を高雄山寺に修した。その灌頂の具体的内容は、順暁阿闍梨から伝えられた三部三昧耶をそのまま授与することであった。

二　三部三昧耶の伝承

台密の特色を際立たせているのは、教学面について言えば円密一致である。そして、事相については、円仁（七九四〜八六四）が台密の修法の基盤を固めたことは周知のことである。しかし、最澄の伝えた三部三昧耶の印信は直ちに後継者に伝えられていくのである。そのことについて、台密の大成者安然（八四一〜八八九〜、一説九一五没）の、『金剛界大法対受記』巻七（大正七五・一八九頁下）には、『顕戒論縁起』所載の印信が、本師（最澄）・広智・徳円・円珍・中院（遍昭）・首然二人（惟首と安然）と付されたことを記している。因みに、そこでは三部三昧耶ではなく三種悉地法としている。なお、『天台霞標』（仏全一二五・一七五頁下〜）所収の「徳円阿闍梨印信」に併記される付法文で、広智、徳円、円珍をそれぞれ第五、第六、第七の付嘱としているのは、最澄の前に善無畏・義林・順暁という相承があることを意味している。ともかく、ここで注意すべきはこの中に円仁が関与していないこと、及び安然が『顕戒論縁起』を用いたことである。三種悉地法の関連事項は『胎蔵界大法対受記』巻五（大正七五・九八頁中）にも見られる。(4)

円仁は入唐以前、弘仁八年（八一七）に最澄から伝法灌頂を受けている。それは順暁の伝授をその内容とすると考えられるが、詳しいことや円仁から後への付嘱は必ずしも明らかではない。また、徳円から円珍に伝えられた承和九年（八四二）は、やはり円珍の入唐以前であった。安然は元慶八年（八八四）十月、四十四歳の時に、遍昭（八一六〜八九〇）から胎・金両部の灌頂や蘇悉地法を受けているが、最澄以来の印信をそのあたりで受けたかどうか不詳である。

ともかく、最澄の伝えた密教は命脈を保つことになるのである。なお、最澄の密号（金剛名号）としては、福聚金剛が知られている。そのことに関しては、三井の敬光（一七四〇〜一七九五）が著した『幼学顕密初門』に附録として収められる「三聖二師小伝」(5)の中の記述が参照されるであろう。すなわち、「高祖伝教大師」の箇所で、高雄山寺での灌頂を「蓋し是れ本朝密灌の始めなり。」と説明し、更に、「高祖の密伝、別に一流の称有り、山灌具に山家灌頂と言うなりと曰う。其の密号は蓋し福聚金剛、是れなり。胎蔵界或いは云く、阿閦如来、是れ其の得仏、と。金剛界即ち是れ不動金剛なり。他の云く、我が弘法聖師に従いて受く。密号は是れ菩提金剛なり、と。……」と記しているのである。

この記述をどう理解するか問題であるが、空海から弘仁三年（八一二）十一月に受けた金剛界の灌頂による得仏が金剛因菩薩、十二月の胎蔵界では宝幢如来であったことが空海の「灌頂暦名」によって知られる。それぞれの密号が菩提金剛、福聚金剛であるとしても、敬光の解説では福聚金剛は空海とは関係づけられていないし、不動金剛については何に依拠したか分からない。今後の検討を要するであろう。

三　入唐僧、円仁・円珍

台密の充足は、円仁と円珍（八一四～八九一）の入唐求法に負うところが大きい。この二人の密号について、やはり「三聖二師小伝」の記を紹介するならば、円仁は「四祖、大勇金剛此れは是れ、金界得仏の密号なり。若し胎界に就かば則ち遍照金剛なり。」と示され、円珍は「六祖、智慧金剛此れは是れ、胎界得仏の密号なり。若し金界に就かば則ち無障金剛なり。」のように記されている。この中、円仁を大勇金剛（得仏は金剛薩埵）と呼ぶことは、安然の撰述中にも見られ、著名であろう。

さて、この二人が唐の諸阿闍梨から、空海以降に展開した新しい密教を伝承してきたことは台密の隆盛へと結実するのみならず、日本の密教を豊かにしたという点でも注目する必要がある。そもそも、仏教は芸術性の高いものであり、密教は総合芸術の名に相応しい分野の一つであろう。それが、台東両密という二つの密教の互いの研鑽で、更に深まっていくという筋道を形成するのである。

円仁と円珍それぞれが伝授され、もたらした修法が台密の伝統となっていくが、もたらしたものと言えば、二人が将来した経典・儀軌・論書等の文献や、曼荼羅や諸図像、並びに法具類は東密を凌駕するに十分な分量になったのである。そもそも、東寺に伝わる空海の『請来目録』は最澄が書写したものであり、最澄は自らの不備をよく理解していたであろう。それを補ったのが円仁・円珍であり、『入唐新求聖教目録』（円仁）や『智証大師請来目録』といった目録はそのことを如実に伝えている。

円仁に対する慈覚大師の勅諡は貞観八年（八六六）であり、安然は円仁のことを慈覚大師とも呼んでいる。円仁と同時に最澄が伝教大師の諡号を受けているのであるから、その呼称も安然の撰述中に見られるが、弘法大師の勅諡が安然没後の延喜二十一年（九二一）であることに注意する必要がある。つまり、安然は空海を弘法大師と呼ぶことはない。

円仁は、嘉祥三年（八五〇）、文殊八字法、七仏薬師法を修し、更にまさに台密の大法と言うべき熾盛光仏頂法《しじょうこうぶっちょうほう》の勤修を要請し、認許された。惣持院の完成はしばらくしてからの貞観四年（八六二）であり、以後、熾盛光法の道場として重要な役割を担っていく。因みに、『山門穴太《あのう》流受法次第』（仏全二・二八四頁上下）に、「山門には四箇の大法を以て最頂と為す。所謂、安鎮・熾盛光・七仏薬師・普賢延命なり。」とあるように、熾盛光法・七仏薬師法・普賢延命法・安鎮家国法を山門の四箇大法と言う。

また、『慈覚大師伝』によれば、密教の代表的述作である『金剛頂経疏』（八五一年）と『蘇悉地経疏』（八五五年）という両書が完成した折には、それらが仏意に通じるかどうかを知りたいと願い、七日七夜、修行祈願したところ、五日目の五更に夢を見たという。それは、正午に日輪を仰ぎ見て、弓で射たところその箭《や》が日輪に当たり、日輪が転がり動いたというものであって、その夢によって両書を後世に伝えるべきであると悟ったとしているのである。このように仏教者にとって、夢がしばしば重要な役割を果たしていることには注目してよかろう。

円珍については、入唐前の承和五年（八三八）、二十五歳の冬に不動明王を感得したことが伝えられている。すなわち、『円珍伝』（『天台宗延暦寺座主円珍伝』）には、坐禅中に金色不動明王が現れ、その像を画工に図写せしめたこと、及びその画像が存在することが記されている。その記述と、不動明王像の傑作として現在も園城寺に伝わる秘仏黄不動尊(6)とを結びつけて理解されるのが一般的である。円珍が日本密教史上、極めて深い不動明王信仰を持った最初期の人物であることに注目しなければならない。そして、黄不動と言えば、しばしば紹介されるのが曼殊院の模写（国宝）であるが、天台系の寺院において模写や伝写が多々作られ、絵画のみならず彫刻としても作製された。

台密史上、円珍をどう理解するかということは幾つかの視点から検討しなければならない。特に、円珍個人の生涯に亙る業績の重要さについては言を俟たないが、円仁や安然との関わりに注意することも必要である。円珍が金色の不動明王を感見した年の六月に、円仁は入唐求法の旅に発っていた。円仁が帰国する承和十四年（八四七）九月までのことでは、承和九年（八四二）に徳円から三種悉地法（三部三昧耶）を授けられたことが挙げられる。そして、円仁が帰国した翌年、比叡山に戻ってからはその入唐の成果を目の当たりにすることになる。円珍が入唐のため太宰府に向かう嘉祥四年（八五一）四月までがその時期であり、円珍は円仁から大日如来胎蔵尊法を授けられた。しかも、後に、それが自らの入唐中に法全《はっせん》阿闍梨から授けられたものと大小の異なりがあったとしても、法味は一であると述懐している(7)。

円珍の入唐求法により、比叡山の密教は一段と充実の度合いを増した。そこに円仁から円珍へという流れを見ることができることは言うまでもなく、円珍も先学としての円仁に敬意を払い、また教学的にも影響を受けた場面があることは諸文献より確認ができる。しかし、その二人と安然を対峙させた場合、簡単には割り切れない様相を呈してくるのである。円珍と安然の交流を窺わせるものとして、円珍の晩年（仁和四年、八八八）に「安然法子」をして自身の『大日経義釈目録』を写さしめ、遍昭に献呈している（仏全二六・七一六頁下）ことが一例証として挙げられる。ところが、安然側の記述として、円珍の事相伝承に対して厳しい記述が見られるのである（例えば、『胎蔵界大法対受記』巻六、大正七五・一〇〇頁下）。或いは、『観中院撰定事業灌頂具足支分』十巻のうち巻七が欠落しているのは円珍が破し焼いてしまったからという伝承（同書、大正七五・二八〇頁中。『四十帖決』巻一三、大正七五・九四六頁上）もある。つまり、安然と円珍の関係には必ずしも好ましくない場面があったことが推測されるのである。

教学については、後でも言うように、安然は円珍説を継承せず、円仁の教学を継承発展することで、台密の大成者としての手腕を発揮したと言える。要するに、円珍の説には円仁からの伝統があるとしても、どちらかと言えばその独自の立場に注目すべきなのである。例えば、撰述年代の判らない『大日経疏抄』のような小部の書物が、後の台東両密の学匠に非常に大きな影響を与えている。但し、円珍の代表的撰述とされる『大日経指帰』のような書物であっても、その内容を広い視野から検討すると撰述年代のみならず様々な問題点を抱えている。円珍には散逸した文献も多く、基本的な検討課題が多いと言わざるをえないのが実状である。なお、園城寺より出版された『園城寺文書』第一巻は「智証大師文書」であり、円珍の真跡も写真で種々収められている。

四　台密の大成者、五大院安然

円仁を前唐院、円珍を後唐院と称するのに対し、安然を五大院と呼ぶ。その生涯の行跡はほとんど分からないが、比叡山の五大院に住し、著述に専念したと伝えられている。多くの述作の中、『教時問答』（『教時義』）と『菩提心義抄』は台密教学を完成させた書物として、常に尊重されてきた。例えば、敬光の『山家正統学則』（『台宗学則』）

巻上には、両書を熟読して自家の所立を知るべきことや、両書が『法華玄義』に匹敵する北嶺の玄義であることが記され、覚千（一七五六〜一八〇六）の『遮那業学則』（大正七七・二七五頁下）では両書を筆頭に、円珍や円仁の著作を掲げて「台密の所判、大に東寺の説に不共《ふぐう》なることを知り、円密一致の教理を学すべし。」と説いている。因みに、敬光やその弟子の立場は安然の教義を蔵・通・別・円・密という五教で押さえようというものであり、一方、覚千の立場はそれに反対し、「山家の宗は顕密一致、真言・法花同一醍醐の妙宗なり。天台四教の外に秘教を立てて五教を論ずるは異端の新説なり。安然の記に五教を示すは一往の分別、部教与奪の説なるのみ。」（大正七七・二七六頁上）と述べているが、どちらかを非とすることはなかなか困難なことである。

ともかく、安然の出現で台密の教義は完成の域に達することになる。特に円仁の教説を継承したことは重要であり、後に敬光が多用する阿覚大師という安然に対する尊称はそのことを表していると考えられる。なお、安然の密教に対し、筆者は密教の天台化という言い方で説明することがある。それは安然に至って比叡山が密教の全盛期を迎え相当に密教化したとしても、安然が密教の解釈に天台教学を徹底的に採用し、比叡山の学者ならではの密教学を構築したことによる。そして、その教学が後の東密の学匠に研究され、反論も含めて、東密ならではのいわゆる真言教学の確立へと繋がっていく。特に台密の独自性が発揮されている事柄は、大きな刺激を与えることになった。また、教学上注意すべきは、安然の引用を初出とする文献や、安然が最初の主張者と考えられる教義が多々見出されることである。

但し、安然を台密の大成者としてのみ捉えるとすればそれは視野の狭い見方になるであろう。安然は十住心のような教判に対しては徹底的に批判を行うが、空海から影響を受け、その業績を種々活用した最初の学者であることに注目しなければならないのである。つまり、日本密教史という広い観点に立脚すれば、安然は空海の流れを汲む学匠、更に言えば後継者という見方ができなくもないのである。安然が空海を批判しつつ自ら真言宗を名乗るのは、自身の密教の正当性を認じてのことである。

そのことは、事相に対する安然の業績を見れば、一層明瞭の度合いを増すであろう。すなわち、『胎蔵界大法対受記』七巻、『金剛界大法対受記』八巻、『蘇悉地対受記』一巻（真偽未詳）、『観中院撰定事業灌頂具足支分』（『具支灌頂』）十巻、『大日経供養持誦不同』七巻等は、まさに当時における事相の集大成である。『悉曇蔵《しったんぞう》』八巻も悉曇研究の最重要書である。そして、入唐八家（最澄八〇四～八〇五、空海八〇四～八〇六、常暁八三八～八三九、円行八三八～八三九、円仁八三八～八四七、恵運八四二～八四七、円珍八五三～八五八、宗叡八六二～八六五）の将来総目録とも言うべき『八家秘録』（『諸阿闍梨真言密教部類惣録』）二巻は、安然の独創性に基づく分類法を採用し、後世の準縄ともなった。また、不動明王の十九観を説く『不動明王立印儀軌修行次第』のような著作も画期をなすものである。

安然が当時の密教を集大成したことは、日本密教史上の財産であり、台密では勿論、東密でも諸寺に架蔵され研究されるようになった。著作には密教以外の重要書や、真偽未決であっても安然撰として尊重されてきた書籍も多い。

その他、蛇足を加えるならば、安然が第八地の菩薩であるという伝承が現れ、しばしば第三地とされる空海と対比されたり、あるいは食物に困窮して生涯を閉じたということが語られたりするが、謎の多い人物である。

五　円仁の弟子達

円仁は、仁寿四年（八五四）には安恵と恵亮を三部大法の阿闍梨となすことを請い、三部大法灌頂を修せしめた。これが官符をもって三部阿闍梨位を授けるはじめという。安恵は後に第四代天台座主となる人物であり、その前後の座主が円仁と円珍である。ともかく、胎蔵界・金剛界・蘇悉地という三部の阿闍梨が誕生したことは重要である。その後、文徳天皇に両部灌頂を授けるなど、皇族や貴族に灌頂を授けているが、貞観二年（八六〇）には慈叡、承雲、性海、南忠といった門弟を両部大法阿闍梨にすべく上奏し、両部大法灌頂を授けた。それが両部大法阿闍梨位のはじめであるとする。

貞観五年（八六三）十月、熱病を患い、翌年正月十三日の遺誡の中で、遍昭が求める両部大法を自ら授けることができなくなってしまったから、安恵に従って稟学するようにと述べた。それにより、遍昭は円仁没後、貞観七年夏に安恵から三部の大法を授けられたということである。また、円仁は常済には両部の大法を授けたものの灌頂を許していなかったので、同日、口に真言を誦し、手に印契を結び、授与してそれを密印灌頂と名づくと述べたという。

以上、『慈覚大師伝』に基づいたが、同書は、円仁遷化の後、阿闍梨位を給わるものが絶えなかったとして、元誉、長意、安契、玄照、令祐、相応、玄然等の名を挙げて擱筆されている。今は、この中の相応（八三一～九一八）に注目しておきたいと思う。

日本最初の大師号である慈覚大師と同時に伝教大師の諡号が贈られたのは貞観八年七月十四日（一説十二日）であり、その様子は相応の伝記である『相応和尚《かしょう》伝』（『天台南山無動寺建立和尚伝』群書五、続天全・史伝2）に示されている。すなわち、最初は円仁に対する諡号を上表したのであるが、朝議で円仁の師である最澄のことが話題になり、再び両師に賜るよう上奏したとのことである。

さて、相応と言えば、回峯行の祖とされることは著名であろう。但し、『相応和尚伝』からは、相応の不動明王信仰や貞観七年（八六五）に無動寺が建立されたことが知られるとしても、そこに回峯行のことは明記されていない。比叡山の三塔（東塔・西塔・横川）を金剛界・胎蔵界・蘇悉地に配当し、それらを巡礼するというような考えは、後の時代のものである。なお、長久年間（一〇四〇～一〇四四）に成立した鎮源の『大日本国法華経験記』では慈覚大師に続けて五番目に相応を扱っている。そこには『相応和尚伝』によった形跡はなく、故老一両の伝言を聞いたものと記されているが、やはり相応の不動明王への思いが深厚なものであったことが窺われる。特に十九の滝に往き、十九字を布き、十九観を行ったという記述は注目されるであろうが、勿論、こういった伝の信憑性には疑点も多い。『相応和尚伝』によれば不動明王法を授けたのは円仁とされる。このことの真偽も確かめがたいが、ともかく相応と不動明王の関係が深いものであったことは推察されるであろう。

六　川谷二流

日本天台の歴史を繙く時、安然以後、極めて重大な転換期を形成した人物が良源（九一二～九八五）である。叡山中興の祖としての活躍は知られるところであり、正月三日の命日にちなみ元三《がんざん》大師と称されたり、角《つの》大師、御廟《みみょう》大師、大僧正等の称号が用いられるが、寛和三年（九八七）に賜った慈恵（または慈慧）の諡号に基づく慈恵大師（慈慧大師）も周知の呼称であろう。角大師や豆大師と言われる護符の験力は、今なお多くの人々の信仰を集めている。また、叡山にある廟所、すなわち御廟は魔所の一つとして崇敬されている。

そこで、良源と密教との関わりであるが、石山の淳祐《しゅんにゅう》（八九〇～九五三）に師事したことや、その門下である元《げん》杲《ごう》（九一四～九九五）との交流が知られている。しかし、撰述としては特に有名な『極楽浄土九品往生義』や、或いは天台教学の難題を扱った『被接義私記《ひしょう》』があるとしても、密教的なものではない。なお、『被接義私記』は中古の哲匠と言われた証真も尊重する重要書である。弟子の中では、『往生要集』で叡山浄土教の確固たる位置づけを行った源信がいることは著名であるが、台密の展開を考える上で極めて重要な弟子がいる。すなわち、四哲と称される源信・覚運・尋禅・覚超という四人の中に、台密川流の祖とされる覚超（九六〇～一〇三四）がいるのである。その密教の師としては慶有、慶円、静真らが挙げられる（『阿娑縛抄』「伝法灌頂日記」上、仏全四一・五〇〇頁下）。

東密が野沢二流に分かれたことと同様に、台密からは横川《よかわ》の覚超と東塔南谷の皇慶（九七七～一〇四九）という二つの密流の祖が出た。川流と谷流の出現である。但し、後述するように、川流はしばしば慈恵大師の流とされる。この両者を対比させた時に、川流は覚超―厳範と盛んな時があったものの早くに衰えてしまい、後に繁栄したのは谷流であると言える。それは、しばしば台密諸流を意味する台密十三流の大半や、或いは更に多くの諸流が谷流の流れを汲むからである。しかしながら、覚超は『胎蔵三密抄』五巻、『三密抄料簡』一巻、『金剛三密抄』五巻、『東曼荼羅抄』三巻、『東曼荼羅抄』別巻、『西曼荼羅抄』一巻、『五相成身私記』一巻、『胎蔵界生起』一巻等、多くの著作を著したのであり、それらは後への財産と言うべく、台密の学匠によって研鑽され、また、東密の学匠にも大きな影響を与えた。しかも、覚超の著作は真偽未決のものを含め、都率の先徳撰として中古天台の教学にも多大なる貢献をなしている。

さて、その覚超と良源との関係を窺わせる記述として、覚超自らが『三密抄料簡』巻下（大正七五・六五七頁下）で、「我が山に、真言・止観を兼学すること、良に《まこと》以有るなり《ゆえ》。就中、仏子年少の比、慈恵大師大和尚時時軟語して曰く、凡そ我が山の僧、初めに顕教を学ぶと雖も、後には必ず密教を学ぶ。汝、真言教を軽んずること莫かれ。

今従り漸漸に練習せよ、と云云。」と記し、続けて良源の恩に報いんことを述べている。覚超の著作の中には幾つかの名言が見出されるが、密教について何より重要なのは安然を追慕しその業績を絶賛していることであろう。それは、同書（大正七五・六四九頁下）の、「安公は是れ顕密の博士なり。就中、秘教を学ぶものは偏に彼の説を信ず。予も亦爾り。」という文や、『東曼荼羅抄』巻上（大正七五・七一九頁下）の「若し安公、此の道を伝えざれば、秘教早くに地に墜つ。我今、安然大師に帰命して来世に必ず今日の恩に報いん。」という記に顕著であろう。また、覚超の主張の特色を示すものの一つに教主義があり、『東曼荼羅抄』別巻（大正図像一・九三五頁中）で教主毘盧遮那仏について、他受用《たじゅゆう》報身を基準と捉え、勝応身にも通ずるとしている。

次は皇慶である。池上阿闍梨と呼ばれるのは、長暦二年（一〇三八）に起こった山門・寺門の争擾に絡み、しばらく叡山を離れざるをえず、丹波国池上大日院に移ったことによる。伝記としては、簡略なものであるが大江匡房（一〇四一～一一一一）の『谷阿闍梨伝』が続群書類従、及び続天台宗全書（史伝2）に収められている。撰著には『随要記』二巻があり、また長宴（一〇一六～一〇八一）記の『四十帖決』は、高弟長宴が叡山及び池上で皇慶から伝授された説を記したものである。『四十帖決』（巻五、大正七五・八七〇頁下）の教主義も、他受用身説を採る。

『四十帖決』が大正新脩大蔵経本で十五巻になっているのは、後述する台密法曼流の祖、相実（一〇八一～一一六五）が調巻したものであり、別に二十帖本もある。『仏書解説大辞典』（田島徳音稿）によれば、両書の配列の順序は全く異なり、項目にも若干の違いが認められるようである。本書が三昧流・穴太流・法曼流という三流の指南書となっていることを、『阿娑縛抄』に付加された「当流代々書籍事」（仏全四一・五二二頁下）では「是れは三流の惣口決なり。然れども当流に別して我が物とする子細これあり。……」と言い、『山門穴太流受法次第』（仏全二・二八四頁下～二八五頁上）では「四十帖口決を以て三流の親文《おやふみ》と為す。此の口決は大原の長宴僧都、丹波の池上に毎日参して、谷の和尚の御言を注し置き給える抄なり。仍って篇目を定めず、猥りに書き置き給える物なれば、当時是れを乱脱の本と名づく。」と述べている。

皇慶門下は三十余人、長宴、院尊、安慶が筆頭とされる。永意、頼昭、或いは三昧流の祖となる良祐も門弟に数えられる。

なお、ここで話の都合上、先ず台密諸流の関係を図示しておくことにしたい（福田堯穎『天台学概論』四八七頁参照）。

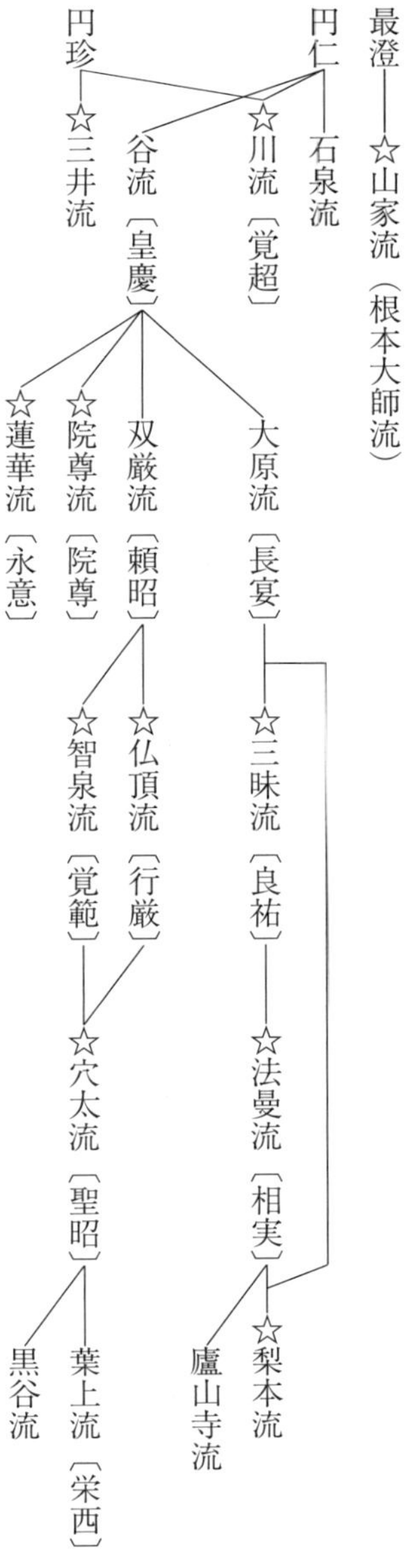

※　☆に功徳流と味岡流を加えて台密十三流となる。(8)

七　台密諸流――谷流の分派――

現今、川流と言えば覚超とされるが、川流はしばしば慈恵流と呼ばれていたようである。そのことは、厳豪口、源豪記『四度授法日記』巻四「十八道記」(大正七七・一三六頁下)には、「川流とは、慈恵大師の御流なり。心は横川の流なり。彼の御流より、兜率の流は出たるなり。」と見られる。また、慧澄癡空(一七八〇~一八六二)の『密門雑抄』では、「慈恵大師は多く横川に住し玉えば川流と云う。」と説き、覚超の名がない。そして続けて、「当今、世に伝わる所は法曼流・穴太流・三昧流の三流なり。皇慶、丹波の池上に住せし時、山王の咎めにて猿が背を抓き破り、血が三筋流れしと夢みて、吾が法の末の世に三流に分かるることを知り玉うと云えり。」と記しているのであり、法曼・穴太・三昧の三流が主要三流であることが窺える。(9)なお、この説は尊舜(一四五一~一五一四)の『津金寺名目』巻上末の記述と同じ内容であり、その「山門の真言三流の事」の項でも「川の流とは慈恵大師の御流なり。川とは横川の事なり。」と言う。但し、『谷阿闍梨伝』では、その出血三処を長宴、院尊、安慶に宛てている。

さて、台密諸流の代表の一つである三昧流の祖、良祐への流れを示せば、皇慶―安慶―長宴―良祐となるが、良祐はその三師に伝授されたのである。三昧流の名は常行三昧堂との関わりから三昧阿闍梨と呼ばれたことに由来すると言われている。但し、『四度授法日記』巻四「十八道記」(大正七七・一三七頁上)や『津金寺名目』では、大原の三昧の衆であったとする。なお、『密門雑抄』に、「三昧流は今東塔南谷、黒子千妙寺に伝うる所の灌頂なり。」とあるように、関東では常陸の千妙寺が三昧流の伝法灌頂の道場として重要な役割を担っていた。それは、岡崎方と言われる東陽房忠尋の流であり、良祐から忠尋—恵淵—成円—成源—澄尋と相承し、亮守へと伝えられた。

三昧流の相承のうち第一とされるのは、二九一《にくいち》の秘篋（十九箱）を相伝する青蓮院門跡方の相承である。二九一の秘篋の相伝については、必ずしも明瞭ではない点もある。その門跡方の相承は良祐—行玄—全玄—慈鎮等と次第するもので、谷、或いは山門の嫡流という位置づけが与えられている。慈鎮和尚慈円（一一五五〜一二二五）は四度天台座主になったことや、『愚管抄』を著したことで名を馳せているが、教相・事相に亙る密教者としての業績が注目され、解明されつつある。青蓮院吉水蔵の慈円関係文献が続天台宗全書（密教3）に収められた。

次に、法曼流は良祐門下の一人、相実を祖として始まる。法曼流が重要な流派であることは言うまでもないが、同流は幾つかの問題を持つ。先ずは、良祐と相実の間柄が好ましくなかったことである。例えば、『山門穴太流受法次第』（仏全二一・二八九頁上）には、「法曼院の門流は、相実法印の御時に一流を立つ。彼の法曼院の法印は宗《もと》は良祐の御弟子なれども、良祐如何が思われたるか。口決を許されず。」と見出される。もう一つの問題は、東密との関わりである。

法曼流が東密的色彩の濃い流派と見なされる場合があるのは、伝不詳であるが、東密の恵什（最朝、斉朝）の門弟となり、しかも台密の伝統を覆す『審印信謬譜』なる書を著したからである。なお、同書は現存せず、後の引用によってその内容が窺われる。例えば、杲宝（一三〇六〜一三六二）の『アキシャ鈔』巻一〇（真全二一・九四頁下）に「天台相実法印の『審印信謬譜』に云く、『海雲血脈』に多くの不審有り。」とあり、また同文は『玉印鈔』巻一〇にも見られる。そもそも、恵什は最澄の批判をしたのであり、それに反駁したのが薬雋《やくしゅん》撰『天台宗遮那経業破邪弁正記』二巻（天全七、一一〇九成立）である。[10] そのような状況下にあって『審印信謬譜』を撰したのであるから、大森真応氏は、「若しそれ吾人をして忌憚なく言はしむれば、法印は良祐の室を追はれ東寺に走て恵什の衣鉢を受け東寺の血脈に列なりしを以て東寺の立場よりして之を難せしものならんか[11]」という見解を示している。

相実の門下に静然と政春がいた。政春の系統に政春―玄隆―栄全―秀暹―隆禅と次第して廬山寺明導上人照源に至る流れがあり、廬山寺流が形成される[12]。廬山寺流が台密の教学を振興し、極めて重要な役割を果たしたことについては後述する。静然の撰述に諸尊法を集成した『行林抄』八十二巻（大正七六）がある。また、静然は相実の「七巻抄」と呼ばれた『息心抄』を八巻に調巻し、更に自ら記した『諸尊形像』上下二巻を加え「十巻抄」と名づけたと言われる[13]。また、政春が記した『師説集』は相実の口説を伝えるものである。これらの書は、やがて穴太流から出現する『阿娑縛抄』に繋がっていく点で極めて重要である。

そこで、穴太流であるが、その祖とされる聖昭、及び『阿娑縛抄』の編纂で知られる承澄までの次第を示せば次の通りである。頼昭は皇慶に師事し、後に長宴から伝法された人物である。

頼昭┬行厳（仏頂流）──────┐
　　└覚範（智泉流）─院昭─┴聖昭─契中─忠快─承澄

『阿娑縛抄』は小川流の書と言われるが、承澄（小川僧正）が忠快（小川法印）の『密談抄』を基本として相実の『息心抄』や静然の『行林抄』その他諸資料を用いて台密事相を集大成したものとされる。小川流は穴太流の系統である。そういった事情については、『山門穴太流受法次第』（仏全二・二八五頁上下）に、「次に小川の忠快法印、彼（契中）の『五輪抄』を宣べ広げて『密談抄』と名づけらる。穴太一流の事、此の抄に載せられずと云う事これ無し云云。次に小川承澄僧正の御時、『密談抄』の上に『息心』・『行林』等を潤色に備え、博覧の才を載せて『阿婆縛抄』と号し給えり。」と見えている。また、同書（仏全二一・二八八頁下）には、「小川僧正の御時より法曼院の大事も此の流伝えたり。」と記されている。なお、『阿娑縛抄』の成立に尊澄という人物が深く関わっていたことは知られていたが、その尊澄を本来の著者と見る研究もある。(14)

承澄の弟子に澄豪があり、京都西山の宝菩提院に住した。その法流を西山流と言う。そこから正覚院、惣持坊、行光坊、鶏足院等の灌室が起こった。また、法勝寺・元応寺に伝わる黒谷流は澄豪より伝えられた穴太流の流れを汲む。澄豪より受けた人物に、『渓嵐拾葉集』の編纂で名高い光宗（一二七六～一三五〇）がいる。

次に、葉上流は葉上房栄西（一一四一～一二一五）の密流である。栄西は臨済宗建仁寺派祖であり禅僧として著名であるが、密教を重んじた学僧としての活躍も見逃せないのである。そのことは、『教時義勘文』、『菩提心別記』、『出纏大綱』、『金剛頂宗菩提心論口決』、『喫茶養生記』といった撰述の内容を検すれば直ちに諒解されよう。(15)栄西が受けた流派は穴太流、すなわち聖昭の弟子の基好からの伝法が重要である。(16)

また、栄西の弟子の栄朝は蓮華流をも併せ受け、世良田の長楽寺で円・密・禅の法門を広めた。葉上流は栄朝より東福寺開山円爾弁円（一二〇二～一二八〇）にも伝えられた。円爾弁円の講説は弟子の癡兀大慧（仏通禅師、一二二九～一三一二）の筆録によって『大日経見聞』十二巻（新版日蔵・密教部章疏一、二）、『瑜祇経見聞』一巻（続天全・密教2）として伝えられている。これらの文献で注意すべきは、弁円の説を基にしているとしても、筆録者の撰と見る要素があるのではないかと考えられることである。

ここで、前に触れた廬山寺流について述べておくことにしたい。法曼流門跡方より出た秀暹及び隆禅の業績は台密教学を振興した点において頗る重要であり、更にはその流れから隆禅を祖師と呼ぶ実導仁空（一三〇九～一三八八）が現れ、教学の復興に多大の貢献をなすのである。隆禅に至る教相の研鑽を窺える資料に、やはり『山門穴太流受法次第』（仏全二一・二八九頁下）があり、そこには「又、政春の下より玄隆、栄全、秀暹、隆禅僧正に至るまで、教相の盛んに沙汰せり。浄土寺の慈勝僧正、菩提院の澄覚親王、皆是れ隆禅の御弟子なり。山門の教相は、只彼の家の抄物を用い来るものなり。」という記述が見出されるのである。加えて、同書（仏全二一・二八九頁下～二九〇頁上）では、教相の基本書について、「……慈覚大師の両経の疏、五大院の『教時義』・『菩提心義』、皆是れ教相の親文なり。『菩提心論』を教相を談ずる本の様に思えるは誤りなり。山門の教相は『大日経』の住心品の『義釈』、能く能く沙汰し量るべき事なり。雲林院の栄全の『秘要五重玄』は教相の極秘書なり。或いは秀暹の抄物、或いは隆禅の書き給える「住心品の義釈に七帖の抄（『住心品義釈七帖抄』）」これあり。「菩提心論の五帖抄（『菩提心論五帖抄』）」是れも龍興院（隆禅）の作あり。此れ等の抄を披見して教相の大綱を意得べき事なり。」と紹介している。

廬山寺流は円・密・浄・戒という四宗法門の兼学を特色とし、その代表的学者が明導照源（一二九八～一三六八）と仁空である。特に密教については仁空の活躍に注目すべきであり、多くの業績が伝えられている。『義釈捜決抄』十二巻、『義釈第一私抄』一巻、『十八道立印鈔』一巻、『台記立印鈔』一巻、『金記立印鈔』一巻、『息心立印鈔』十一巻、『伝法要決鈔』五巻（以上、天全）、『遮那業案立草』十三巻（大正七七）等により、仁空の研鑽や当時の様子が窺える。特に、『義釈捜決抄』に秀暹から実範の『大経要義鈔』に対する批判、及び隆禅から大進上人宗観撰と推定される『十住遮難抄』への批判が紹介されていることは肝要である。[17] それは、台東両密の教判論争に関するもので、隆禅の説は現在伝わらない上記『住心品義釈七帖抄』からの引用と考えられ、貴重である。また、『遮那業案立草』は毎年八月十日、皇慶の報恩会として行った密教論義の論草である。

台密は『大日経義釈』の密教と言われる。中でも教義の中心は住心品であり、仁空はその詳細な講述を比叡山で行い、それが『義釈捜決抄』として伝えられているのである。その特色は、円仁・円珍・安然といった台密の学匠の説を細かく検証した上で、それらを尊重しつつ独自の観点から疑問点を解消し、自らの見解を提示していることである。他に、台密の学匠による『義釈』註釈が著されなかったわけではなく、三井園城寺の最珍（一一四三〜一二一九）には『大日経義釈鈔』があるが[18]、やはり仁空の講説を以て第一とすべきであろう。

八　台密の伝承

仁空以降の台密は、事相伝承の時代と言われるが、それは安然における教相の大成以後、諸流を形成しながら事相が大成したことを承けてのことである。しかしながら、実状はさしたる展開がなかったことを意味し、しかも信長による叡山の焼き討ちは重宝や典籍を尽く灰燼に帰せしめた。

叡山復興以降、先ず挙げるべき人物は天海（一五三六〜一六四三）であろう。天海関係の文献は『慈眼大師全集』に収められ、東源作『東叡開山慈眼大師伝記』や諶泰作『武州東叡開山慈眼大師伝』等によってその生涯を窺うことができる。天海の業績として、従来の山王神道を基にして山王一実神道を創唱したことや、天海版一切経を刊行したことは最も代表的なものである。密流の伝承については、長楽寺における葉上流（天正五年、一五七七）をはじめ三昧流（慶長八年、一六〇三）、法曼流（慶長十二年、一六〇七）、穴太流（寛永三年、一六二六）の灌頂を受け、東叡山を以て密法諸流兼学の地となしたことが東源記によって知られる。

天海以後、台密の振興に尽力した学者が何人かいるので、代表的な人物数名につき述べておくことにしたい。

敬光（一七四〇〜一七九五）の業績は広汎に亙るが、特に密教と円戒の復興に尽力した。三井園城寺の学匠であり、最晩年は法明院で過ごした。伝記には敬長撰『顕道和上行業記』があり、四上足の伝記である敬長撰『復古四侍略伝』もある。円珍の撰著の校訂や整理、或いはその註釈書の作成などを行ったが、五時五教判を重視したことからも窺えるように、安然の業績も極めて尊重した。著作は、『大日経指帰講翼』一巻（続天全・密教2）、『山家正統学則』二巻、『北嶺教時要義』一巻、『幼学顕密初門』五巻、『山家正統宗門尊祖義』一巻、その他頗る多い。また、四上足の一人亮碵《りょうてん》（一七六〇～一七九二）には『北嶺伝弘五教成仏義』六巻があり、天台宗全書（巻七）に収められている。

その敬光による五時五教判を難じたのが覚千（一七五六～一八〇六）である。『自在金剛集』九巻のうち巻九は別行して大正新脩大蔵経（巻七七）にも収められている『遮那業学則』であり、敬光の『山家正統学則』を批判した。なお、覚千の師である恵宅亮雄（一七四〇～一八〇二）は『義釈捜決抄』に開版に尽力した人物であり、また『自在金剛集』の巻一から巻四までは亮雄による経論儀軌の講伝を記録した「諸経軌伝受聞書」である。

そもそも、天台宗は最澄が言うように、天台法華宗なのである。そして、最澄の相承が円・密・禅・戒という四宗の融合を標榜したことは、密教の充足を緊要なものとして促進した。その後、四宗に確固たる一分野として浄土教が加わるのは、源信による不朽の名著『往生要集』が出現してからである。天台教学はもともと高い融合性を有し、日本天台ではそれらが互いに妨げることなく融和し、一体であると考えるのが基本である。密教も相対判的・排他的観点からでなく、絶対的な立場から捉えれば、教理上はあらゆる思想を呑み込む要素がある。台密はその傾向が強いと言えるかもしれない。天台法華宗でありながら、東密を凌駕するまで密教を導入した意味の一つがそこにある。

ともかく、円・密・禅・戒・浄、更には山王神道も日本天台の法門なのである。そして、いわゆる中古天台の時代には天台教学の特殊な展開と言うべき口伝法門、或いは本覚思想の全盛期を迎える。その時代と台密の事相大成の時期が重なることは、東密が多くの密教学者を輩出し、台密の研究にも労力を惜しまなかったこととは全く異なった事情を想定しなければならないことになる。要するに、台密の衰退する要素は事相の分派時代に既に見られるのである。

しかしながら、円密一致の基本線は日本天台の規矩準縄として踏襲され、現在に至っている。そして、台密諸流の講伝等、その伝統を継承すべく努力がなされていることも事実である。(19)

註

（1）拙編著『新・八宗綱要—日本仏教諸宗の思想と歴史—』（法藏館、二〇〇一年）「真言宗」の章、参照。

（2）証真等、日本天台諸師の即身成仏論については、拙著『天台教学と本覚思想』（法藏館、一九九八年）参照。

（3）陳公余・野本覚成『聖地　天台山—中国浙江省台州市天台区—』（朱学根訳、佼成出版社、一九九六年）二二七頁～、参照。

（4）三種悉地法については、三﨑良周『台密の研究』（創文社、一九八八年）五二一頁～、水上文義『台密思想形成の研究』（春秋社、二〇〇八年）三六三頁～、参照。

（5）三聖二師について緒言で、本来は三大聖師（最澄・円仁・円珍）と五大（安然）、慈恵（良源）のことであるが、そこでは恵心（源信）を以て慈恵に代えるとしている。

（6）園城寺編『秘仏金色不動明王画像』（朝日新聞社、二〇〇一年）が出版された。

（7）この点については、木内堯央『天台密教の形成—日本天台思想史研究—』（渓水社、一九八四年）三一七～三二〇頁、参照。

（8）福田堯穎氏は『天台学概論』（文一出版、一九五四年、五六頁）では、台密十三流の称呼の初出を厳豪の『十八道次第面授抄』に求めている。確かに、この書は厳豪の説を記したものであるが、問題はその箇所が本文とは考えられないことである。因みに、同書の内容は『四度見聞』（比叡山専修院）の「十八道次第」とほぼ同じであり、そこでは台密十三流についての同じ記述が「十八道次第」の末尾に付されている。一方、厳豪の説を源豪が記した『四度授法日記』巻四「十八道日記」（大正七七・一三六頁中〜）には、諸流が掲げられているが、それは整然としたいわゆる十三流ではないのであり、『十八道次第面授抄』の該当箇所の記述を厳豪の説と見ることは妥当ではない。なお、『十八道次第面授抄』（天王寺、福田蔵本による）に見られる「山門十三流」の名称は、一、根本大師流、二、智証流、三、慈恵流・都率流、四、院尊流、五、三昧流、六、仏頂流、七、蓮華院（流）、八、味岡流、九、智泉流、十、穴太流、十一、法万流、十二、功徳流、十三、梨下流という十三であり、そこでは更に十三流の外の流として、書写流を挙げている。書写流は性空（皇慶はその甥）が夢中に金剛薩埵より授かった流とされる。それでは、十三流の初出はどこにあるのだろうか。本文中に十三流が記される文献としては、従来言われている定珍（一五三四〜一六〇三）の『鸚鵡抄』（一五七二年）が挙げられる（大山公淳『密教史概説と教理』高野山大学、一九六一年、一五五頁、三﨑良周「台密の発生と諸流伝法の意義」『台密諸流伝法印信纂脩并解説』芝金聲堂、二〇〇一年）。すなわち、同書巻三（続天全、密教4・一二八頁下〜）には「山門十三流」として同じ諸流が掲げられ、十三流外の書写流についても記している。そこでの、一は伝教大師流、二は智証流・三井流、三は慈恵流・都率流・覚超流としているが、十三流の内容は同じである。但し、『十八道次第面授抄』や『四度見聞』の付記は、『十八道次第面授抄』に見られる識語によって『鸚鵡抄』成立以前になされたと考えられることから、稲田祖賢氏は「台密諸流史私考」（『叡山学報（研究会学報）』六、一九三二年）で、天文二十三年（一五五四）以前の付加としている。

（9）現在、山門では、その三流と西山の計四流が行われている。武覚円「台密諸流とその伝法について」『台密諸流伝法全集成』別巻（東方出版、一九八七年）一八〜一九頁。清田寂雲『天台密教入門』（叡山学院、一九九九年）五九頁。

（10）杲宝は薬雋とせず、松養房真源法橋の撰述としている。

（11）大森真応「法曼流祖相実法印に就て」『山家学報』八、一九一八年。

（12）『四度授法日記』巻四「十八道記」では、「浄土寺の方は玄隆・栄全・秀暹・隆禅の流なり。」（大正七七・一三七頁上）と言う。

（13）『本朝台祖撰述密部目録』、仏全二・二一〇頁下。静然は戒光坊と呼ばれる。

(14)　宮島新一「『阿娑縛抄』をめぐる二、三の問題—曼殊院本を中心にして—」（『仏教芸術』一一二、一九七七年）。また、大久保良峻解題『阿娑縛抄』（『日本仏教の文献ガイド』法藏館、二〇〇一年）参照。

(15)　栄西に関する新出資料集として、『栄西集』（中世禅籍叢刊一、臨川書店、二〇一三年）が刊行された。

(16)　このことについては、『金剛頂宗菩提心論口決』の識語（大正七〇・三二頁上中）参照。

(17)　詳しくは、拙著『台密教学の研究』第五章「台密教判の問題点」（法藏館、二〇〇四年）参照。また、『義釈捜決抄』については、『正続天台宗全書　目録解題』（春秋社、二〇〇〇年）の拙稿、参照。

(18)　最珍の説は、仁空や東密の学匠に引用されている。『大日経義釈鈔』の完全本は未見であるが、本書は『義釈』全般から問題点を探ったものと思われる。『三井続燈記』巻一には、「智証大師将来の義釈に就いて抄を著す。見に世に在り。」（仏全一一一・一一一頁上）と見られる。叡山南渓蔵に伝わる写本は完本ではないが、貴重な文献である。

(19)　最近の台密諸流の講伝は、三﨑良周大僧正を講伝者として、一九九七年に二十四年ぶりに行われた。

参考文献

清水谷恭順『天台の密教—台密概要—』（山喜房、一九二九年）

清水谷恭順『天台密教の成立に関する研究』（文一出版、一九七二年）

稲田祖賢「台密諸流史私考」（『叡山学報（研究会学報）』六・八・一〇、一九三二年・一九三三年・一九三五年）

福田尭穎『天台学概論』（文一出版、一九五四年）

獅子王円信「谷阿闍梨皇慶の密教について—四十帖決を中心として—」（『日本仏教学会年報』二一・一九五六年）

大山公淳『密教史概説と教理』（高野山大学、一九六一年）

天台宗務庁『天台学綱要』（金声堂、一九七六年）

木内堯央『天台密教の形成—日本天台思想史研究—』（渓水社、一九八四年）

三﨑良周『台密の研究』（創文社、一九八八年）

三﨑良周『台密の理論と実践』（創文社、一九九四年）

大久保良峻「日本天台の密教」（立川武蔵・頼富本宏編、シリーズ密教4『日本密教』春秋社、二〇〇〇年）

大久保良峻『台密教学の研究』（法藏館、二〇〇四年）
大久保良峻「台密諸流の形成」（『アジア文化の思想と儀礼―福井文雅博士古稀記念論集―』春秋社、二〇〇五年）
大久保良峻「最澄・空海の改革」（末木文美士他編、新アジア仏教史11・日本Ⅰ『日本仏教の礎』、佼成出版社、二〇一〇年）
水上文義『台密思想形成の研究』（春秋社、二〇〇八年）

※本章は『感性文化研究所紀要』四（早稲田大学　感性領域総合研究所、二〇〇八年）所収の同名論文に若干の補訂を加えたものである。

Ⅳ　最澄の禅相承とその意義

伊吹　敦

一　はじめに

日本天台宗の祖、最澄（七六六、一説七六七～八二二）は『内証仏法相承血脈譜《そうじょうけちみゃくふ》』（以下、『血脈譜』と略称）において、「我が叡山の伝法、未だ師師の譜有らず。謹んで三国の相承を纂して以て一家の後葉に示して爾云う」として、次の五つの系譜を掲げている（伝全一・一九九～二四七頁）。

ａ　「達磨大師付法相承師師血脈譜」
ｂ　「天台法華宗相承師師血脈譜」
ｃ　「天台円教菩薩戒相承師師血脈譜」
ｄ　「胎蔵金剛両曼荼羅相承師師血脈譜」
ｅ　「雑曼荼羅相承師師血脈譜」

このうち、ａが禅宗（禅）、ｂが天台宗（円）、ｃが菩薩戒（戒）、ｄとｅが密教（密）の系譜であるから、『血脈譜』は、最澄が比叡山に樹立した仏教が正しく円・密・禅・戒の「四宗相承」によって立つことを示すものと言える。

このような独特の内容を持つ「天台法華宗」を最澄はいかにして構想するに至ったのか。また、最澄は、円・密・禅・戒の四宗を自分の思想の中でいかに位置付けていたのか。これらは日本仏教史における極めて重要な問題であるが、四宗において要の位置を占めると考えられるのが禅である。天台宗の樹立を目指すための著作である『血脈譜』において、天台宗の系譜を差し置いて先ず第一に禅の系譜を掲げているのは、それを如実に示すものと言える。

本章は、禅の相承が最澄の思想に与えた影響を探るとともに、それが日本仏教史上において果たした役割について概観しようとするものであるが(1)、その前提として先ずは最澄による禅の受法の事実を確認しておこう(2)。

二　最澄における禅の相承

最澄の禅の相承について考える場合、二つの系統に分けて考える必要がある。即ち、日本において師の行表(七二二〜七九七)から承けた北宗禅の系譜と、入唐した際に天台山の翛然《しゅくねん》(生没年不詳)から承けた牛頭宗の系譜である。

日本での北宗禅の相承

最澄は、「達磨大師付法相承師師血脈譜」において、釈迦大牟尼尊から二十七代を経て菩提達磨に至ったとし、更に、達磨から自身に至る系譜を次のように示す。

後魏達磨和上─北斉慧可和上─隋朝皖公山僧璨和上─双峯山道信和上─黄梅東山弘忍和上─唐朝大通和上─華厳寺普寂和上─大唐大光福寺道璿和上─大日本国大安寺行表和上─大日本国比叡山前入唐受法沙門最澄

達磨から普寂に至る系譜は、『伝法宝紀』や『楞伽師資記』などの初期禅宗史書においても認められているものであり、また、普寂（六五一～七三九）以降の伝承についても、『血脈譜』で最澄が掲げる「吉備真備作道璿和上纂」「行表和上度縁」「最澄度縁」などの記載によって疑うことはできない（伝全一・二一一～二一四頁）。そもそも道璿（七〇二～七六〇）の来朝は天平八年（七三六）で、荷沢神会《かたくじんね》（六八四～七五八）が開元二十年（七三二）に滑台で北宗排撃を行った直後に当たっている。神会の言う「南宗」という概念が既に存在したにしても、いまださしたる影響力はなかったはずで、当時の禅の主流は、神秀─普寂系に完全に占められていたと考えてよい。従って、道璿が禅を伝えたとすれば、それは必ずや言うところの「北宗禅」であったに違いないのである。

しかも、最澄は、自ら道璿が将来した禅宗文献を現に伝承しているとして、次のように述べている。

其の祖、璿和上、大唐より達磨の法門を持ち来たり、写し伝え、伝授して比叡山の蔵に在り。

（伝全一・二一四頁）

従って、その系譜に間違いがあるはずはなく、最澄が渡唐以前に北宗禅を学んでいたことは歴然たる事実であると言ってよいのである。最澄の著作には、彼の将来目録にも見られない初期禅宗文献がしばしば引用されているのであるが、その多くは道璿が渡来に際して携えて来たものであったと考えることができる。

最澄の入唐求法と禅の相承

最澄は南都で受戒した後の延暦四年（七八五）の七月、突如、比叡山に入り、十二年に及ぶ籠山生活を開始したが、その過程で天台教学に開眼し、独学で学問を積み、次第に天台の学者としてその名が知られるようになっていった。しかし、天台教学を極めんとする最澄は、やがて入唐求法を志すようになる。そして、延暦二十三年（貞元二十年、八〇四）には、桓武天皇の意向も手伝って、遂に念願が果たされることになった。

七月六日に肥前の田浦を出帆した最澄は、九月一日に無事明州に漂着し、その後、当初からの目的地である台州に移った。ここで最澄は道邃《どうずい》（生没年不詳）と行満（生没年不詳）から天台法華宗を学んだが、それと相い前後して天台山禅林寺の翛然から禅法の伝授を受けた。「達磨大師付法相承師師血脈譜」に次のように言うのがそれである。

また、去りぬる延暦の末年、大唐国に向かって請益し、更に達磨の付法を受く。大唐貞元二十年十月十三日、大唐国台州唐興県天台山禅林寺僧翛然、天竺大唐二国の付法の血脈、幷びに達磨の付法せる牛頭山の法門等を伝授す。頂戴して持ち来たり、叡山の蔵に安んず。（伝全一・二一四～二一五頁）

これによって、最澄が翛然から「天竺大唐二国の付法の血脈」と「達磨の付法せる牛頭山の法門」を授けられ、それらが帰朝の後に比叡山の蔵に収められたことが知られるのである。

ここで当然問題になるのが、最澄が翛然から受けた禅の系統である。そこで、最澄の将来目録を検すると、『越州録』中に以下のごとき禅宗文献と認め得るものを見出すことができるのである（大正五五・一〇五九上中）。

a　西国付法記一巻　　b　刀梯歌一巻　　c　傅大士還詩十二首一巻
d　西域大師論一巻　　e　看心論一巻　　f　無生義一巻
g　双林大士集一巻　　h　曹渓大師伝一巻　　i　絶観論一巻
j　法華経名相一巻　　k　達磨系図一巻

このうち、aとkが「天竺大唐二国の付法の血脈」に当たると見ることができるし、また、b、f、i、jは牛頭系の文献と見られるから、最澄自身が「達磨の付法せる牛頭山の法門」と言うように、牛頭宗を学んだことも間違いないであろう。eの『観心論』（『看心論』）が神秀に帰せられる北宗文献であり、hが慧能の伝記を記した南宗文献であるという点は問題であるが（ちなみに佚文からaも南宗系のものと認められる）、恐らくは、当時流布していた最も代表的な禅文献を参考のために将来したのであろう。

ただ、後者については、別の考え方もできる。翛然自身、牛頭宗とは別に南宗禅も相承していた可能性が考えられるのである。というのは、『伝灯録』巻六に馬祖道一（七〇九〜七八八）の法嗣として「王姥山翛然」を掲げているからである（大正五一・二四五頁下）。この人物の生没年は不明であるが、仮に馬祖より三十歳年下であったと仮定すれば、最澄が伝授を受けた貞元二十年（八〇四）には六十六歳となるが、当時、最澄は四十三歳で、二十一歳年下となり、師資の関係としては、甚だ相応しいものとなる。「翛然」という名前が非常に珍しいものであることを考えれば、これが最澄に付法を行った人物である可能性は非常に高いと言えよう。

馬祖・石頭系の著作である『伝灯録』が、その勢力が盛んであったことを誇示するため、師承が明確でない他派の人物を南宗に組み込むといったことを行わなかったとも限らないし、直接会った最澄の言葉の信憑性は非常に高いと言えるから、翛然が牛頭宗を主たる立場とする人物であったことは否定し難い。しかし、『伝灯録』の記載は、彼が南宗系を同時に承けていた可能性を示唆するものでもある。当時、南宗と牛頭宗の間で盛んに交流が行われたことを考えれば、翛然が牛頭宗を主としつつも、南宗の影響を強く受けていて、その両者を最澄に授けたということも、あながち無理とは言えないであろう。

最澄の弟子たちによる禅文献の将来

『血脈譜』の記述から知られるように、比叡山の蔵には、行表のもとで入手した道璿将来の禅文献と、最澄が自ら入唐して手に入れた禅文献の双方が収められていた。最澄や弟子たちの著作に見える引用から判断すると、その数はかなりのものであったと考えられるが、その後も円仁や円珍といった直弟子たちによって新たな禅文献が次々に齎され、そのコレクションはますます充実したものとなっていった。

彼らによる禅文献の将来が当時の中国の仏教界の状況を反映するものであることは疑う余地がない。即ち、当時は馬祖禅の流行によって、禅宗が仏教界を席巻しつつある時期に当たっていたのである。しかし、より根本的な理由は、彼らの師への敬慕に求めるべきであろう。つまり、少なくとも最澄の直弟子たちの間では、師にとって禅思想とその相承が極めて重要な意義を有するものであるという共通認識があったと考えられるのである。

入唐すると直ちに禅の受法を求めた最澄、『血脈譜』で「四宗相承」の筆頭に禅の系譜を掲げる最澄、帰朝に際して多くの禅文献を齎した最澄、そして弟子らにも禅の重要性を印象付けた最澄。最澄にとって「禅」とはいったい何であったのか。それを明らかにするためには、どうしてもそのルーツを探らなくてはならないのである。

三　従来の道璿観とその問題

道璿像の多面性

先に示したように、最澄が『血脈譜』で掲げる系譜は、脩然から受けた牛頭宗のものではなく、

神秀―普寂―道璿―行表―最澄

と継承されてきた北宗禅のものであった。最澄にとって、道璿こそが日本の禅宗の初祖であり、禅思想のルーツであったのである。

大安寺道璿は、奈良時代に鑑真（六八八～七六三、七五三年渡来）に先立って戒律を伝えるために日本に招かれた人物である。来日後の彼は、得度授戒に携わり、東大寺大仏開眼会で呪願師を務め、また、「律師」に任じられるなど大いに活躍した。

このように公的には小乗戒の「授戒師」として活動した道璿であったが、今日、日本思想史上において彼を問題にする場合、まず取り上げられるのは、華厳教学や天台教学に詳しかったという点であり、これに基づいて、彼が齎した典籍や教学的知識が後の日本華厳宗、日本天台宗成立の基礎になったとされ、更には、彼の華厳学が聖武天皇（七二四～七四九在位）による東大寺大仏の造立に繫がったなどとも論じられているのである(3)。

このように、歴史的側面からは律宗、華厳宗、天台宗との関係が強調される道璿であるが、晩年に律師の職を辞

すると、吉野山の比蘇寺（＝現光寺、世尊寺）で習禅に努めたのであり、生涯を通じて北宗禅の継承者としての立場を忘れることはなかったはずである。また、道璿は、この比蘇寺で『集註梵網経』三巻を著していて（現存しないが、現にかなりの数の佚文が伝わっている）(4)、小乗戒だけでなく大乗戒（菩薩戒）に対しても深い造詣を持っていたことが窺われる。

このような道璿の多面的性格に目を向けるとき、仏教者としての彼の本領がどこにあったのかという疑問に逢着せざるを得ないし、また、道璿が三十五歳という若さで来日したことを思えば、伝承の中には後世の要請に基づく仮託が含まれている可能性も考えねばならないのであるが、実際のところ、私見によれば、道璿を華厳宗や天台宗の祖師とする従来の見方は全く根拠のないものなのである。次に、これについて述べよう。

道璿に対する誤解

先ず道璿を華厳宗の祖師とする見方について私見を纏めれば、以下のごとくである。(5)

1　道璿が華厳教学に詳しかったとする根拠はいくつか挙げられているが、最も重要なものは次の三つである。

a　鎌倉時代の学僧、凝然（一二四〇～一三二一）が著作で道璿を華厳宗の学匠と見做していること。

b　同じく凝然が『華厳経』関係の章疏を初めて将来したのが道璿であると伝えていること。

c　道璿の師、普寂が「華厳尊者」と呼ばれていたこと。

2　ところが、bは、凝然以前の資料からはその事実が確認できず、それどころか、他の資料に照らせば、むしろ新羅で学んだ審祥（生没年不詳）こそが『華厳経』関係の章疏の将来者であると見做すべきである。

3　一方、cは普寂が洛陽の華厳寺に住していたことによる呼称で、必ずしも普寂が華厳教学に詳しかったことを意味せず、まして道璿が普寂からそれを学んだと考えるべき理由はない。

4　従って、従来の見方の根拠は、要するに、aの凝然が道璿を華厳の祖師と見做しているという点のみに求めることができるが、これは、凝然が独自の資料を持っていてそのように判断したわけではなく、単に普寂が住した洛陽の華厳寺を、当時、華厳宗の祖庭として名高かった長安の華厳寺と誤解したからに過ぎない。

5　凝然がそのように誤解した理由は、普寂が住していた華厳寺が普寂存命中の開元二十一年（七三三）に「同徳興唐寺」に改名され、洛陽には「華厳寺」と称する寺がなくなったため、『宋高僧伝』の「普寂伝」に見るように、普寂が住んだ華厳寺が長安のそれと誤られるようになったところに求められる。

次に道璿と天台宗の関係についての私見を述べれば、次のようになる。(6)

1　道璿が天台教学に詳しかったとする根拠もいくつか挙げられているが、主なものは次の三つである。

a　道璿の著作、『集註梵網経』が、多くの場合、法相宗でありながら天台教学に基づいて『梵網経』の註釈を行った智周（六六八〜七二三）の説に拠っていること。

b　孫弟子の最澄やその弟子の光定（七七九〜八五八）の著作に道璿を天台の祖師とする記述があること。

c　鎌倉時代の凝然が著作の中で道璿を天台宗の学匠として扱っていること。

2　このうち、aは確かにその通りであるが、それが直ちに道璿が天台教学に詳しかったことを意味するわけではないし、cの凝然の認識は、aとbとに基づくものと認められるから、結局、問題は、bの最澄や光定の記述をいかに理解するかという点にかかっていることになる。

3　bの例として掲げられるもののうち、最澄の『大唐新羅諸宗義匠依憑天台義集』や光定の『伝述一心戒文』の文章については、従来の解釈には大きな問題があり、根拠とすることはできないが、最澄撰の佚書、『天台付法縁起』三巻には、凝然の引く佚文に拠る限り、道璿を天台宗の布教者と見做す最澄の認識が書かれていたことは間違いない。

4 しかし、最澄のこの認識は、主としてaの『集註梵網経』が多く智周の註釈に基づいていた点にあったようであるから、道璿に関する資料として特別の意義を有するものではなく、天台宗の樹立を目指す自己の立場を鞏固なものにしようとする彼の戦略的な意図を含むものと見做すべきである(7)。

このように、従来、「定説」ともなっていた道璿を華厳や天台の祖師と見做す見解は、ほとんど何の根拠もないものと認められるのである。では、道璿の実像はいったいいかなるものだったのであろうか。私見によれば、道璿は、徹頭徹尾、北宗禅の祖師であったと考えるべきなのである。次に、これについて論じよう(8)。

四 北宗祖師としての道璿

華厳宗や天台宗の祖師としての道璿像は否定されるにしても、上に見たように、道璿が様々な側面を持つ人物であったということには間違いないようである。しかし、道璿に見られるそうした側面は、全て北宗禅の祖師という立場から説明が可能なのである。以下においては、

1 律師としての活動と菩薩戒の重視
2 比蘇寺における山林修行と『集註梵網経』の撰述
3 知識人に対する布教活動

という三つの点から、このことを明らかにしてゆきたい。

律師としての活動と菩薩戒の重視

道璿が授戒師として招かれたのは、彼自身が持戒堅固で、戒律について造詣が深かったために相違ない。実際のところ、彼の孫弟子に当たる最澄は『血脈譜』において、吉備真備が撰した『道璿和上伝纂』を引いて次のように述べている。

大唐大光福（福先）寺道璿和上日本国大安寺西唐院

天平宝字年中、正四位下大宰府大弐吉備朝臣真備、纂して云く、「大唐の道璿和上は、天平八歳に大唐より至る。[a]戒行は倫を絶し、教誘、怠らず。天平勝宝三歳に至って聖朝請じて律師と為す。俄かにして疾を以て比蘇山寺に退居す。[b]常に自ら言いて曰く、〈遠く聖人の聖と成る所以を尋ぬるに、必ず持戒に由り、次でを以て漸く登る〉と。[c]和上、毎に梵網の文を誦す。その勤誦の声、零零として聴くべく、玉の如く、金の如し。人の善心を発し、幽味を吟味せしむ。律蔵は細密にして禅法は玄深なり。遂に『菩薩戒経』に集註すること三巻、我輩の逮ぶ所に非ず。更に何ぞ以て称述することを得んや。

（伝全一・二一一〜二一二頁）

この『道璿和上伝纂』の文章で先ず注意すべきは、小乗戒と大乗戒を一応区別しつつも、両者を連続するものとして扱っているということである。即ち、ａやｂの部分は明らかに小乗戒を念頭に置いたものであるが、一方で、ｃは大乗戒経たる『梵網経』を重視したことを伝えるもので、道璿が両者を全く同等に扱っていたことを窺わせる。

このように、道璿が、出家のみでなく、在家をも対象とする大乗戒を極めて重視していたことが知られるが、実は、これこそ東山法門以来の禅宗の基本的な立場であったのである。東山法門における禅と戒律の関係について私

見を纏めれば、次のようになる。(9)

1　東山法門においては、「悟り」の獲得を絶対とする価値観に基づいて教団が営まれており、僧侶の社会的地位に関わる得度や受戒の有無といったことはほとんど問題にされず、悟境によってのみ付法や印可が行われた。そのため、私度僧や（慧能のような）「行者」が印可される場合も珍しくなかった。

2　この教団では、得度や受戒の有無が重視されなかったため、出家・在家の別が意味を持たず、出家のみを対象とする「戒律」（小乗戒）よりも、両者に通ずる「菩薩戒」が重んじられた。そして、「菩薩戒」は「心戒」であるとして、「悟り」との関連が強調された。

3　教団運営には種々の労働が必要であったが、この教団では出家・在家が明確には区別されなかったために、それを忌避するという発想そのものが存在せず、それどころか、他者への奉仕として積極的に評価されていた。

従来は、道璿が華厳教学や天台教学に詳しかったとする「通説」に基づいて、彼の大乗戒重視の思想の由来が論じられてきたのであるが、その「通説」そのものが信用できず、更に、上に見たように初期禅宗の基本的な立場が大乗戒にあったとすれば、当然のことながら、道璿の戒律観の思想的基盤として、我々は禅宗の伝統に注目せねばならないのである。

しかし、初期禅宗の基本的立場が、小乗戒軽視・大乗戒重視にあったとすれば、なぜ、道璿は小乗戒を授ける授戒師として海を渡ったのであろうか。実は、これには彼の師である普寂による方針の転換が大いに関係していたのである。即ち、もともと東山法門では、弟子に悟りを得させることのみを重視し、得度や受戒の有無とは関わりなく付法を行っていたが、神秀が中原に進出すると、他宗の人々の批判を浴びたので、普寂は、これまでの方針を転換して、禅を学ぶ前提として戒律を重視するよう指導法を改めたのである。ただし、小乗戒の導入は、他宗からの批判をかわすための方便といった性格が強く、その門下においては、依然として東山法門の伝統である大乗戒優位の思想が主流であったと考えることができる(10)。最澄は、『血脈譜』において、普寂の伝記を紹介するに当たって、道璿の『集註梵網経』の序文を引いて次のように述べている。

華厳寺普寂和上。
謹んで『註菩薩戒経』の序を案ずるに云く、「普寂禅師は人の為に尊ばるること、ひとえに大通(神秀)の如し。和上は即ち入室の弟子なり。骨気は儻《とう》に倜《ぬきん》で、儒典、尽く包む。雅志は淵泫(玄)にして、円章、底を窮む。終年、竟歳、道俗は寺に満つ。理と戒と厳合し、法を受(授)くるに雲奔す。日夜、間無く、誨誘して疲れを忘る。法化の盛んなること、豈に言筆を以て能くこれを歎述せんや」と。　（伝全一・二一一頁）

この序文は、当然のことながら道璿自身の手に成るものであろう。そして、『集註梵網経』の序文において、道璿が師の普寂に言及しているということは、とりもなおさず、普寂が『梵網経』を重視しているという認識が彼にあったことを示すものでなくてはならない。

比蘇寺における山林修行と『集註梵網経』の撰述

先に引いた『道璿和上伝纂』に見るように、道璿は病気を理由に「律師」の職を辞して吉野の比蘇寺に入った。その時期は晩年の天平勝宝七年（七五五）であり(11)、その契機となったのは鑑真一行の渡来であったようである。道璿は必ずしも律宗の教義に詳しくなかったが、立場上、「律師」の職責は果たさねばならなかった。しかし、鑑真や思託の来日によって、弟子の指導を彼らに委ね、「律師」を辞することが可能となり、常々抱いていた山居の本懐を遂げたのであろう。とはいえ、これ以降、比蘇寺に籠もりっきりになったということではなく、大安寺との間を往来する生活を送ったものと考えられる。

これと関連して注意すべきは、都城と山林を往来する二重生活は、実は、当時、中国の「北宗禅」の人たちの間で普遍的に行われていたものだということである。具体的に言えば、道璿の師、普寂は、嵩山の嵩岳寺を本拠としつつ、洛陽では華厳寺（同徳興唐寺）に住して帝師として活動していたし、普寂と並ぶ神秀門下の二大弟子であった義福（六五八～七三六）も、終南山の化感寺や帰義寺を本拠としながら、長安では慈恩寺、洛陽では大福先寺や南龍興寺を中心に布教活動を行っていたのである。

彼らがこうした生活を送ったのは、東山法門の伝統に沿って、山林で自己の境地の向上と弟子の指導に努めるとともに、都城で他宗の人々や貴顕に布教を行うためであった。従って、道璿が比蘇寺に入ったのも、当時、中国の北宗禅で一般的に行われていた生活に倣ったものと見做すべきである。彼が吉野の比蘇寺を選んだのは、恐らくは、平城京と吉野の位置関係が、洛陽と嵩山、長安と終南山の関係に近く、また、比蘇寺が山林修行の道場として名高かったためであろう。ただ、道璿の場合、彼らとは異なって、「律師」としての立場から、当初より平城京での生活を強いられていた。そのため、山林で修行生活を送るためには、病気を理由にその職を辞する必要があったのである。

これと併せて考えるべきは、道璿が『集註梵網経』を著したのが、この比蘇寺においてであったということである。思うに、『梵網経』の撰述は、山林仏教としての東山法門の伝統を再確認しようとする行動の一環として行われたのであり、その意図は、鑑真の渡来によって小乗戒への関心がいよいよ高まる中で、大乗戒の意義を強調し、人々の目をそちらに向けさせようとするところにあったであろう。

『集註梵網経』は、残念なことに既に散逸し伝わらない。ただ、最澄撰の『血脈譜』や『顕戒論』、光定撰の『伝述一心戒文』、凝然撰の『梵網戒本疏日珠鈔』、定泉（一二七三～？）撰の『梵網経古迹記補忘抄』、照遠（一三〇四～？）撰の『梵網経下巻古迹記述迹抄』等に多くの佚文が伝えられており、それらによって、内容の一端を窺うことができる。それによると、その大部分は、先行する種々の註釈書から自分の見地に基づいて適当と判断される註釈を拾い集めて再構成したものであったようである。しかし、部分的には道璿独自の説も挿入されているし、また、人の註釈を用いる場合にも、その選び方に道璿の思想が反映されているため、彼の菩薩戒思想を窺うに足る貴重な資料と言える。私見によれば、『集註梵網経』の菩薩戒思想の特徴は、次のように纏めることができる。(12)

a　菩薩戒と小乗戒を「開小入大」の方法で接合し、一体のものと捉えた。

b　菩薩戒の本質を「三聚浄戒」とするとともに、その根拠を「仏性」に求めた。

c　菩薩戒を「虚空不動の三学」の一つと捉え、その相も体も「無尽」と考えた。

d　大乗の禅定によってこそ菩薩戒は受持できると考えた。

e　菩薩戒を絶対化し、法身である盧舎那仏の所説と見做した。

f　俗人に対しては分受を認め、悪業も問わないなど、菩薩戒を受けやすいよう種々の配慮を行った。

これらを通覧すると、相互に密接な関係が認められ、道璿の菩薩戒思想が大乗的立場を徹底したものであったことを知ることができる。ここで注目すべきは、ここに見える思想の多くが初期の禅宗文献、とりわけ、『観心論』『大乗無生方便門』等の道璿が学んだ「北宗禅」の文献に見えるものであるということである。従って、これらの点は、道璿が北宗禅の思想をストレートに承け継いだ結果と見做すべきであろう。つまり道璿は、北宗禅を日本に弘めるに当たって、東山法門以来、常に重視されてきた『梵網経』を註釈する形で自らの思想の表明を企てたのである。

知識人に対する布教活動

道璿は、東山法門以来の伝統に沿って、出家・在家の双方に通ずる菩薩戒を小乗戒以上に重視していたのであるが、こうした思想を持つ道璿であってみれば、彼が積極的に在家教化に努めたとしても驚くには当たらない。実際、石川恒守《いしかわのつねもり》（生没年不詳）の伝記である、『延暦僧録』の「瀧淵居士伝」には、彼が道璿の菩薩戒の弟子となり、仏道に励んだとして次のように述べている。

> 瀧淵居士、石川の朝臣恒守は、大唐の道璿大徳に謁するに由りて菩提心を発して菩薩戒の弟子と為る。六斎を堅持して五辛の菜《さい》を断つ。晨昏の暇に仏を念じて真を尋ぬ。言は質、語は朴にして、慈悲仁譲なり。言に再諾無く、事に必ず三思す。遠近、風を承け、市朝に誉有り。皇帝差《つかわ》して長岡京の別当と為す。夙夜に疲れを忘れて王に勤めて務に在り。宮を造って軒を彫り、五色もて紫天衣を彩り、外の紀楼、両廂を狭《挟》んで三台と共に出没す。政事の暇に真如を欽尚し、生死の雲を掃除し、清涼の月を観んことを願う。
>
> （蔵中しのぶ『『延暦僧録』注釈』〈大東文化大学東洋研究所、二〇〇八年〉三〇一頁）

意味が明瞭でない点はあるが、ここに見られる「政事の暇に真如を欽尚し、生死の雲を掃除し、清涼の月を観んことを願う」という表現からは、恒守が政務の合間に時間を見つけては仏道修行に励み、生活の中で仏教を生かそうとしていた様子を窺うことができる。

また、淡海三船（七二二〜七八五）の伝記である『延暦僧録』の「淡海居士伝」にも、三船が道璿の弟子であったとする次のような記述がある。

淡海居士、淡海の真人三船は、又た元開と曰う。近江天皇の後なり。錫《たま》わりて天枝を得るも流と海と源別なり。真人姓を賜り、童年に俗を厭い、玄明を忻尚《きんしょう》す。天平の年に於いて、唐の道璿大徳に伏膺《ふくよう》して為に悪を息め、三蔵を探閲して九経を披検す。真と俗と兼ね該《そな》え、名と言と両《ふた》つながら泯す。勝宝の年、勅有って還俗せしめ、姓真人を賜り、赴唐学生となるも、疾に因りて制亭す。居家に処すと雖も、三界に着せず、眷属有るを示すも常に梵行を修す。真際を会せんと求むるが故に太微の円覚を奉じ、時俗に順うが故に法賓の王文を奉ず。

（前掲『『延暦僧録』注釈』三〇九頁）

これによれば、三船が道璿の弟子であったのは、かつて出家していたときのことであるが、「三界に着せず、眷属有るを示すも常に梵行を修す。真際を会せんと求むるが故に太微の円覚を奉」じたというから、還俗した後も道璿の教えを守り続けたと見てよいであろう。更に、『血脈譜』によって『道璿和上伝纂』を書いたことが知られる吉備真備《きびのまきび》（六九五〜七七五）も、当然のことながら道璿の弟子と認めてよいはずである。ただ、二人の関係を具体的に示す資料がないのは遺憾である。

なお、石上宅嗣《いそのかみのやかつぐ》（七二九〜七八一）についても、『延暦僧録』「芸亭《うんてい》居士伝」に、自ら寺を建て、その中に修禅のための施設と思われる「禅門」を設けて禅定に励んだと記されていることから、道璿の影響を受けた可能性は十分に認められる。宅嗣は在家でありながら「梵行」という法号を得ていたというが、北宗禅に帰依した在家の人にもこの例はしばしば見られ、この点も道璿との関係を推せしめる。

このように道璿が多くの人々の支持を受けることができたのは、渡来後、彼が在家の知識人たちに積極的に布教を行った結果であろう。彼ら在俗の弟子たちは日常生活の中でその教えを生かしていたのであるが、ここにも北宗禅とパラレルな関係を認めることができる。

東山法門は、もともと出家・在家の区別を重んじず、両者に通用する菩薩戒に基づいて修行生活を行っていた。そのため、彼らは中原に進出した後も（これがいわゆる「北宗禅」である）、在家を差別することなく、出家と同様に「悟り」を開くことができると説いた。その教えに感激した両京の貴顕たちは熱心に禅定修行に励み、結果として「悟り」を開き、師の印可を得るものが続出するようになった。そして、彼らは日々の生活の中で出逢う様々な困難を禅思想によって克服していった。こうして彼らと北宗の禅師たちの間には修行と「悟り」を通じた極めて親密な関係が築かれたのである[13]。

道璿と弟子との間に結ばれた関係は北宗禅におけるそれと非常に近い。恐らく彼は唐の両京における北宗禅のあり方をそのまま日本の平城京に持ち込もうとしたのである。

晩年の比蘇寺での生活こそが道璿の真骨頂を示すものと考えられるのであるが、その時期の道璿の思想的立場を受け継いだのが行表である。最澄はその行表のもとで修行を開始したのであるから、その強い影響を受けたと見做すべきことは当然である。では、最澄にとって禅思想とは何だったのか。これまでの検討をふまえてこの問題について考えてみたい。

五　最澄における禅思想の意義

禅から天台へ

宝亀九年（七七八）、最澄は十三歳で、当時、近江国大国師であった行表に師事し、その後、延暦四年（七八五）に二十歳で比叡山に入山するまでの八年間、その下で修行を積んだ。最澄は『血脈譜』の「大日本国大安寺行表和上」の項において、師を讃えて次のように言っている。

和上は達磨の心法を受け、仏性の法門を学ぶ。内外清浄にして仏法を住持す。……又た後に近江大国師に任ず。離欲清浄、潔にして物色に染まらず。住持清浄にして其の任を畢う。最澄、生年十三にして大和上に投じ、即ち当国の国分金光明寺にて闕を補って得度す。即ち、和上に心を一乗に帰すべきを稟く。（伝全一・二一四頁）

ここにいう「達摩心法」「仏性法門」「一乗」とは、禅思想を中心に、上に見たような戒律観や山林仏教としての価値観をも含めたものと見ることができる。この文章は、最澄が師の思想をよく理解していたことを示すものであり、最澄が若年の頃に学んだものが何であったかを窺わしめる。最澄が正式な僧となると直ぐに比叡山に入山したのも、禅宗の本質である山林仏教の伝統を受け継いだためと考えることができる。

その後、最澄は次第に天台宗に関心を寄せるようになった。比叡山での天台宗との出会いについて『叡山大師伝』は次のように述べる。

是に於いて大師、得るに随って起信論疏、幷びに華厳五教等を披覧するに、猶お天台を尚んで以て指南と為す。此の文を見る毎に覚えず涙を下して慨然たれども、天台の教迹を披閲するに由無し。是の時、天台の法文の所在を知る人に邂逅値遇す。茲れに因って円頓止観、法華玄義、幷びに法華文句疏、四教義、維摩疏等を写取することを得たり。此れは是れ故大唐の鑒真和上の将来なり。適《たま》ま此の典を得て精勤披閲するに、義理奥賾なること弥よ仰げば弥よ高く、随て鑽ずれば随て堅く、本仏の本懐、同じく三乗の門戸を開き、内証の内事、等しく一乗の宝車を付せり。

（伝全五・附録五～六頁）

華厳宗等の典籍も読んだが、最澄の心を捉えたのは天台宗の教義であった。天台の典籍はなかなか得られなかったが、ある人の指示で鑑真が齎した天台三大部等を手に入れ、研鑽を積んだというのである。

この文章は鑑真将来の天台の典籍を閲覧する前に最澄が既に天台宗についてある程度の知識を得ていたことを示唆するものであるが、では、最澄はどのようにして天台の教学に触れたのであろうか。それを窺わせるのが、最澄撰の佚書、『天台付法縁起』の次の記述である。

大福律師、先ず和国に入り、乃ち円明を伝え、有情を利益す。白塔僧統、後に日本に遊び、復た円義を伝え、仏知見を開かしむ。所以に大安唐律、戒経を比蘇に注し、東大僧統、梵網を唐院に注す。両聖、心を用いて天台義を弘め、群生、同じく天上の甘露を飲ぶ。

（凝然撰『三国仏法伝通縁起』巻下所引。仏全一〇一・一二六頁下～一二七頁上）

これによれば、その契機は道璿（大福律師、大安唐律）の『集註梵網経』と法進（白塔僧統、東大僧統）（七〇九～七七八）の『註梵網経』にあったのである。現存する佚文によると、これら両書は『梵網経』に対する従前の諸註釈から自分の思想的立場に近いものを選び出して纏めたものであったようであるが、その中には往々にして天台宗の教義に立脚する註釈が含まれていた。そのため最澄は、これらを読んだ際にそこに見られる断片的な説明によって天台教学の素晴らしさを知り、体系的にそれを学ぼうと志すようになったのであろう。

道璿の『集註梵網経』は、当然、最澄自身が行表のもとで閲覧し書写したものであろう。一方、法進の『註梵網経』については不明であるが、あるいは最澄が初めて行表に師事した際に住んだ近江国志賀郡の国昌寺の蔵書であったかも知れない。佐伯有清氏が指摘するように、法進は、一時、この寺に住んだことがあるからである(14)。しかしいずれにせよ、最澄は先ず道璿の『集註梵網経』によって天台教学に目覚め、次いで鑑真の弟子で天台宗の学者でもあった法進の『梵網経註』にも注目するようになったと考えるべきである。ここで注目すべきは、最澄の思想の二本柱となる天台宗と菩薩戒に対する関心が、いずれも道璿の『集註梵網経』によって惹起されたという事実である。つまり、最澄の思想形成に道璿の禅思想は決定的な影響を与えたのである。

その後、最澄は入唐求法によって天台宗への理解を深め、遂には天台宗の樹立を目指すようになるのであるが、それは決して「転向」と呼ぶべきものではなかった。入唐求法に際して牛頭禅を相承し、また帰国に当たって多くの禅文献を齎したように、最澄は禅を否定して天台宗を選んだわけではなかったのである。では、最澄において禅と天台はどのような関係にあったのであろうか。それを窺わせるものに「虚空不動の三学」と呼ばれるものがある。次にこれについて考えてみたい。

禅と天台の関係―虚空不動の三学―

「虚空不動の三学」は『授菩薩戒儀』等の最澄の著作において取り上げられており、また、光定によると、最澄が亡くなる少し前の弘仁十三年（八二二）の三月十七日、真苑雑物《まそののさいもち》（生没年不詳）、藤原是雄《ふじわらのこれお》（?～八三一）の両人が嵯峨天皇（八〇九～八二三在位）に読んで奏上した最澄の手紙でもこれに触れられていたという。(15) 最澄にとって「虚空不動の三学」が極めて重要なものであったことを窺うことができる。

既に触れたが、これは道璿の『集註梵網経』に基づくものである。光定の『伝述一心戒文』には次のようにある。

今、道璿和上の註梵網の文を案ずるに、彼の梵網経に説く、「我れ已に百劫、是の心地を修行す。吾れを号して盧遮《(ママ)》那と為す」と。彼の注の文に云く、「修行とは、天台師説く、〈一切の法の不生不滅、不常不断、不一不異、不来不去、常住一相なること猶お虚空の如く、言語の道断たれ、自性清浄なるを修行する、是れを修行と名づく。是くの如き行人は、自性清浄心中に於いて一切の戒を犯さず。是れ即ち虚空不動戒なり。又た自性清浄心中に於いて安住して不動なること須弥山の如し。是れ則ち虚空不動定なり。又た自性清浄心中に於いて一切法に通達し、無礙自在なり。即ち是れ虚空不動慧なり。是くの如き等の戒定慧を盧遮那仏と名づく〉」と。亦た知る、天平勝宝年中に鑒真和上と共に来たる法進僧都の註梵網経の文も亦た璿和上の戒文に同じく、亦た国清百録の文、智者普礼自性三学に同じ。

（伝全一・六一八頁。また、一・六三三頁にもほぼ同文の引用がある）

ここで光定が言っているように、これに類する説を『国清百録』に見ることができるから、もともと天台智顗の説に由来するものであることは確かなようである。光定は法進の『梵網経註』にも見えるというから、確認はできないものの、恐らく智周の註釈などにあったものを道璿や法進が引用したのであろう。従って、これも道璿の『集註梵網経』が最澄に大きな影響を与え、天台宗に開眼させる契機になったものの一つと言えるわけであるが、しかし、なぜ、道璿はこの説を採用したのであろうか。恐らくその理由は、北宗禅に同様な思想があったからであろう。例えば、『大乗無生方便門』には、次のように説く。


和尚、木を打って問うて言わく、「声を聞くや」と。

「聞くも不動なり」。

「此の不動は是れ定より慧を発《おこ》す方便にして是れ開慧門なり。聞は是れ慧なり。此の方便は但だ能く慧を発すのみに非ず、亦た能く定を正す。是れ開智門なり。即ち智を得。是れを開智慧門と名づく。若し此の方便を得ざれば、正定は即ち邪定に落つ。禅味に貪著して二乗の涅槃に堕つ。已に此の方便を得れば、正定は即ち円寂なるを得。是れ大涅槃なり。智の用は是れ知にして、慧の用は是れ見なり。是れを開仏知見と名づく。知見は即ち是れ菩提なり」。

問う、「是没《なに》か是れ不動なる」。

答う、「心不動なり」。

「心不動なれば、是れ定なり、是れ智なり、是れ理なり。耳根不動なれば、是れ色なり、是れ事なり、是れ慧なり。此の不動は是れ定より慧を発す方便にして開慧門なり」。

（『鈴木大拙全集』三・一七二～一七三頁）

ここでは、「心不動」「耳根不動」であるのが「定」であり、「慧」であると述べられている。『大乗無生方便門』には、これ以外にも、

菩薩戒とは是れ持心戒なり。仏性を以て戒性と為す。心瞥起すれば即ち仏性に違う。是れ菩薩戒を破するなり。心不起を護持せば、即ち仏性に順ず。是れ菩薩戒を持するなり。

（『鈴木大拙全集』三・一六八頁）

あるいは、

向前遠く看よ。向後遠く看よ。四維上下一時に平等に看よ。虚空を尽くして看よ。長く浄心眼を用いて看よ。間断する莫れ。亦た多少を限らず看よ。使い得れば、然れば身心調い、用に障礙無し。

（『鈴木大拙全集』三・一六九頁）

虚空には一物も無し。清浄にして相有ること無し。常に間断せざらしめば、此れによって永く障を離る。

（『鈴木大拙全集』三・一六九頁）

等の文章を見ることができる。「持戒」を「心不起」とするが、これは即ち「心不動」に他ならないであろうから、先の文章と合すれば、「戒」「定」「慧」の三学を一つに見ているのであるし、また、「虚空」を「離障」の譬えとしているが、「離障」とは即ち「慧」に他ならないであろうから、「虚空」を三学の比喩としているのである。

このように北宗禅にもともと同様の考えがあったため、道璿はこれを採用したのであり、行表に北宗禅を学んだ

最澄にとっても、『集註梵網経』のこの説は容易に理解でき、また、その関心を惹きつけえたのである。つまり、最澄においては、若年から師に学んだ禅思想が基礎にあり、それにオーバーラップする形で天台宗の教説が採用されたと考えられるのである。これと同様のことは、彼の大乗戒思想についても言いうる。

大乗戒独立の基盤としての禅思想

最澄は入唐の際に天台宗の道邃から菩薩戒を授かったと伝えられており、『血脈譜』の「天台円教菩薩戒相承師師血脈譜」においても、盧舎那仏から羅什・智顗らを経て自らに至る菩薩戒伝授の系譜を掲げるのであるが、自身の受戒については、台州龍興寺の浄土院で菩薩戒を受けたと事実を淡々と述べるのみである（伝全一・二三六頁）。

しかし、一方で最澄は著作の諸処で道璿の齎した典籍を比叡山に安置したこと、『集註梵網経』が天台の教義に基づくものであることなどについて述べており、最澄が実際に菩薩戒を受けたのが天台宗の道邃のもとにおいてであったにしても、菩薩戒に関する思想そのものは、入唐以前に『集註梵網経』の閲覧や行表の教授によって確立されていたと見做すべきである。つまり、菩薩戒についても、先ず北宗禅の思想があり、それに天台の立場をオーバーラップさせているのである。

最澄は、後年、比叡山に拠り、大乗の菩薩たることを標榜して小乗戒を破棄し、大乗戒の独立を目指した。最澄自身はその目標を遂げることはなかったが、その滅後間もなく、光定らの奔走によって嵯峨天皇の敕許を得てその設置が認められた。これは日本仏教史上における極めて重要な事件であった。これによって真の意味での天台宗の独立が果たされ、やがて平城京（「南都」）を凌駕する仏教の一大中心地（「南都」に対して「北嶺」と呼ばれる）が形成されるに至るのである。

薗田香融氏は、最澄が大乗戒の独立を目指したところに国家権力からの離脱の意図があったと説く[16]。それを実現するために天皇の勅許を仰がなくてはならなかったことは問題であるが、当時の仏教が、得度や受戒を通して国家権力の支配下にあったことは紛れもない事実であり、こうした仏教のあり方への批判が最澄にあったという指摘は極めて重要なものである。ただ、ここで注意しなくてはならないのは、最澄のこの思想が、山林に居を構えて国家権力から距離を置き、得度や受戒等の意義を認めず、出家と在家の別を無視して菩薩戒によって生活を律していた東山法門のそれを承け継ぐものであったという点である。このことは、若年の頃に学んだ北宗禅の価値観が生涯を通じて最澄の行動の基礎にあったことを示すものだと言えよう。

六　まとめ

道璿が伝えた北宗禅は、禅観の実践と菩薩戒の絶対化を核心に置くものであったが、それが弟子の行表、あるいは『集註梵網経』を介して最澄の思想形成に大きな影響を及ぼし、やがて天台宗を受け入れる母体となり、また大乗戒独立運動の原動力となった。天台宗（円）に開眼した後も、最澄は道璿から承け継いだ禅思想（禅・戒）の意義を否定することはなかったし、（偶然的性格が強いと思われるが）入唐中に受法した密教（密）と併せて、総合性を特色とする日本天台宗の樹立となったのである。

この円・密・禅・戒の「四宗相承」については、従来、諸宗融合的性格の強かった玉泉天台との関係が疑われてきたが、最澄の事績にそれとの関連を窺わせるものは認められない。確かに道璿の師である普寂は、玉泉天台の祖、弘景（六三四～七一二）に師事したことがあるが、道璿が普寂から天台教学を学んだ証拠はない。また、『集註梵網経』に天台の教説の孫引きがあることも事実であるが、晩年になって日本に伝わる諸註釈を利用しての著作であることを思えば、彼の中国での修学が反映されていると見るべきではない。従って、「四宗相承」は、正しく最澄の思想遍歴の結果として生まれたものであったと見做すべきなのである。

こうして生まれた総合仏教＝日本天台宗からは、その後、歴史の展開の中で次々に新しい仏教が巣立っていったが、それらは日本天台宗にもともと含まれていた個々の要素の発展であったと言える。それ故、新仏教の多くが、その出発点において自らの源流を最澄に求めたのは当然である。最澄に特徴的な「四宗相承」という立場は、その後の日本仏教の礎として非常に重要な役割を果たしたのである。

もう一つ、最澄の事績で後世の日本仏教に大きな影響を残したものに大乗戒の独立がある。これがもともと最澄の高邁な理想主義に発するものであったことは確かであるにしても、結果的には、戒律を重視しない日本仏教に特有の傾向を助長することになったことは否定できない。肉食妻帯や寺の世襲を認める浄土真宗のような仏教が生まれ、遂には全ての宗派がそれを認めるに至った遠因はここにまで遡りうるであろう。

このように考えてくると、最澄が日本独自の仏教が形成されるうえで果たした役割の大きさが痛感されるのであるが、その思想的基盤が北宗禅によって形成されたものであることは上述のごとくであって、この点において北宗禅は日本の仏教に甚大な影響を与えたと言わなくてはならないのである。

註

（1）紙幅の関係で、ここでは詳しく述べられない点も多いが、本論文の内容の多くは、既に発表した論文に基づいているので、「参考文献」に掲げた拙稿を併せて参照していただきたい。

（2）拙稿「最澄が伝えた初期禅宗文献について」を参照。

（3）次に掲げる諸論攷を参照されたい。
常盤大定『日本仏教の研究』（春秋社松柏館、一九四三年）四一六～四一七頁。

井上　薫『奈良朝仏教史の研究』（吉川弘文館、一九六六年）四九三頁。

結城令聞「華厳五教章に関する日本・高麗両伝承への論評」（『印度学仏教学研究』二四―二、一九七六年）。

結城令聞「華厳章疏の日本伝来の諸説を評し、審祥に関する日本伝承の根拠と、審祥来日についての私見」（『南都仏教』四〇、一九七八年）。

結城令聞「『華厳五教章』の高麗錬本・径山写本（宋本）の前却と和本の正当性について」（『南都仏教』五〇、一九八三年）。

薗田香融「最澄とその思想」（『最澄』原典・日本仏教の思想2、岩波書店、一九九一年）四七四頁。
（4）硲慈弘「大安寺道璿の註梵網経について」（根本誠二編『奈良時代の僧侶と社会』論集・奈良仏教3、雄山閣、一九九四年）を参照。
（5）拙稿「道璿は本当に華厳の祖師だったか」を参照。
（6）拙稿「道璿は天台教学に詳しかったか？」を参照。
（7）註（6）の拙稿では触れなかったが、もう一つの理由として、後に述べるように、『集註梵網経』が天台宗に開眼する契機となったという最澄の思想遍歴がこれに関係したと考えるべきである。
（8）拙稿「初期禅宗と日本仏教―大安寺道璿の活動とその影響―」を参照。
（9）拙稿「「戒律」から「清規」へ―北宗の禅律一致とその克服としての清規の誕生―」、ならびに拙稿「北宗における禅律一致思想の形成」を参照。
（10）拙稿「「大乗五方便」の成立と展開」（『東洋学論叢』三七、二〇一二年）を参照。
（11）『南都高僧伝』（大日本仏教全書〈鈴木学術財団版〉六四、史伝部三）一〇五～一〇六頁、『七大寺年表』（大日本仏教全書〈鈴木学術財団版〉八三、寺誌部一）三五三～三五四頁に拠る。
（12）拙稿「日本古文献所見中国早期禅宗（中国語）」を参照。
（13）拙稿「墓誌銘に見る初期の禅宗」上・下（『東洋学研究』四五・四六、二〇〇八・二〇〇九年）を参照。

（14）佐伯有清『若き日の最澄とその時代』（吉川弘文館、一九九四年）一五～二九頁を参照。
（15）『伝述一心戒文』巻中の記述による。伝全一・五八〇頁。
（16）前掲註（3）稿「最澄とその思想」五〇四頁。

参考文献

伊吹　敦『禅の歴史』（法藏館、二〇〇一年）
伊吹　敦「北宗禅の新資料―金剛蔵菩薩撰とされる『観世音経讃』と『金剛般若経註』について―」（『禅文化研究所紀要』一七、一九九一年）
伊吹　敦「最澄が伝えた初期禅宗文献について」（『禅文化研究所紀要』二三、一九九七年）
伊吹　敦「菩提達摩の『楞伽経疏』について」上・下（『東洋学論叢』二三・二四、一九九八・一九九九年）
伊吹　敦「「戒律」から「清規」へ―北宗の禅律一致とその克服としての清規の誕生―」（『日本佛教学会年報』七四、二〇〇八年）
伊吹　敦「北宗における禅律一致思想の形成」（『東洋学研究』四七、二〇一〇年）
伊吹　敦「道璿は本当に華厳の祖師だったか」（『印度学仏教学研究』六〇―一、二〇一一年）
伊吹　敦「道璿は天台教学に詳しかったか？」（『印度学仏教学研究』六一―二、二〇一三年）
伊吹　敦「初期禅宗と日本仏教―大安寺道璿の活動とその影響―」（『東洋学論叢』三八、二〇一三年）
伊吹　敦「日本古文献所見中国早期禅宗（中国語）」（『世界漢学』一二、中国人民大学出版社、二〇一三年）

V　日本天台における戒観

ポール　グローナー
（訳）真野新也

一　はじめに

日本天台宗で用いられる戒は、しばしば「円頓戒（完全で速やかな戒）」と称される。それは完全な統合性（円融）や、少しの修行、または修行を伴うことのない速やかな成仏を示唆する。そもそも、この語彙は、最澄（七六六、一説七六七〜八二二）による二百五十戒からなる四分律の否定や、それに代わる具足戒を示す場合に使用されるのであるが、「円頓戒」という術語は、おそらくは鎌倉初期に一般化したものと見るべきであろう。むしろ最澄は「円戒（完全な戒）」という術語を使い、天台円教の一部として理解していた傾向が看取されるのである。また、日本天台で多用される『梵網経』（『梵網経盧舎那仏説菩薩心地戒品』）所説の「金剛宝戒（極めて強固な金剛石のような戒）」とは、戒の揺るぎない不動の性質を表現している。

最澄の弟子である光定（七七九〜八五八）は、最澄の述作では使われなかった、根源的な心に基づく戒、すなわち「一心戒」という新たな術語を加えた。戒の普遍性や成仏との関連、あるいは、三乗における方便的な戒と区別するために「一乗戒」という語彙も加えられることとなる。また、「自性清浄虚空不動戒（虚空のように不動で本質的に清浄な戒）」も、戒の根源的清浄性を示すものとして、光定によって新たに追加された。以上の術語以外にも、天台における戒は「菩薩戒」「大乗戒」として紹介される。これらの語彙は仏教諸派にあっても用いられている。以上、一連の術語は多くの派生義を含むものであり、あるものは相互間の重大な意味上の差異が存することとなる。

日本天台での戒の位置づけは、必ずしも統一され、一貫されたものではなかった。これは多くの流派が生じ、独自の立場を主張したことにもよる。そもそも、初期の天台宗において、体系化され、首尾一貫した立場を確立することの難しさは明らかであった。それは、もし最澄の早逝が無ければ、天台宗の立場をより明確にしていたかもしれない。しかし現実には、円戒興隆に関する願文が朝廷によって受理される以前に没したのである。戒を尊重した特定の流派、中でも黒谷流や廬山寺流では文献の数が豊富であるものの、必ずしも天台宗内においては主流であったとは言い難い。そこで本章では、日本天台の戒に関する統一された見解を論説するのに代わり、まずは根拠とされる経典を考察し、続いて天台における授戒儀礼について、解釈の範囲を説明しつつ述べていきたい。

二　戒に関する典拠

『梵網経』

中国天台は梵網戒と四分律を併用していた。鑑真（六八八～七六三）が正統な四分律に依拠する授戒を日本に伝搬した際に、中国天台の論疏とともに梵網戒を伝えたのであった。それに対して最澄はその四分律を否定したのである。最澄の朝廷への願文の一つである「天台法華宗年分度者回小向大式」(「四条式」)には、次のように見られる。

凡そ仏戒に二有り。一は大乗大僧戒。十重・四十八軽戒を制し、以って大僧戒と為す。二は小乗大僧戒。二百五十等の戒を制し、以て大僧戒と為す。(1)（伝全一・一七頁）

ここで、大乗戒とは『梵網経』に基づくものであることが明らかにされている。また、『内証仏法相承血脈譜』(以下、『血脈譜』と略称)にある系譜を考慮に入れた場合、菩薩戒は『梵網経』の教主である盧舎那が釈迦牟尼やその他多くの菩薩に授戒したことに始まることとなる。(2)『血脈譜』には、釈迦牟尼が永遠に『法華経』(『妙法蓮華経』)を説法するとされる霊山における、慧思（五一五〜五七七）と智顗（五三八〜五九七）との受戒が言及されるものの、『血脈譜』中の系譜に依る限り、『梵網経』は『法華経』よりも、さらに中心的役割を果たしていたものと想起させるのである。

日本天台において、梵網戒が具足授戒に使用されうるか否かという大きな問題は、最澄の時代からすでに生じていた。そもそも、梵網戒は在家者と出家者とに分け隔てなく授与され、事実上同様の授戒儀礼が使用されていたからである。最澄の対峙者である奈良仏教の学僧は、この点を指摘し、そのような授戒儀礼を経た天台僧はほとんど在家者と異ならない、という主張さえしたのである。このような種々の批判に対し、最澄は、『梵網経』を引用し、剃髪・袈裟が出家者を表すのである、と反論した。さらに、最澄は、出家者と在家者は同様の授戒儀礼を受けるとしても、いずれの戒を受容するか、あるいは修行するかは、各々の心持ち次第により、決定づけられると主張したのである。(3)最澄はこれを通受別持（共通する受戒と別々の持戒）と名づけた。それらは、最澄以前には見られることのない用語であり、最澄の没後一世紀を経てもまれに使われるのみであった。

天台宗にとって、『梵網経』の註釈書を著すことは、斬新な戒の使用法に関する解釈を表明する上で有益であったであろうが、二、三の事例を除きほとんどの天台僧はその道を辿らなかった。その中、興円（一二六二、一説一二六三～一三一七）による『円頓菩薩戒十重四十八行儀鈔』（『十の主な規則と四十八の〈軽い〉規則からなる完全で速やかな菩薩の戒に関する論疏』）では、戒の一々の条項を文字通りに完全に厳守する必要はないとし、むしろ彼は門人に、可能な限りでの持戒を奨めるのである。そして、慈悲の心に基づく場合に限り、一々の戒を完全に持ち得ないことは、戒を犯すに当たらないと見た。興円のこのような戒に対する態度は、彼が信ずるところの末法の到来という歴史的文脈の中にあって、一見すると厳格さに欠けるように思われるが、そこには彼の真摯で注意深い持戒への考えがあった。興円のあまりに柔軟な持戒解釈が、弟子に対する批判に発展することを嫌い、おそらくは、彼をして受戒者以外への公開を慎重にせしめたのであろう。智顗撰と伝えられる『菩薩戒義疏』に対する実導仁空（一三〇九～一三八八）の註解、『菩薩戒義記聞書』十三巻は、戒に関係するより詳細な議論を含む著作である。

『梵網経』を使用するに当たっての大きな問題の一つは、『梵網経』が天台の教相判釈において、それが『華厳経』（『大方広仏華厳経』）の結経とされることから、別円教（別教と円教との混合）に分類されていたことにある。結果として、『梵網経』は『法華経』より下位の経典と見做されるのが一般的である。しかしながら、黒谷流や廬山寺流では『梵網経』の役割を強調し、伝統的解釈よりも一層高い位置づけがなされた。仁空は、戒律に関連した具体的言及のある『梵網経』巻下を独立した文献と見做し、『法華経』と同等の円教の経典とする極めて独創的な議論を展開したのである。黒谷流では開宗初期以来の十二年籠山の重要性や、日々の生活における所作が直ちに、即身成仏（まさにこの身体における悟りの実現）への応用となることを強調するようになる。

『梵網経』の重要性を強調するに当たっては、『梵網経』を直接註解することに代わり、多くの天台僧は伝智顗撰『菩薩戒義疏』に対する註解をもってした。しかし、それも戒体（戒の本質）の議論などが含まれる前半部に限ったものであり、具体的な戒に関する議論は疎んじられているのである。そこで問題となるのは、何が組織としての天台宗の基盤となる戒に取って代わったかである。多くの場合、力量のある指導者によって運営される寺院での諸規則は重要である。ほとんどの場合において梵網戒の言及があるにしても、副次的に扱われるのみであった。例外的に『梵網経』を活用するものに関して重要なのは、二週間に亙って集まり、戒本を誦すること、所謂、布薩である。梵網戒を主とする布薩は鑑真にまで遡るが、日本天台において布薩が恒常的に行われることはなく、あるいは差し置かれ、あるいは歴史の大部分にあって形式化された。それでもなお、円仁（七九四～八六四）、円珍（八一四～八九一）、良源（九一二～九八五）、良忍（一〇七二、一説一〇七三～一一三二）、慈円（一一五五～一二二五）や仁空は、梵網戒を口で称えることに伴う布薩の復興に心血を注いだのである。しかし、二週間に及ぶ布薩は僧院の規律を強化すること以上に重要であった。それは少なからぬ功徳を生じさせるため、浄土教での慣行と同様に、葬儀や追悼の目的にも使用された。さらに、布薩はしばしば、声明（詠唱）と同時に併修され、このことによって礼拝供養に費やす時間を長大化し、布薩の内容自体が本来の寺院規律の強化という意味を離れ、形骸化したようにも思われる。したがって、布薩での『梵網経』の利用は、梵網戒の実践を証明するための、一証拠とはなり得ないのである。

『法華経』

最澄の没後数年以内に書かれた最澄の伝記である『叡山大師伝』は、戒に対する極めて特異な見解を、以下の如く論述する。

今自り以後、声聞の利益を受けず。永く小乗の威儀に乖き、即ち自ら誓願し二百五十戒を棄捨し已れり。又、告げて言く、南岳・天台の両大師は、昔、霊山に於いて親しく法華経を聞き、兼ねて菩薩の三聚戒を受けたり。所以に師師相授なり。(4)

(伝全五・附録三二一～三二二頁)

慧思と智顗の霊鷲山における釈迦牟尼からの受戒は、慧思が智顗と過去に霊鷲山ですでに出会っていたという、智顗の伝記にある挿話に依拠している。素地となる挿話では、慧思と智顗の出会いが宿命的であったことを強調する傾向にあるが、最澄にとってそれは戒の系譜を意味するものとなったのである。智顗の伝記はさらに、天台にとって菩薩の戒の伝灯が霊鷲山より始まるという主張の根拠となる安楽行（安楽を求める修行）を、慧思が智顗に説いた、とも記している。(5)安楽行には、そもそも小乗・声聞との同席を禁じる、以下の『法華経』の引用文が含まれる。

声聞の人に於いて、亦、名を称し其の過悪を説かざれ。亦、名を称し其の美《よ》きことを讃歎せざれ。……難問する所有らば、小乗の法を以て答えざれ。但、大乗を以て為に解説して、一切種智を得しめよ。(6)

(大正九・三八頁上)

『叡山大師伝』における戒律の系譜は、慧思と智顗が霊鷲山で釈迦牟尼の説法を聞いたことに始まる『法華経』の系譜であり、『梵網経』の系譜は言及されることがない。すなわち、安楽行に従えば授戒とは純粋に大乗的なのである。

『法華経』に説かれる行為に対する規範は、僅かしかない。『法華経』と『梵網経』との関係、あるいは『法華経』で戒に関連する幾らかの部分は、近代以前は最澄の真撰とされてきたが、現在は後代の述作とされる『天台法華宗学生式問答』（『学生の規則に関する問いと答え』（以下、『学生式問答』と略称）に言及されている。

問う。式に曰く、仏子の戒を授くとは、何れの経の戒なりと為んや。
答えて曰く、正しくは法華経の一乗戒、三の如来の室・衣・座戒、身・口・意・誓願四安楽行戒、普賢四種戒に依り、次には普賢経の三師・諸証・同学に依り、傍に梵網の十重四十八軽戒、瓔珞の十波羅夷の律儀戒、慈・悲・喜・捨の摂衆生戒、八万四千法門の摂善法戒、方等経、文殊問、大涅槃等の大乗経に依る。物機の宣に随って、広略、開制して修学することを得しむなり。(7)
（伝全一・三六三頁）

この一連の文献の名列は、恵心流の代表的人物の一人である尊舜（一四五一～一五一四）が著した、『摩訶止観』の註釈である『摩訶止観見聞添註』（仏全三七・三三一頁下～三三二頁上）において、拡充される。一乗戒が『法華経』全巻に相当するというのは、仏陀がどのように経典や生涯を通して方便という方法を使ったかを解説する方便品（方便の方法に関する章）に基づく解釈である。ゆえに規則、すなわち戒法が『法華経』中に明示的に羅列されることはない。経典を広め、人々を教化することに関しては、後に尊舜の授戒に対する見解を論じる際に解説する。これらの文章は安楽行（安楽を求める修行）に加えて、幾つかの『法華経』からの特定の文章が、おそらくは戒として使用され得ることを示唆している。また、最澄の『臨終遺言』（伝全一・二九九～三〇〇頁）には如来の室・衣・座を、慈悲・忍辱・空に相当させる『法華経』（大正九・三一頁下）の文言が引用されているのである。尊舜の著作の中、如来の室・衣・座は、三聚浄戒（摂律儀戒・摂善法戒・摂衆生戒から成る、清浄な戒の三つの集まり）、及び後に言及する『修禅寺決』（『修禅寺においての解決』）にも述べられる仏の三身（仏の三つの身）との同一視がなされるのである。

後の天台解釈学者である良助法親王（一二六八～一三一八）などは、安楽行を劣ったものと見做し、因分戒（原因を示す戒）、もしくは迹門戒（証跡の戒）と位置づけ、戒体を実相（中道である真実の特性）に見出すこととなった。中世以降の戒の解釈は極めて抽象的となり、『学生式問答』に詳しく説かれる『法華経』の一連の文章ですら、下位の役割に追いやられたのである。

『瓔珞経』

偽経である『瓔珞経』（『菩薩瓔珞本業経』）は『梵網経』と密接な関係がある。そもそも『瓔珞経』の見解は、守られるべき規律としての戒の要素が事実上取り除かれていて、極端なものとなっている。『瓔珞経』には、律の条目が三聚浄戒として言及されることはない。摂律儀戒（悪を妨げる戒）は、『菩薩地持経』のように律を配当することはなく、十波羅夷が当て嵌められ、日本天台の教義では『梵網経』の十重戒との曖昧な一致がなされる。善を促す戒は八万四千の法門と同じとされるとしても、具体的な内容に関しては言及しない。衆生を利益するための戒は四無量心（慈・悲・喜・捨からなる四つの限りない心）と同一のものとするのである。[8] さらに付け加えると、『瓔珞経』には、夫妻間で互いに授戒しあうなど、事実上誰でも授戒できるとする文句が含まれている。また、菩薩の戒は死によって消滅することもなく、今世から来世にかけても損なわれることはないとする。戒を受けることは可能であるが、捨戒（戒を捨てること）は不可能であり、戒を犯すことはあるものの、失することはないとした。[9]

結局のところ、未受戒者が戒を守るよりも、受戒者が破戒する方が、少なくとも正式な仏教徒である点で、優れると考えるのである。このような教則は、天台にあって僧院での規則がほぼ消滅する中、時にはさらにそれを促進するが如き議論が、戒に関連する諸文献の中で繰り返し述べられたのであった。

三　戒に関する解釈学的議論

天台の学匠達は、戒に関する諸文献間の矛盾点、または、寺院での生活や寺院組織への加入の基準となる戒の役割と、受戒に因って事実上の仏となるという戒の役割との間の矛盾を認識していた。ここでは数例を挙げるにとどめる。

特に平安時代の大学匠である安然は、戒に三種の特色があることを示した。

一に伝受《イ授》戒、師より受ける所の名・句・文身、是れなり。二に発得戒、白四羯磨もて心境発得する是れなり。
三に性得戒とは真如性戒なり。凡聖共に是れ有り。(10)　（大正七四・七六七頁上）

すなわち戒とは、寺院組織への加入資格そのものになり得るであろうし、あるいは、受者の内面から呼び起こされる自発性が戒となるであろう。

黒谷流の興円は、『菩薩戒義記知見別紙抄』（『菩薩戒義記』の内容に関する補注と概説』）において、戒に明確な格付けをする。

初重は文義共に梵網戒なり。此の重は別円両教の菩薩戒なり。此れは爾前当分の義なり。第二重は、文は梵網に依り、意は法華に依るなり。本意は、法華の元意を以て法華中の菩薩の修科・行相を釈すと雖も、文略なるが故に且く梵網戒に依て菩薩の行相を釈し給うなり。故に円頓戒の傍依経と為すなり。第三重には文義共に法華なり。此の時は一向に純円の菩薩戒なり。(11)

(続天全、円戒2・五頁下、一一頁下)

『法華経』と『梵網経』との係わりは、中古天台の思想家達によって作られた法流において、様々に思案された。戒の典拠に関する多様な見解にあって、最も創造的な論述は、版本『大諮請《おおわきざし》』(『腕の下で取り組む大きな文献』)巻四に見られる。この文献によると最澄は、高弟である円澄と円仁に、別々の機会に菩薩の戒を授けたとする。最澄が円澄に菩薩の戒を授けた折には、最澄は梵網戒を授戒したのであるが、円仁に対しては『法華経』の戒を与えたとも記しているのである。さらに『大諮請』によると、梵網戒の系譜は、良忍、法然(一一三三〜一二一二)や天台宗の黒谷流などにおいて相伝されてきたとしている。黒谷流に属する僧侶は、円仁、恵心(九四二〜一〇一七)以来の『法華経』に基づく戒を継承していないため、梵網戒を必要以上に強調し、そこで梵網戒を誤って解釈している、という主張がなされるのである。

二つの系統が創設されるに当たって、最澄は二つの異なった目的を述べたとされる。『梵網経』の系統とその教理は、最澄の奈良仏教からの批判に対応するという姿勢が反映され、教門(便宜上の教え)とされた。一方の『法華経』の系統は、戒の実義(究極の意義)を含有するとされたのである。また、これらの戒の在り様は、一切衆生が流転する五道・六趣の、または草木国土そのものの「威儀」が乱れないことにあるとする。(12) このような「威儀」の強調は、おそらく、事象や衆生がありのままで存在している、ということから連想されたものであろう。

ほとんどの戒の系統は、円仁と法然を系譜に含む。幾つかの天台の集団では秘密の相承が主張され、例えば、仁空は、西山派の祖である証空（一一七七～一二四七）が法然から智顗の『菩薩戒義記』に対する特別な解説を受けた、と述べた。(13) さらに仁空は、戒に異なる系統がある原因を、最澄の弟子である円仁と光定に遡るものとしたのである。(14)『梵網経』と『法華経』にある規範は、次第に抽象的で概念的な戒に取って代わられた。まず安然は、『金剛頂義訣』（『金剛頂大瑜伽秘密心地法門義訣』）に基づき、梵網戒を金剛頂系密教の浅い教えへと追いやり、そして最終的に、極めて簡略な条項からなり、密教修行者に授ける三昧耶戒に、すべての戒を帰せしめたのである。さらには金剛頂経系統の経典に見られる、釈迦牟尼が菩薩の頃、諸菩薩とともに三昧耶戒と五相成身（毘盧遮那の身体を成じるための五重の修行）を受けるまで、最高の悟りを得ることができなかったという挿話を引用した。(15) すなわち、ここで安然は、受戒と成仏もしくは即身成仏とを関連づけたのである。

戒と本覚（本来的な悟り）とを関連づけようとする傾向は、黒谷流の文献においての、一心戒蔵（一心の戒の宝庫）という術語の使用に見て取れる。この術語は、多宝塔（多宝如来の塔）、自性（毘盧遮那自らの悟り）の六大（六の構成要素）、五蘊（五つの集り）と同一視されるのである。(16) 一心戒蔵とは、心、衆生、悟りが不可分であるという段階と、戒が定・慧と分離される以前の段階とを、表現している。(17) 一心戒蔵は、天台四教の教判を超越し、それゆえ、梵網戒のように、別円教と見做され、批判されることもなかったのである。そもそも一心戒蔵を、実践の域まで下げるために、一心戒蔵は、仮諦（仮の真実）を介して説明され、まさにこの意味において、それは、梵網戒や戒灌頂（授戒するための灌頂）（以下で議論）を通して具体化されることとなった。

上述のことと類似する問題は、戒の原動力となる業、すなわち戒体の議論において生じる。戒体に関する議論は、『瓔珞経』や他の経典に説かれる所の菩薩戒の差異に焦点を絞った、特に、破戒や捨戒の問題に集中するのである。

他の論題は、身体的、言語的行動が、戒を具現する上で必要であるか否か、という授戒の儀礼的側面の重要性を強調し、そもそも智顗が著したと伝えられ、戒体が性無作仮色であるとする『梵網経』の註釈書に関連する。[18]このような見解は、戒体は純粋に精神的であるとする、概ね智顗『摩訶止観』に基づく禅定、一心三観（一刹那における三つの観点）と、戒とを結び付けようとする見解とは、対照をなすのである。戒体が一心や実相心（心の真実の特性）と同一視される時には、すなわち、戒は継続され、すべての善悪、持戒・破戒を超越し、失うことはないという結論に帰結する。

沙弥の授戒で使用される戒は、最澄の「天台法華宗年分学生式」（「六条式」）では、円十善戒（円教の十からなる善の戒）であり、これは最澄以前には例のない新しい用語である。結果的に日本史上において、円十善戒は、三種の異なった十戒、すなわち十善戒、『梵網経』の十重戒、律蔵中の十沙弥戒の一つとして解釈されるようになったのである。

四　律

「小乗」の戒についても言及したい。そもそも、中国天台関連の文献は、正統な律に基づく授戒を日本にもたらした鑑真によって将来された。結果として、この事実は、奈良の僧侶、特に律宗の学僧である凝然（一二四〇～一三二一）に、最澄の戒に対する見解は中国天台の授戒作法に反する、というある意味で正論となる主張を許したのである。最澄は、四分律による僧侶に対する具足戒を拒否したが、十二年籠山を経験した僧に限り、仮受小戒（便宜上、小乗の戒を使うこと）の可能性をも認めた。仮受小戒は滅多に使われることがなかったが、徳川時代に入り、宗祖最澄の言説ということも相俟って、安楽律の議論を中心として、再評価されたのであった。

それはまた、天台僧の律行に基づいた僧院生活の必要性を、最澄が考えていたという思索に繋がる。天台僧が律を実質使用しなかった時ですら、彼らはなお、天台の授戒、僧院規範に対する取り組みは、在家のそれとほとんど変わりがないとする奈良仏教からの批判があることを、認識し続けねばならなかった。『梵網経』『法華経』のいずれも、受戒、布薩、夏安居など、僧侶の生活の基本となる儀礼の詳細な手引きを含んでいない。ゆえに、事実、天台の僧侶が『梵網経』『法華経』に基づく戒を受けるに当たって、儀礼の手引きは、律の経論に依存するしかなかったのである。また、天台僧が戒解釈のため、智顗や湛然（七一一～七八二）を参考にする時、彼らが律蔵を参照しているのを見出したりもした。円珍は『四分律』に関係する書物を中国から持ち帰り、そして、別受（別箇の受戒儀礼）――授戒儀礼、戒の種類が七衆それぞれ区別される――への立ち帰りを、天台の諸事情に則り、主張した。後に、俊芿（一一六六～一二二七）が中国へ渡り、帰国した折には、元照（一〇四八～一一一六）によって中国天台の視点から著された、道宣（五九六～六六七）の『四分律』に対する解釈書を持ち帰ることとなる。さらに仁空は、『四分律』や道宣の著作を、僧院規則や梵網戒に関する述作で用い、また、別受への回帰をも議論したのである。

最澄の通受としての梵網戒の採用は、中国天台寺院での手続きとは異なることが明白となったため、それゆえ、栄西（一一四一～一二一五）や俊芿は、総力を挙げ、中国天台の授戒体系における『四分律』と『梵網経』併用による授戒を、再び紹介したのである。さらに徳川時代になって、安楽律院の僧侶によって、『四分律』を『梵網経』に沿って使用すべきであるとの論議が興ったが、それでもなお、日本天台の正統では、菩薩戒のみを出家者に対し使用し続けたのである。

五　授戒

天台における授戒解釈の最も研著な特徴の一つに、儀礼としての授戒が、授戒そのものよりも、より重要な役割を担うようになることが挙げられる。天台の授戒は、ほとんどが最澄によって改訂された湛然の記した菩薩戒授戒の儀軌に基づき、十二の部門より構成されている。

一　開導（導入）
二　三帰（三宝への帰依）
三　請師（師を招く）
四　懺悔（懺悔）
五　発心（最高の悟りへの抱負）
六　問遮（受戒への妨げとなる行為についての質問）
七　授戒（戒を授ける）
八　証明（儀式の証明）
九　現相（仏が儀式を確認する印）
十　戒相（戒の説明）
十一　広願（儀式より受けた功徳をもって全ての衆生に献身すること）
十二　勧持（持戒についての勧告）

これらのうちの幾らかは、受戒者が仏像を前にし、仏から直接的に授戒の現相を得るまで懺悔し瞑想する自誓受戒に基づいている。また、戒を説明し、戒を守ることを勧める勧持は、僧団に基礎づけられた授戒儀礼であったのである。授戒時に戒師（戒和上・羯磨阿闍梨・教授阿闍梨）が臨席するに当たり、『法華経』の結経である『観普賢経』（『観普賢菩薩行法経』）に基づき、釈迦牟尼が戒和上、文殊師利が羯磨阿闍梨、弥勒が教授阿闍梨、諸仏が証人、諸菩薩が受戒者の同学として見做されている[19]。すなわち、諸仏・諸菩薩が戒を「授」け、天台教団の代表たる有資格者が戒を「伝」えるのである[20]。ゆえに、授戒とは、諸仏や諸菩薩の威光のもとに行われることとなるのであり、同時に、授戒は天台宗の有識者、多くの場合は座主によって主宰されるため、組織に基づく授戒も担保されるのであった。しかしながら、授戒は、仏から直接授けられ得るとも見做され、最終的に教団を尊重する授戒は廃れていき、多くの新たな授戒様式が登場したのである。諸仏や諸菩薩のもとに戒を維持することは、戒師が厳格でない限り、事実上不可能である。そして、行動規範としての戒は廃れていき、多くの場合、事実上消滅したのであった。

このような天台の授戒における二つの様相は、授戒が何を象徴するのかということの重要性の反映である。伝統的な律による授戒の要素に沿うべく、天台の授戒では、若年者が修行のために数年間を過ごす僧院組織へ加入するための資格が示された。さらに、高度な修行の成果としての自誓受戒の要素に基づき、授戒は一定の宗教的到達点を示す儀礼ともなったのである。

このような違いは、もとは授戒のためには梵網戒を授けるが、十二年籠山――後に修行期間は短縮される――を満じた後に戒灌頂を執り行った、比叡山の黒谷流において思案されることとなる。後者の授戒は、多宝塔の中で、天蓋のもと、多宝如来との師弟関係の中で並坐する釈迦牟尼の再現であった。『梵網経』『法華経』からの一節が、成仏を示すこととして読まれたように、黒谷流の僧侶は、自己と仏との本質的な一致を証する、多宝塔の解釈に基づく、一連の合掌を行った。ついには、師弟の間で、掌、足裏、額を互いに合わせたり、師が弟子の胸に卍字を記したり、衣の交換をしたりする、新たな儀礼が創造された。すなわち、戒灌頂は、即身成仏の一形態として、あるいは多宝塔内の釈迦牟尼の再現として考えられるようになったのである。

授戒の役割に違いがあることは、おそらくは日本天台で戒を解釈する最も重要な、安然の『普通授菩薩戒広釈』(『通受としての菩薩戒に関する詳細な解説書』)(以下、『普通広釈』と略称)にも見受けられる。この安然の著作以降、法然まで天台の戒に関係するものはほとんど記されなかった。『普通広釈』について、ここでは、一つの様相に限って、所見を述べることとする。

そもそも授戒は、単に即身成仏と同一視されるとしても、即身成仏には六即(六つの段階からなる凡聖一致)がある。『梵網経』は、下から二番目の、言説による教えにより即身成仏が得られる名字即(言説上の一致)に当て嵌められ、それとは対照的に、『法華経』は最も優れた機根に対するものとされた。[21]『梵網経』と『四分律』——安然は仮受小戒についても議論していたので『四分律』も含まれた——による戒は、便宜上必要とあれば破戒することも許されるため、価値の低いものとした。この点について、安然は、実践もしくは教理を評価するために、慈悲心に基づいた波羅夷戒の犯戒の用例を示す経典類を引用して説明したのである。[22]したがって、格式の高い授戒は、僧団への加入儀礼としてより、さらに抽象度の高いものになるのである。

『法華経』を『梵網経』以上に強調したことによって、戒の解釈は抽象的となり、僧院規律に対する見方は曖昧なものになった。入門儀礼としての受戒もまた、受戒候補者の中にある一定の覚りを呼び起こすものとなったのである。『法華経』での如来の室・衣・座という決まり文句は、恵心流の文献であり、最澄が入唐時に受けた教えを記録する目的で著したと見做される『修禅寺決』の中で、鍵となる役割を果たす。『修禅寺決』は湛然や最澄も使用した、伝統的な『授菩薩戒儀』による授戒の一部が訂正されて記されている。湛然や最澄による授戒儀軌のように、釈迦牟尼を戒和上とし、文殊を羯磨阿闍梨、弥勒を教授阿闍梨、諸仏を証人、菩薩を同学としている。授戒儀礼の最中には、すべての受戒者に対して遮難（戒を受けるに適さない、あるいは本来的に非器であるために否認されること）の「不生」が宣言され、証人は授戒の同意を尋ねられる。受戒候補者は、三度に亙って戒を受けるか尋ねられる時、日光、月輪に譬えられる戒体が徐々に迫って、最終的に受戒候補者の心臓の中に入ることとなる。その後、この受戒候補者は、具体的な戒を持するか否かを問われるのである。湛然と最澄による授戒儀軌には、『梵網経』の十重戒が詳説されるのに対して、ここでは、候補者が如来の室・衣・座を守るか否かが尋ねられる。この儀礼は、『法華経』の安楽行品に基づくとされるが、しかし、本来は法師品（法師についての章）から導き出されたものである。この授戒儀礼は以下の『梵網経』からの文章を引用し、完結する。それは、「衆生は仏戒を受ければ、即ち諸仏位に入る。位は大覚に同じうし已り、真に是れ諸仏子なり。」（大正二四・一〇〇四頁上）である。この偈文は、後代の授戒儀礼でしばしば依用されるようになった。しかし、『法華経』の安楽行や『梵網経』の十重戒のいずれも、言及されることはない。

より抽象的な授戒観の発展に寄与したのは、この文献だけではない。尊舜は、単に「『法華経』を保持すること」すなわち、『法華経』の暗記、読誦、解説という、戒としては曖昧な表現を用い、戒や授戒が成就することをも説いたのである。彼の『二帖抄見聞』では、以下のように述べる。

当流には一心三観の外に別に円戒伝授の義有る可からずと云うなり。一家の意は乗・戒一体にして三学不二なり。……所詮、円戒の実体とは何物ぞ。只、法華経を持つを云うなり。妙法は既に一心三観なり。[23]

（天全九・二二五頁上）

戒が『妙法蓮華経』の「妙」「法」の二文字によって具体化される、という記述は、以下に引用する『法華経』の「経を持つことは、戒を持つことと価値が同じである」とする記述に基づいている。

此の経は持ち難し。若し暫くも持つ者は、我則ち歓喜す。諸仏も亦然り。是の如き人は、諸仏の歎ずる所なり。是れ則ち勇猛、是れ則ち精進なり。是れを戒を持ち、頭陀を行ずる者と名づくるなり。則ち為れ疾に無上仏道を得たり。[24]

（大正九・三四頁中）

戒はすなわち、『法華経』を持つことによって、自然と呼び起こされるのであろう。この解釈は、定共戒（戒は禅定の中で持たれ）、道共戒（悟りの世界で持たれている）、という考えが暗示されているのである。

一般の僧侶に対して、抽象的な戒の解釈を用いることは、組織としての天台宗に損害を与える危険があった。そこで、何人かの天台の思想家は、より保守的な授戒解釈の道を探ったのである。最澄の没後数十年たち、円珍は天台僧に基礎的な僧院規範の理解が欠けていることを嘆いた。八六八年から八九一年にかけて天台座主の任にあった円珍は、僧院規範に問題があることを鋭敏に認識していたのである。菩薩戒の重要な典拠の一つである『観普賢経』の註釈書である『観普賢菩薩行法経記』巻下において、円珍は以下のように記す。

又、本朝の沙弥は多く仏法無し。謂く、六念を学ばず、夏安居を結ばず、布薩の堂に上らず、二衣縵五条七条・鉢具を畜うることを解せざるなり。是れ大いに無慚なり。幾ばくか俗と異ならん。(25)

（大正五六・二五三頁中。仏全二六・五〇八頁上）

六念（六種の心得）とは、①いつ次の二週間に亙る布薩が行われるか、②僧院から出る食事に招待されるか否か、③雨季の修養会を修了した年数による序列、④許可された衣の数と他の所有物が上回っていないか否か、⑤清規《しんぎ》の規定通りの食事作法に基づいて食事をしているかどうか、⑥病気がなくたゆみなく修行するか否か、である。これらの事項は、多くの律部の文献で説かれている。円珍はさらに、天台僧は特定数の衣を繋ぎ合わせた正規の衣と、単衣の初心者の衣（縵衣）との違いに気づくことがない、と続けた。すなわち、「彼等の衣の色は、不適切な色の在家の衣と何等変わりはない」と述べたのである。

円珍が直面した、僧院での規律を僧侶に課することの困難さは、彼に最澄が著した湛然の著作に基づく授戒儀軌の解釈をさせることになった。個々の条項には、円珍が後に再読し、没年まで書き加えられた形跡を示す日付が付されている。多くの彼による修正は、戒を受けた正式な僧侶は、在家の信者と「別」であるため、別受とすべき旨を明瞭に示すことを目的として、立案されたのである。それを円珍は、『授菩薩戒儀』で以下のように述べる。

大唐に多く通受有って、少しく別受有るなり。故に羯磨を作すに年満二十、三衣・鉢具等の言を載せず。今此の壇上には多分は別受、少は通受なり。已に著衣等の事あるは、此れ皆教に拠るが故なり。須く始終必ず年、衣・鉢具を載すべし。若し然らざれば、別受は成ぜず。決定して教語に違う。此れは之を載せざるの時、之の後に於いて授くること莫れ。大小二律の用心各々異なれども、別受の儀式に多く差殊無し。十八種の物及び僧服は俗等の制衣と異なり、行を合すなり。[26]

（大正七四・六二三頁上。伝全一・三二〇頁）

また円珍は、受戒候補者は、親や国家の許可なしに受戒できないとする『四分律』や、道宣の註釈書を参考にし、それを詳細に述べた。[27] 候補者が二十歳に満たない場合には、十根本戒（十の基本的な戒）と沙弥戒とを受けることを誓わせた。つまり、円珍は、それ迄通り菩薩戒を出家者に使用しつつ、同時に、天台の授戒では長らく無視されていた、元来の出家者のための戒である律の要素を組み入れることを模索したのであった。また円珍の覚え書の中には、尼僧組織創設の意思を窺わせる、尼僧、沙弥尼に関する言及も見受けられる。[28] 円珍の中国滞在中、彼は多くの『四分律』に関する著作を集めたのも事実である。[29]

円珍の個々の段階の修道者に対する別受の使用は、解釈学者としても寺院経営者としても活躍した仁空によって受け継がれた。仁空は、『四分律』の最も重要な学僧である道宣の著作に基づき、いくつかの僧侶の規律に関する述作を書いた。また彼は、異なった戒律を、異なった段階の仏教徒に授けるように、次のような規定を案出したのである。

一、在家信者……五戒（五つの在家の戒）
二、沙弥…………十善戒（十の善戒）
三、比丘…………五十八戒（『梵網経』の五十八戒）

さらに仁空は、『梵網経』の戒は方便的な教えではないことを強調した。そこで、智顗の『梵網経』の註釈書に基づき、彼は、戒について記される『梵網経』の巻下は、独立した経典と見做されるべきであり、『法華経』と同じく円教に配されるべきである、と主張したのである。

他の天台僧、例えば俊芿や栄西は、『四分律』を持ち帰り、中国での授戒体系と梵網戒とあわせて、日本に再紹介しようと試みた。俊芿によって授戒された泉涌寺の僧侶は、受戒候補者が戒を授けられるに当たり、その戒を受ける旨を宣言する時、三聚浄戒を用いたが、説相（戒の具体的な詳細を説明する時）では、『四分律』にある波羅夷罪が用いられたのである。授戒は、四分律の規範に則った菩薩の授戒の要素と結び付けられたのであり、このあまり一般的でない手順は、『四分律』の中で明記されるような、すでに授戒して証人になり得る十人の僧侶が当初日本では見つからなかったことに起因して使用されたのであった。ゆえに、授戒儀礼は、そもそもが、天台菩薩戒の授戒と同じ意味で類似していたが、戒の内容は、『四分律』に順っていたのである。

六　まとめ

最澄の早逝と、それに伴う天台宗の明瞭な教理の方向性を示す権威の欠如、若しくは天台の戒観が複数の系統に基づき構成されていたことは、多様な見解を生み出した。一方で、ある僧侶は僧院規範の厳守を唱え、籠山の年限を新たに定めたのである。しかしながら、そのような厳格な修行がなされることはまれで、限られた少人数のみが行ったのである。その他、ある者は戒の解釈を論義の主題としたのであり、これは授戒や戒が、どれだけ熟考し研究する価値があったかを示す。最終的に、多くの僧侶にとって、戒が極めて抽象的であったことは、僧院規範に影響を及ぼした。極めて多彩な戒の解釈が興ったことの主な理由の一つに、天台僧すべてが統一的に授ける戒の欠如があったのである。

一般的に授戒は、僧団組織への加入と、修行に本腰を据えるための奨励の意味で使用されたともいえる。しかし、天台の授戒は、僧侶自身が諸仏と同じであることを説示するものであった。ある文献の中では、受戒は即身成仏と密接に関連づけられたため、平素の授戒は単純化され、僧団への加入儀礼としてのそれは、ほぼ消滅したかのようであり、最終的に授戒は、長期の修行の成就を示すものとして、執り行われたのである。授戒の多様性と、その適用範囲の広さは、時には天台僧の厳格さの欠落を表すものとしてすら理解された。事実、これらの解釈の裏にある思索の形跡を辿ると、何人かの僧侶が真剣にこの問題に取り組んでいたことが理解されるのである。

これらの問題には、研究の余地が多く残されている。個々の戒解釈が、どれだけ流布していたかなどは、あまり知られていない。かなりの分量の黒谷流・廬山寺流による文献が、近年『続天台宗全書』で発刊されたが、しかしこれらの文献が当時どれほど一般的に使用されていたかは明らかにされていないのである。また、恵心流と檀那流の見解に関するさらなる論究も必要となるであろう。『門葉記』に相当数の資料があるものの、具体的な授戒の形式は、多くの場合未だ鮮明ではない。最終的には、寺院規範に関する現存する文献の今後の研究が、どのように、もしくはどこまで、戒が僧院規範の指針となっていたか、という傾向を明らかにするのではないかと考えている。

註

（1） There are two types of bodhisattva precepts: 1) the Mahāyāna full precepts consisting of the ten major and forty-eight minor precepts; 2) the Hīnayāna precepts consisting of the two-hundred fifty precepts.

（2） 『内証仏法血脈譜』、伝全一・二三〇〜二三四頁。

（3） 『顕戒論』、伝全一・一一二〜一一三頁。

（4） From now on we will not follow *śrāvaka ways*. We will turn away forever from Hīnayāna [strictures on maintaining] dignity. I vow that I shall forever abandon the two-hundred fifty [Hīnayāna] precepts. The great teachers of Nanyue [Huisi] and Tiantai [Zhiyi] both heard the Lotus sūtra preached on Vulture's Peak. Since then, these precepts have been transmitted from teacher to teacher.

（5）『隋天台智者大師別伝』、大正五〇・一九一頁下。

（6）With regard to voice-hearers, he should not refer to them by name and describe their faults, or name them and praise their good points... If he is asked difficult questions, he should not reply in terms of the Law of the Lesser Vehicle. He should explain things solely in terms of the Great Vehicle.

（7）Question: When we confer the precepts of disciples of the Buddha, what scripture's precepts should be used?

Answer: We primarily rely on the Lotus sūtra, [particularly] the One-vehicle precepts; the three precepts of the *Tathāgata*'s room, robes, and seat; the four comfortable precepts of the body, mouth, mind, and vow; and the four types of precepts of *Samantabhadra*. Next we rely on the three teachers, the witnesses, and the fellow students described in the *Puxianjing* 普賢経（*Samantabhadra sūtra*）. The precepts are secondarily based on the ten major and forty-eight minor precepts of the *Fanwang jing*; and the *Yingluo jing*'s 瓔珞経 teachings of the ten *pārājika* that prohibit evil, the teachings on equanimity and compassion that comprise the precepts that benefit sentient beings, and the eighty-four thousand teachings that comprise the precepts that encourage good. [In addition, we rely on texts such] as the *Vaipulya sūtra*, the Questions of Mañjuśrī, and the *Nirvāṇa-sūtra*. [The precepts] may be expanded or abbreviated in accordance with the faculties of the recipients so that beings will practice and study.

（8）『菩薩瓔珞本業経』、大正二四・一〇二〇頁中。

（9）『菩薩瓔珞本業経』、大正二四・一〇二一頁中。

（10）First are the precepts that are transmitted and received（denjukai 伝受戒）. They are received from a teacher using syllable, words, phrases, and compounds.

Second are the precepts that are called forth（hottokukai 発得戒）. These are called forth through stating the motion and asking for agreement three times（byakushi konma 白四羯磨）.

Third are the precepts that are innate (shōtoku kai 性徳戒). These are the precepts inherent in Suchness; both worldings and sages possess them.

(11) In the first level, the text and its meaning both are concerned with the Fanwang precepts; these are a mix of Distinct and Perfect precepts. They are related from the perspective of before the Lotus Sūtra was preached. In the second level, the text is based on the *Fanwang jing*, but the meaning is based on the Lotus Sūtra. It follows the basic meaning of the Lotus Sūtra. Although it explains how a bodhisattva studies and practices according to the Lotus Sūtra, because the text [of the Lotus Sūtra] is abbreviated, it must rely on the *Fanwang jing* to explain the behavior of the bodhisattva. Thus the bodhisattva precepts rely secondarily on the *Fanwang jing*. In the third level, both the text and meaning are from the Lotus Sūtra. At that point, they are solely Purely Perfect bodhisattva precepts.

(12) 『大諮請』巻一四・五「円戒依経傍正事」。

(13) 『西山上人縁起』、国文東方仏教叢書第一揖5、三三九頁。

(14) 『菩薩戒義記聞書』、西山全書別巻三・二八頁下。

(15) 『普通授菩薩戒広釈』、大正七四・七六四頁中。

(16) 『菩薩円頓授戒灌頂記』、大正七四・七八九頁下〜七九〇頁上。

(17) 『菩薩戒義記知見別紙抄』、続天全、円戒2・三七頁下〜三八頁上。

(18) 『菩薩戒義疏』、大正四〇・五六六頁上。

(19) 『観普賢菩薩行法経』、大正九・三九三頁下。最澄撰『授菩薩戒儀』、大正七四・六二六頁上。湛然述『授菩薩戒儀』、続蔵二-一〇・六丁右上。

(20) 「四条式」、伝全一・一八頁。

(21) 『普通授菩薩戒広釈』、大正七四・七六五頁中、七五八頁下。

(22) 『普通授菩薩戒広釈』、大正七四・七六五頁下〜七六六頁上。

(23) According to this (Eshin) lineage, there should be no ordination ceremony of the Perfect precepts other than

the three views in a single instant (isshin sankan 一心三観). This lineage maintains the position that the vehicle and the precepts are identical and that the three trainings are non-dual... What is it that we refer to as the true essence of the Perfect precepts? It is simply to adhere to the Lotus Sūtra. The three views in a single instant are found in the term "wondrous Dharma" [myōhō 妙法, the first two characters of the sūtra's title].

(24) This sutra is hard to uphold; if one can uphold it even for a short while I will surely rejoice and so will the other Buddhas. A person who can do this wins the admiration of the Buddhas. This is what is meant by valor, this is what is meant by diligence. This is what is called observing the precepts and practicing *dhuta* [austerities]. This way one will quickly attain the unsurpassed Buddha way.

(25) The novices (shami 沙弥) of this country are mostly devoid of Buddhist teachings. They do not know the six types of mindfulness, do not observe the rainy season retreat, do not go to the hall for the fortnightly assembly, do not understand the rules for the two robes, begging bowl or cloth for sitting. They have no shame. How are they different from lay believers?

(26) In China, the majority of [bodhisattva ordinations] were universal, and a minority were distinct. Thus, when this ritual [manual] was composed, it did not include sections specifying that the candidate for ordination be twenty years old or that the candidate have the three robes and a begging bowl. Now, on our platform, the majority are distinct ordinations and the minority are universal ordinations. The [recipients of the ordination] should wear robes and fulfill the other requirements according to the teaching. Thus we must thoroughly deal with requirements concerning age, robes, and begging bowls. If this is not the case, then distinct ordinations cannot be established and will clearly differ from the teaching. When [these requirements] are not included, then the precepts cannot be conferred to those following us. The attitudes in Mahāyāna and Hīnayāna rules differ, but the distinct ordination for the most part is not different. The eighteen requisite items [mentioned in the *Fanwang jing* that monks should carry] and monastic robes differ from the laity.

(27) 『授菩薩戒儀』、大正七四・六三三頁上。伝全一・三一一頁。

(28)『授菩薩戒儀』、大正七四・六三三頁下。伝全一・三一九頁。

(29)『日本比丘円珍入唐求法目録』、仏全二八・一二六一頁下～一二六二頁上。

参考文献

福田堯穎『天台学概論』（文一出版、一九五四年。中山書房より再刊）

石垣源瞻「浄土教の円頓戒受容について」（『日本仏教学会年報』二一、平楽寺書店、一九五五年）

石垣源瞻「西山に於ける円頓戒の問題」（日本仏教学会編『仏教における戒の問題』平楽寺書店、一九六七年）

石田瑞麿『日本仏教における戒律の研究』（在家仏教協会、一九六三年。中山書房、一九七六年）

多田厚隆・大久保良順・田村芳朗・浅井円道校注『天台本覚論』（日本思想大系九、岩波書店、一九七三年）

恵谷隆戒「安然の普通広釈に見られる円戒思想」（奥田慈応先生喜寿記念論文集刊行会編、奥田慈応先生喜寿記念『仏教思想論集』平楽寺書店、一九七六年）

恵谷隆戒『改訂　円頓戒概論』（大東出版社、一九七八年）

小寺文頴「円戒と四安楽行」（関口真大編『仏教の実践原理』山喜房仏書林、一九七七年）

小寺文頴『天台円戒概説』（叡山学院、一九八七年）

鷲尾順敬編纂『国文東方仏教叢書』（名著普及会より再版、一九九二年）

玉山成元「『天台法華宗学生式問答』（東寺本）の史的価値」（天台学会編『伝教大師研究』早稲田大学出版部、一九七三年）

窪田哲正「興円の「円頓菩薩戒十重四十八行儀鈔」について」（『印度学仏教学研究』三三‐一、一九八四年）

色井秀譲『戒灌頂の入門的研究』（東方出版、一九八九年）

福島光哉「天台智顗における大乗戒の組織と止観」（森章司編『戒律の世界』渓水社、一九九三年）

Groner, Paul.「梵網経と日本天台における僧侶の戒行—安然『普通授菩薩戒広釈』の研究—」（『アジアの文化と思想』三、一九九四年）

Groner, Paul. "Jitsudō Ninkū on Ordinations." *Japan Review* 15 (2003): 51-75.

Groner, Paul. "Can the Precepts Be Lost? Can the Precepts Be Violated? The Role of the *Pusajie yiji* in Medieval Tendai Discussions of the Precepts" *Essays from the International Tendai Conference, Tendai gakuhō* (Journal of Tendai Buddhist Studies) 2007: 165-200.

Groner, Paul.「『法華経』と円頓戒」（『東洋の思想と宗教』二六、二〇〇九年）

Groner, Paul. "Kōen and the 'Consecrated Ordination' within Japanese Tendai." In James Alexander Benn, Lori R. Meeks, James Robson (eds.), *Buddhist Monasticism in East Asia: Places of Practice*, pp. 178-207. New York: Routledge, 2009.

Groner, Paul. "Training Through Debates in Medieval Tendai and Seizan-ha Temples," *Japanese Journal of Religious Studies* 38/2 (2011): 233-261.

天台宗典編纂所編『続天台宗全書』円戒1・2（春秋社、一九八九・二〇〇六年）

岡野浩二「延暦寺の禁制型寺院法について」（河音能平・福田栄次郎編『延暦寺と中世社会』法藏館、二〇〇四年）

中西随功『証空浄土教の研究』（法藏館、二〇〇九年）

蓑輪顕量「北京律と南都律の相違と宋代仏教―自誓・通受と止観の視点から―」（『戒律文化』七、二〇〇九年）

Ⅵ　天台浄土教の展開

梯　信暁

一　はじめに

インドに発生した阿弥陀仏信仰は、大乗経典に取り上げられ、大乗仏教とともに東アジアの諸地域に伝播する。阿弥陀仏やその浄土の性格については、初期大乗経典に一定の見解が提示され、龍樹・世親の論書にも言及されるが、教理の研究が本格化するのは中国への伝来以降のことである。直接のきっかけは、廬山慧遠による念仏法会の創始や、鳩摩羅什による『阿弥陀経』の訳出などであろう。五世紀以降、『無量寿経』『観無量寿経』『浄土論』が相次いで訳出され、その註釈研究が開始された。最初期の成果として現存するのは、曇鸞・浄影寺慧遠らの著述である。曇鸞の『往生論註』には「往生浄土法門」という言葉が見え、それが「浄土教」という概念の初出であると言える。以来浄土教は大乗諸学派内で研究が重ねられ、地論宗・摂論宗・三論宗・法相宗・華厳宗・天台宗・真言宗等の教理の中に位置づけられてゆく。

本章では天台宗における浄土教の展開を、教理史の立場から論ずる。天台浄土教は智顗以来の伝統を持ち、中国では趙宋代に隆盛となる。日本では円仁以降比叡山に定着し、平安中期には天台宗の主導によって浄土教は貴族社会に普及し始める。院政期は貴族社会に浸透した浄土教文化の円熟期と言えるが、天台宗は教学面でそれを支え続けた。十二世紀末には天台宗から法然が現れて浄土宗を提唱し、やがて浄土教は庶民の間にまで流布する。それ以降も天台浄土教は独自の展開をするが、浄土教教理研究の主たる担い手は法然門下の諸流派へと移ってゆく。よってここでは法然の出現までを扱うこととしたい。

二　中国天台浄土教概観

天台宗の浄土教は、智顗（五三八〜五九七）にその起源を求めることができる。『摩訶止観』に説く四種三昧の中、常行三昧は、阿弥陀仏を本尊として、九十日間、口に仏名を唱え、心に仏身を念じて、仏辺を行道する修行で、『般舟三昧経』の教説によって組織された行法である。天台宗の実践には、当初より阿弥陀念仏の法が備わっていたと言える。ただし般舟三昧の目標は現身見仏にあり、極楽への往生を目指す浄土教とはやや趣きを異にする。また『維摩経文疏』巻一に提示された四種浄土の説によると、智顗は往生極楽の法門をさほど高く評価しなかったことがわかる。そこに智顗は、「①凡聖共居の染浄国、②方便行人所居の有余国、③純法身大士《だいじ》所居の果報国、④究竟妙覚所居の常寂光土」の四土を挙げ、仏の所居については、①②は応仏、③は亦応亦報仏、④は法身仏であると言う。さらに凡聖同居国を二つに開いて、凡聖同居穢土と凡聖同居浄土とを立て、西方無量寿国は凡聖同居浄土であると述べている[1]。極楽を三界内の応土と判ずるのである。天台宗において弥陀仏身・仏土を「応身・同居浄土」とする根拠はここにある。智顗は、浄土教を凡夫相応の劣教と見たと言えよう。

しかるに七～八世紀には、智顗に仮託された『観経疏』『阿弥陀経義記』『十疑論』が出現し、天台学侶の依用するところとなる。湛然（七一一～七八二）の弟子法聡が『観経疏』の註釈書『釈観経記』を著し、飛錫の『念仏三昧宝王論』には『十疑論』への言及が見える。宋代に至っては螺渓義寂（九一九～九八七）の弟子澄彧《ちょういく》が『註十疑論』を著している。義寂の衣鉢を継いだ義通（九二七～九八八）の門下には、四明知礼・慈雲遵式が出て趙宋天台の教学を整備するが、彼らは共に浄土教の研究・実践においても特筆すべき業績をあげている。

知礼（九六〇～一〇二八）は浙江省四明の出身、山家派の中心人物で、浄土教に関する著述としては『観経疏妙宗鈔』『観経融心解』が伝わる。『観経疏妙宗鈔』は、『観無量寿経』の宗旨を「約心観仏」と見たところに特徴がある。阿弥陀仏の体は凡夫本具の性徳であり、『観無量寿経』所説の十六観は、般舟三昧と同じく、極楽依正の荘厳に託して我心本具の覚体を顕すための観法であると言うのである。さらに『観無量寿経』の宗体について、知礼は「心観」を宗とする天台『観経疏』の説を尊重し、心観と観仏とは同一であると言い、依正を観ずることを縁として自らの心性に薫ずれば、我心本具の依正が薫ぜられて顕現するのであり、我心と阿弥陀仏とは一体であると主張する。

遵式（九六四～一〇三二）は浙江省寧海の出身、道俗集団を率いて修懺念仏の実践につとめた。その規範を定めた著述『往生浄土決疑行願二門』において、遵式は「決疑・行願」の二門を立て、決疑門では疑慮を廃して正信を立てることを勧め、行願門では「礼懺門・十念門・繋縁門・衆福門」の四門によって行願の方法を明かす。中でも十念を往生の正因とし、称名念仏の方法を説いている。また遵式は、知礼と同じく唯心浄土を説くが、それは上品人に対する教説であると言い、中・下品人に対しては、ただ禁戒を持ち世間の仁慈を行ぜよと言い、さらに下々品の逆悪人に対しては十念によって往生することができると述べている。

十世紀以降、天台宗では浄土教を観心の実践の拠り所として、あるいは凡夫救済の宗教として一定の評価をしていたことがわかるのである。

三　叡山浄土教の興起

不断念仏の伝承と臨終来迎信仰

比叡山に阿弥陀念仏の実践を定着させたのは円仁（七九四〜八六四）である。円仁は、『摩訶止観』所説の常行三昧に、在唐中に習得した五会念仏の法を加味して念仏の法式を定め、それが円仁の没後、「不断念仏」という名で年中行事になったと言われる。五会念仏の祖法照は、八世紀の人で、善導の影響を受けて称名念仏を重視し、五音の曲調に合わせて仏名を称する念仏の法会を主宰した。神秘的な曲調に乗せて歌う五会の念仏は、五台山や長安をはじめ華北一円に流行し、円仁も在唐中にこれを学んだのである(2)。

源為憲の『三宝絵詞』には、比叡山不断念仏の模様を次のように伝えている。

念仏は慈覚大師のもろこしより伝えて、貞観七年より始めて行えるなり。四種三昧の中には、常行三昧となづく。仲秋の風すずしき時中旬の月明らかなるほど、十一日の暁より十七日の夜にいたるまで、不断に行ぜしむるなり。……身は常に仏を回る。身の罪ことごとくうせぬらん。口には常に経を唱う。口のとが皆きえぬらん。心には常に仏を念ず。心のあやまちすべてつきぬらん。

（仏全一一一・四六七頁上）

円仁の後、不断念仏は遍照（遍昭）・相応・増命・延昌らによって伝承されてゆく。

遍照（八一六？～八九〇）は円仁の弟子で、花山元慶寺の初代座主である。没後の寛平四年（八九二）発布の太政官符によると、遍照は仁和二年（八八六）以来、元慶寺において法華・阿弥陀の三昧を併修させていたことがわかる。その阿弥陀三昧は、円仁所伝の念仏である可能性が高い。

相応（八三一～九一八）も円仁の弟子である。『天台南山無動寺建立和尚伝』には、元慶七年（八八三）、円仁の遺命にしたがい、東塔虚空蔵尾にあった常行三昧堂を大講堂の裏手に移築したことが記されている。また延喜三年（九〇三）に、相応が無動寺で不断念仏を修したことを伝えている。

増命（八四三～九二七）は円珍の弟子で、西塔の造営に尽力した。『叡岳要記』『山門堂舎記』によると、彼は寛平五年（八九三）、西塔に常行堂を建立して不断念仏会を勤修し、亡くなる年の二月には、その常行堂の四面の壁に極楽浄土の絵を描かせている。

延昌（八八〇～九六四）は、第十五代天台座主で、空也に大乗戒を授けたことで有名である。慶滋保胤の『日本往生極楽記』によると、彼は自身の死期を察知して不断念仏を修し始め、阿弥陀・尊勝二像の手から垂らした糸を握りつつ、三七日目に息絶えたという。糸引きによる臨終行儀を修していることから、延昌には臨終来迎を願う信仰のあったことがうかがわれる。臨終行儀の法式は、後に源信の『往生要集』に詳述されるが、それ以前の記録としては唯一であり、日本における初例と言える。また延昌は毎月十五日、諸僧を招いて阿弥陀の讃を唱え、兼ねて浄土の因縁、法華の奥義を対論するという法会を主催している。十五日を阿弥陀仏の縁日とする考えは、中国に起源を持つ。『三宝絵詞』によると不断念仏会は八月十五日の仲秋の名月を挟む七日間に修されていたということであり、保胤によって始められた勧学会は毎年三月と九月の十五日に催されている。横川の二十五三昧会も毎月十五日である。勧学会も二十五三昧会も、延昌の催した法会と同様、阿弥陀念仏と法華論義とが中心で、これは叡山浄土教の特徴と言える。延昌は、比叡山における念仏法会の一形式を定めた人物だと言える。

比叡山の不断念仏は十世紀半ばには各地に伝播し、叡山横川をはじめ大和多武峯や京都法住寺等にも常行堂が建立される。いずれの造営にも藤原摂関家が関与している。この頃には、摂関家を頂点とする貴族社会に阿弥陀仏信仰が普及してきたことがうかがわれよう。

摂関家における阿弥陀仏信仰の具体相を十世紀の資料に求めると、関白藤原忠平（八八〇～九四九）の日記『貞信公記』天慶八年（九四五）七月十八日条に、「山階寺の九品往生図、善蔵の許より送るを請ふ」とあり、同年九月二十二日条には、「西方浄土図し始む。仏師定豊なり」という記事が見える。興福寺から「九品往生図」を借り出して模写させているのである。亡くなる四年前のことで、彼はこの頃から後世のことを考え始めたのであろう。「九品往生図」とは、おそらく『観無量寿経』九品往生段を題材としたもので、当麻曼荼羅の縁に描かれているような九品来迎の図であったと思われる。忠平が、臨終来迎を願う信仰を持っていたことが推察されるのである。『貞信公記』によると、忠平には増命・相応・延昌ら不断念仏の指導者との親交があり、特に延昌は「家法阿闍梨」だったという。忠平の信仰は彼らから伝授されたものと考えてよかろう。

その後摂関家には臨終来迎信仰が顕著となる。次に紹介する良源は、忠平に才能を見出され、その子師輔《もろすけ》（九〇八～九六〇）の外護を得て活躍するのであるが、良源が師輔のために著した『九品往生義』は、『観無量寿経』九品往生段の註釈書であり、臨終来迎信仰の教理を解説した最初の書と言えるものである。

師輔の孫に当たる道長（九六六～一〇二七）は、晩年源信の『往生要集』を愛読し、阿弥陀仏信仰に傾倒したと言われる。彼の建立した法成寺阿弥陀堂には、本尊九体の阿弥陀仏が安置され、堂の扉には聖衆来迎図が描かれていたという。道長はそこで天台座主院源の指導のもと、九体の阿弥陀仏の手より糸を引いて臨終行儀を修している。その子頼通（九九二〜一〇七四）の手になる平等院阿弥陀堂の壁扉にも、九品来迎の図が描かれていて、これが頼通の臨終行儀のために建てられた堂であったことがうかがわれる。権力の中枢にいた彼らの影響力は絶大であり、やがて貴族社会に臨終来迎信仰が浸透してゆく。その信仰を教理面から支える役割を果たしたのは、比叡山天台宗であった。

良源『九品往生義』の特徴

十世紀半ば以降、貴族社会への阿弥陀仏信仰の普及と連動して、比叡山には良源・千観・禅瑜・源信・静照・覚超らが登場し、浄土教教理の研究を推進する。彼らが目指したのは、天台浄土教の確立であり、ことに「念仏」の実践を天台教学の上に位置づけることが最重要課題であったと言える。

良源（九一二〜九八五）は、近江国浅井郡の出身、十二歳で比叡山に上り理仙に師事、承平七年（九三七）興福寺維摩会で頭角を現し、藤原忠平・師輔の外護を受けることになる。応和三年（九六三）宮中で行われた法華八講（応和宗論）を主導して名声を上げ、康保三年（九六六）天台座主、天元四年（九八一）大僧正に任ぜられた。

既に触れたように良源が師輔のために著した『九品往生義』は、『観無量寿経』九品往生段の註釈書で、貴族社会に芽生えた臨終来迎信仰に対応した書である。臨終の時に聖衆の来迎を得て極楽に往生するためには何をすべきかという問いに対し、天台教学に基づいて種々の実践を説いている。ことに「念仏」に関する見解に特徴を見出すことができる。

平安時代の比叡山の念仏は、観想念仏が主流だと見られがちであるが、それは『往生要集』の印象に引きずられた誤解であり、十世紀の比叡山では、むしろ口唱の称名念仏が中心であったと言える。良源『九品往生義』や、千観『十願発心記』、禅瑜『阿弥陀新十疑』には観想念仏への言及は見られず、『観無量寿経』下品段に説く称名の念仏が主たる議論の対象となっている。また十世紀末に著された保胤の『日本往生極楽記』では、「念仏」という語は、通常「称名念仏」の意で用いられている。

称名念仏は九世紀以来、比叡山の不断念仏を構成する重要な要素であり、また十世紀に社会全体が大きな関心を寄せた空也の念仏も、称名が中心であった。当時の社会一般における理解としては、「念仏」と言えば「称名念仏」を指す言葉であり、したがって十世紀の比叡山では、まず称名念仏の教理化が急務であったと考えられる。その要請に応えた最初の著述が、良源の『九品往生義』だったのである。

まず「念仏」の語義について、良源は『無量寿経』第十八願文の「十念」を釈するに当たり、これを『観無量寿経』下品下生段の「十念」と同義と見て、次のように述べている。

問て曰く、いかんが十念。答て曰く、もし下品下生の文に准ずれば、十念を経る頃専ら名を称するを、十念となすなり。南無阿弥陀仏と称する、この六字を経る頃を、名づけて一念となすなりと。(仏全二四・二四四頁上)

新羅義寂の『無量寿経述義記』巻中の記述を踏襲するものであるが、良源はこれによって「十念」を十遍の称名と解したのである。千観や禅瑜もこの説を継承している。

『観無量寿経』によると、上品人・中品人は概して菩提心を発し、また種々の善行を重ねるなどして、その報いとして臨終来迎の利益を獲得する。それに対し下品人はいずれも悪人で、平生の善根は全くない。しかるに臨終の時、善知識の教化を受けて罪を滅し、それによって来迎にあずかることができると言い、その滅罪の法として、念仏が説かれる。良源は、この経説にしたがい、下品人が臨終の時、滅罪のために修する称名念仏に注目して、念仏の議論を展開するのである。

念仏が滅罪のために効果があるという見解は、前掲『三宝絵詞』不断念仏の項にも見える。比叡山の念仏は当初より滅罪を目的とする修行だったと言える。良源は、その教理的根拠を明確にするため、下品下生段の釈中に、具足十念の称名念仏による滅罪の問題を論じている。そこに良源は天台『観経疏』と『十疑論』とを引用する。『観経疏』には、「いかんが行者、少時心力をもって、しかもよく終身の造悪に勝るや」と発問され、垂死の人は心力猛利であるなどと説く『大智度論』の文を引いて答えとする。臨終念仏には一生涯の罪を滅するだけの力があると言うのである。良源はそれを補足する形で、『十疑論』第八疑の文を引用し、「在心・在縁・在決定」という三つの観点から、臨終十念の力の方が無始以来の悪業の力よりも勝っていることを主張する。三在釈と呼ばれる文である。三在釈は、曇鸞『論註』や道綽『安楽集』にも見える。それらの存在を知った上で、あえて天台宗の典籍を挙げたとまでは言えないが、良源にとっては『十疑論』を引用することに意味があったと思われる。いずれも偽書ではあるが、『観経疏』『十疑論』という天台宗の典籍を用いて、称名念仏の意義を明確にすることができたのである。良源の目的は、天台宗の立場から念仏の教理を構築するところにあったと考えられる。

千観と禅瑜

千観（九一八～九八三）は、橘氏の出身で、園城寺運昭の弟子、内供奉十禅師を務めた、天台宗寺門派の学僧である。後には摂津箕面観音院、次いで高槻金龍寺に入り、良源から依頼された応和宗論への出仕を辞退して隠遁生活を貫いた。彼を隠遁へと導いたのは空也の教えであったとも言われる。「阿弥陀和讃」を作って都鄙の人々と往生極楽の縁を結び、また「十願」を発して民衆教化に当たるなどの行実が伝わるが、荘子女王や藤原祐姫の出家の戒師を務め、源為憲と書簡を交わし、藤原敦忠や源延光の一族とも交流があるなど、貴族社会とも深い繋がりを持っていたことが知られる。多くの著述が伝わる中、浄土教教理に言及するのは『十願発心記』である。自ら発した「十願」を註釈した書である。「十願」は、往生極楽の願いに始まり、上求菩提・下化衆生の誓願を盛り込んだ、千観自身の菩提心を具体的に示したものと言える。(3)

『十願発心記』の特徴は、在家信者に対して発心を勧めているところにある。在家信者が菩提心を発すのは至難の業であろうが、たとえ今生での成就はかなわないとしても、今発心しておくことが重要であると説き、十願の内容を解説してゆく。中でも第一願の釈に最も多くの紙面を費やしている。一切衆生とともに往生極楽を願うという第一願は、千観自身が目指した仏道の根本であるとともに、衆生教化の拠り所だったのであろう。第一願釈では、臨終から往生に至る過程が詳細に説明されているが、そこでも発心の意義を明確にすることに主眼が置かれている。発心することによって、臨終の時、身心安楽の状態が得られる。それによって念仏の実践が可能となり、聖衆来迎にあずかり、往生することができると言うのである。当時の貴族たちが最も深い関心を寄せていた、臨終来迎信仰の教理を組織するにあたり、発心の重要性を強調した書であると言える。

禅瑜（九一三?～九九〇）は、信濃国あるいは尾張国の出身、良源門下の長老として活躍した学僧である。ことに論義に長じ、応和宗論では北嶺十口の筆頭に挙げられ、論義の名所第五巻の講師を務めた。著述『阿弥陀新十疑』は、天台『十疑論』の形式に倣って天台浄土教の諸問題を論じた書である。(4) 後世への影響も大きく、ことに院政期、天台宗において浄土教義科が整備される際に重要な役割を果たしている。

冒頭第一疑には、衆生が種・熟・脱の三益を経て得脱するという天台宗の教説を用いて、九品往生人の宿縁に関する議論を提示し、以下浄土教の諸問題を天台教学に依拠して検討してゆく。特に第八疑では阿弥陀仏の身土論を取り上げ、天台宗の立場として「同居浄土・劣応身」の説を強調している。『阿弥陀新十疑』は、天台『観経疏』『十疑論』や良源『九品往生義』等、天台宗典籍で議論された諸問題を再吟味し、その解釈に天台教学の特徴を十分に盛り込んで、新たな見解を提示した書であると言える。禅瑜は良源の志を継承し、天台教学に則した浄土教教理の構築を目指したのである。

源信『往生要集』の思想

恵心僧都源信（九四二～一〇一七）は、大和国葛城下郡当麻郷の出身、幼くして比叡山に上り、良源に師事した。三十二歳で広学竪義に及第して頭角を現すが、名利を嫌い横川に隠棲する。浄土教教理の総体を示した『往生要集』は、寛和元年（九八五）の成立である。序文に、撰述の趣意を次のように述べている。

それ往生極楽の教行は、濁世末代の目足なり。道俗貴賤、誰か帰せざる者あらん。ただし顕密の教法、その文一にあらず。事理の業因、その行これ多し。利智精進の人は、いまだ難しとなさず。予がごとき頑魯の者、あにあえてせんや。このゆえに念仏の一の門によって、いささか経論の要文を集む。これを披きこれを修するに、覚り易く行じ易し。（大正八四・三三頁上）

往生極楽の法門すなわち浄土教を末世相応の仏教と捉え、その教理・実践を説く幾多の教えの中から、特に「念仏」の法門一つを選んで、その教説を提示しようと言うのである。念仏の一門のみを説く理由は、頑魯の者を対象とするからである。源信は、末世の凡夫を所被の機として、天台浄土教の教理を構築してゆくのである。

本論は、次の十章よりなる。

①厭離穢土　②欣求浄土　③極楽証拠　④正修念仏　⑤助念方法
⑥別時念仏　⑦念仏利益　⑧念仏証拠　⑨往生諸行　⑩問答料簡

『往生要集』は、念仏法門の確立を目指した書である。既に述べた良源の『九品往生義』では、念仏と言えば『観無量寿経』下品段に説く称名の念仏を主たる議論の対象としていた。千観・禅瑜も同様である。十世紀の叡山浄土教は、称名念仏の教理化という課題を抱えていたのである。極楽に往生するためには、臨終に聖衆来迎にあずからなければならない。そのためには宿世より積み重ねた罪業を滅しておかなければならない。滅罪のためには称名の念仏が効果的である。これが良源・千観・禅瑜ら、初期の叡山浄土教諸家が提示した通説であった。

『往生要集』は、その通説に立ち向かうかのように、念仏について詳細に議論を重ねている。念仏の教理の大綱は大文第四「正修念仏」の章に組織される。源信はその冒頭に、世親『浄土論』所説の「五念門（礼拝門・讃嘆門・作願門・観察門・回向門）」を掲げ、その全体を「念仏」と呼ぶ。それは大乗仏教の実践のすべてを包含するほどの視野で念仏を捉えようとしたためである。ただし源信は『浄土論』の立場をそのまま継承するのではなく、五念門の枠組みだけを採用して、内容は独自の思想に塗り替えている。その特徴は、第三作願門と第四観察門の記述に見出される。

源信は作願門を「発菩提心」と捉える。単なる願生心ではなく、発菩提心とするのは、往生極楽を目指す念仏の実践は、仏果の成就を究極の目標とする大乗仏教の修行であることを強調するためである。

次の観察門では、主として阿弥陀仏の色相観の方法を説いている。『浄土論』の「観察門」には三厳二十九種の荘厳功徳成就の相が説かれる。最も特徴的な教説と言えるが、源信はこれに触れず、「別相観」「総相観」「雑略観」の三項目を立てて、独自の行法を組織している。色相観に主眼を置くのは、初心の行者への配慮であると言う。「別相観」には、華座観と仏身観とを説く。特に仏身観の記述は詳細を極め、頭頂より足下に至るまで四十二の相を個別に観ずる方法が示されている。

「総相観」には、阿弥陀仏の総身を観ずる法が説かれ、次いで三身一体の仏身観が示される。三世十方の諸仏の三身、さらには無尽の法界がすべて阿弥陀仏の一身に備わり、一体となっている様を観じつつ、やがて中道真如を観ずる「理観」へと行者を導いてゆく。理観を頂点とする天台宗の実践の体系の中に阿弥陀念仏の法を位置づけているのである。

「雑略観」には阿弥陀仏の白毫相を観ずる方法を説く。加えて「極略観」を示して、白毫より放たれる光明の中に摂取された自身を念じながら、衆生とともに往生することを願えと言い、もし相好を観念する能力がないならば、「或は帰命の想により、或は引摂の想により、或は往生の想によって、まさに一心に称念すべし」と説く。この「三想一心称念」には称名念仏が含まれると考えてよかろう。源信は「観察門」の末尾に、わずかに称名念仏に触れているのである。

大文第六「別時念仏」の第二「臨終行儀」の項には、臨終行者を往生極楽へと導く方法が説かれている。臨終行儀の目標は、自往生観による臨終正念の現前にある。自身が往生してゆく姿を観想する自往生観は、臨終正念の獲得に効果がある。臨終正念を目的とするのは、その正念に対して、聖衆来迎が顕現すると考えていたからである。「臨終の十事勧念」には、導入部に厭穢・欣浄観を説き、次いで五念門行による観念を示し、最終的には自往生観から臨終正念へと行者を導く方法が説かれている。中でも白毫観の果たす役割は大きく、自身を光明摂取の中に確認することが、自往生観を実現するための手段となると言う。源信は、自ら組織した念仏教理のすべてを臨終の作法の中に集結させているのである。『往生要集』には、臨終来迎信仰への対応という意図が見出されよう。

源信は、大乗菩薩道の理に契い、しかも末世の凡夫にも実践可能な「念仏」を提示するために『往生要集』を著したと言える。貴族の要望に応えるために安易な「念仏」を示そうとしたのではない。しかし結果的に、『往生要集』は十一世紀の貴族社会に流布し、臨終来迎信仰の隆盛に大きく寄与することになる。それは『往生要集』が時代の要請に即応する書であったからであろう。

四　院政期の天台浄土教

浄土教義科の成立

十一世紀には、貴族社会に阿弥陀仏信仰が浸透し、論義法会の場に浄土教の諸問題が登場する。論義法会は学僧の登龍門であると同時に、貴顕道俗の集う晴れの場である。学僧たちには、自らの学問の成果を試すという意図に加えて、列席の貴族たちの注目を得て出世の糸口をつかもうとする野心があり、寺社としても、経済的援助を引き出す手段として、論義法会の勤修には大きな意義があった。一方貴族たちは、法会への参列によって自身の学識や信仰を深めるとともに、寺社の趨勢に目を光らせ、その勢力を掌握してゆこうとしたのである。

当時、浄土教教理の担い手は天台宗であった。十世紀以来の研究成果によって、論義法会では指導的地位を占めたことが推察される。論義に備える手引書としては、『往生要集』をはじめとする天台宗の浄土教典籍が用いられたことであろう。しかし次第に既存の書だけでは対応しきれないほど、浄土教教理の研究が進展する。そのような状況下に成立したのが『安養集』『安養抄』『浄土厳飾抄《ごんじき》』という一連の文献である。

『安養集』十巻は、延久三年（一〇七一）、藤原頼通の側近として活躍した源隆国（一〇〇四～一〇七七）が、天台宗の学僧とともに平等院南泉房において編纂した書である。「厭穢・欣浄・修因・感果・依報・正報・料簡」という七門の組織のもと、天台浄土教に関する九十五の論題を掲げ、各論題下には、それぞれの問題に触れた経論章疏の要文、のべ七百七十五文が列挙されている。浄土教に関する論義のための参考資料集、いわゆる義科要文集である。(5)

『安養集』は、『往生要集』の研究を基盤として編纂された書であるが、概して『往生要集』には紹介されなかった要文を重点的に集めようとしている。論義に対処するためには、『往生要集』を超える資料集が必要だったのである。ただし『安養集』は、『往生要集』との関係が密接であるだけに、完成された義科集とは言い難い。七門の名目や、「厭離穢土・欣求浄土・十方仏証明・極楽兜率優劣難易・兜率極楽相対・極楽十方相対……」と次第する九十五論題の名称は、『往生要集』の影響下にあって、義科の論題名としては未完成である。しかし、かえってこれをもって、最も原初的な天台浄土教の義科要文集と位置づけることができるのである。

『安養抄』七巻は、白河院政期の成立、編者は未詳である。『安養集』と同じく義科要文集の形をとる文献で、八十五論題よりなる。各論題における問題意識の所在、引用文献の傾向など、『安養集』を下敷きとしていると言っても過言でないほど大きな影響を受けている。しかるに、「安養浄土四種仏土中何耶・安養為上品浄土為当如何・安養界去此量何・十六想観中花座観依正中何……」と次第する『安養抄』の論題名は、義科の論題としてふさわしいものであり、次第に義科集としての形を整えてきていることがわかる。(6)

『浄土厳飾抄』一巻は、『安養抄』の直後、十二世紀初めの成立とされ、論題は『安養抄』の前半の四十論題をそのまま受け継いでいる。おそらく後半に相当する分もあったはずで、残闕本であろう。ただし『浄土厳飾抄』は、本文が問答体で構成され、論義を展開させている点に特徴がある。『安養抄』を用いて著された、完成された義科書と言えよう。(7)

これら一連の文献によって、天台浄土教の義科が、十一〜十二世紀に整備されたことがわかるのである。これ以降、十三世紀末までの資料が乏しいが、後に浄土教の諸問題は、「九品往生義」という論目のもとで論ぜられることになる。義科「九品往生義」を収める現存最古の義科集は、一二九〇年代に成立した『阿抄』であるが、その「九品往生義」の項は、「①阿弥陀報応事、②凡夫二乗不発大乗心生極楽耶、③五逆謗法人生極楽乎、④九品往生人者皆薄地《ばくじ》凡夫歟、⑤九品往生人中収大本蓮花胎生類耶、⑥唯依散心口称念仏滅重罪往生極楽乎、⑦九品往生倶有弥陀来迎乎」という七論題からなる。(8) そのすべてが既に『安養抄』『浄土厳飾抄』に扱われた問題である。

浄土教の義科集は、貴族社会への対応を目的とする、院政期天台宗の事情を色濃く反映した文献である。後世の天台義科に大きな影響を与えた浄土教の義科集が、この時代に相次いで成立したことは注目に値する。

観心念仏と融通念仏

十一〜十二世紀、天台宗には『観心略要集』『真如観』『妙行心要集』『自行念仏問答』等、天台本覚思想の影響下に観心念仏を説く浄土教典籍が出現する。

『観心略要集』は、古来源信の作と見られてきたが、真偽が疑われ、近年では十一世紀半ばの成立とする説が有力である。天台本覚思想を基盤としていることは、「本覚真如の理」と、凡夫の一念の心性に備わる三身の万徳とを同一視し、その根拠をいわゆる「本覚讃」に求めていることからも明らかである。また「空仮中を弁じて執を蕩す」章には、次のような記述が見える。

我身すなわち弥陀、弥陀すなわち我身なれば、娑婆すなわち極楽、極楽すなわち娑婆なり。譬えば因陀羅網の互いにあい影現するがごとし。ゆえに遥かに十万億の国土を過ぎて、安養の浄刹を求むべからず。一念の妄心を翻して法性の理を思えば、己心に仏心を見、己心に浄土を見ん。

（恵全一・二八八頁）

『観心略要集』の特徴は、仮諦即法界の立場に重点を置いて、「唯心の弥陀・己心の浄土」を見る観心念仏を説くところにあり、その立場は、やはり源信に仮託された『真如観』『妙行心要集』『自行念仏問答』等に受け継がれている。

ところで『観心略要集』には、「念仏に寄せて観心を明かす」章が設けられ、そこには「念仏」の意義について次のような記述がある。

仏の名を念ずとは、その意いかん。謂く阿弥陀の三字において、空仮中の三諦を観ずべきなり。彼の阿とはすなわち空、弥とはすなわち仮、陀とはすなわち中なり。その自性清浄の心は凡聖に隔てなく、因果に改まらず。

（恵全一・二七七頁）

阿弥陀の「阿」に空、「弥」に仮、「陀」に中を当て、名号と三諦の合一を説く、古来「阿弥陀三諦説」と呼ばれる教説である。そこには称名念仏に観心の意義を付加させて、凡夫の心をそのまま仏の理法と見てゆこうとする意図がうかがわれる。

『真如観』には、真如観を修する者が、兼ねて口に弥陀の宝号を唱えるならば、弥陀諸菩薩が我が身中に坐すがゆえに、此土にありながら極楽に往生することができるという記述があり、『妙行心要集』でも、己心中に諸仏とその浄土が具足するから、称名念仏すれば、それが一切衆生・一切諸仏・一切色塵と同音の念仏となると述べられている。

いずれにも称名念仏を高く評価しようとする意図が見受けられる。良忍の融通念仏は、そのような思想基盤の上に成立したものと言える。

良忍（一〇七三〜一一三二）は尾張国の出身、良賀らに師事した。良忍が融通念仏を修したことは、没後十数年以内の資料に見えるが、その具体的内容を伝える資料は十三世紀以降のものばかりである。

十三世紀半ばに著された『古今著聞集』には、良忍四十六歳の夏、夢に阿弥陀仏が現れ、「一人の行をもって衆人の行となす」という「円融念仏」を勧めたとある。それが鎌倉末の『融通念仏縁起』では、「融通念仏は、一人の行をもって衆人の行とし、衆人の行をもって一人の行とする」と変化し、さらに現在の融通念仏宗の基盤を築いた大通融観（一六四九〜一七一六）の『融通円門章』では、次のような文言に修正されている。(9)

一人一切人、一切人一人、一行一切行、一切行一行、これを他力往生と名づく。十界一念の融通念仏は、億百満遍の功徳円満す。（大正八四・四頁上〜五頁上）

一と一切との相即という考え方は、天台円教の教理に則したものであり、「妙行とは一行一切行なり」（『摩訶止観』巻三下）などの記述が天台宗の典籍には散見する。融通念仏の特徴は、その理論を、称名念仏の行と、それを称える行者の功徳とに適用したところにある。そのような見解の出拠として、『自行念仏問答』の次のような記述を挙げることができる。

問う。もししからば余仏には来迎引接の願なきや。答う。これに三義あり。一には、円教の意は、一仏一切仏、一切仏一仏なり。一行一切行、一切行一行なり。一願一切願、一切願一願なり。ゆえに弥陀一仏の願は一切仏の願なり。（恵全一・五四九頁）

これは来迎引接に関して、阿弥陀仏の願と余仏の願との相即を論じたものであるが、『妙行心要集』には、「我今弥陀仏号を称すれば、一切衆生も同音に念仏す。一々の音声は十方界に遍く、称名の功徳は三世際に薫ず」という記述が見え、そこには称名念仏に関する同様の主張を読みとることができる。

融通念仏の思想は、院政期の天台宗に端を発する、称名念仏に高い価値を付与しようとする一連の動きの中で形成されたものと考えられるのである。

院政期、天台宗においては、浄土教義科集の編纂、観心念仏の教理整備などの取り組みがなされた。前者は貴族社会との関係強化を目指す活動である。後者には、称名念仏の付加価値を高める意図があり、凡夫救済の理論構築という目的が看取されるが、あくまでも主たる提示の対象は専門の念仏修行者であった。院政期においては、庶民層からの要請を汲み上げることは困難であったと言えよう。

五　法然の出現

法然『選択本願念仏集』の特徴

法然房源空（一一三三～一二一二）は、美作国久米南条稲岡庄の出身、十三歳で比叡山に上り源光・皇円・叡空に師事した。四十三歳の時、善導『観経疏』散善義、就行立信釈の文中に、凡夫救済の理論構築の手がかりを見出したと言われる。『観経疏』には、「一心に専ら弥陀の名号を念じて、行住坐臥に時節の久近を問わず念念に捨てざるは、これを正定の業と名づく。かの仏の願に順ずるがゆえなり」と言う。それを法然は、「称名念仏は阿弥陀仏の本願によって選び取られた実践であるから、誰もが必ず往生できる」と解し、凡夫を救済する唯一の法門として「選択本願念仏」の教理を組織するのである。その成果は建久九年（一一九八）、関白九条兼実の要請に応じて著された『選択本願念仏集』に結集される。その頃から、法然一門は南都・北嶺からの弾圧を受けるようになる。興福寺が朝廷に提出した奏状がきっかけとなり、建永二年（一二〇七）に一斉検挙が行われ、門弟四名が死罪、法然は遠流の刑に処せられた。五年後、赦免によって法然は京都に戻るが、その直後、建暦二年（一二一二）一月二十五日に没した。

主著『選択本願念仏集』は十六章からなる。

第一「二門章」には、道綽『安楽集』によって聖浄二門の教判を立て、所依の経論（『無量寿経』『観無量寿経』『阿弥陀経』『浄土論』）と師資相承の系譜とを明かして、「浄土宗」の独立を宣言する。

第二「二行章」では、善導『観経疏』散善義、就行立信釈の文によって、正雑二行、助正二業の廃立を行い、正定業である称名念仏を専修せよと説く。善導は、「読誦・観察・礼拝・称名・讃嘆供養」の五正行を立て、それ以外の余行を雑行とした。そして五正行の中、第四の称名を本願随順の正定業とし、あとの四行を助業とする。それを承けて法然は、阿弥陀仏と極楽浄土とを対象とする行を「正行」と呼び、読誦正行・観察正行・礼拝正行・称名正行・讃嘆供養正行の五正行を立てる。一方、阿弥陀仏以外の仏菩薩を対象とする行を読誦雑行・観察雑行・礼拝雑行・称名雑行・讃嘆供養雑行と呼んで、これを捨てよと説く。さらに阿弥陀仏は五正行の中、第四の称名を本願の行として選び取ったと言い、称名を正定業、その他の四行を助業と呼ぶ。助業は非本願の行であるから、阿弥陀仏によって選び捨てられたものである。その意味では捨て去るべき行であるが、見方をかえれば、念仏生活を荘厳する助業として意義を認めることもできる。どちらに重きを置くかによって、門弟の間で様々な見解が生じたようである。

第三章以下には、浄土三部経と善導の釈とによって、称名を正定業として選定することの根拠を示してゆく。そして末尾に、選択本願念仏の思想を次のように要約する。

はかりみれば、それ速やかに生死を離れんと欲わば、二種の勝法の中に、しばらく聖道門を閣《さしお》きて、選んで浄土門に入れ。浄土門に入らんと欲わば、正雑二行の中に、しばらくもろもろの雑行を抛《なげう》ちて、選んで正行に帰すべし。正行を修せんと欲わば、正助二業の中に、なお助業を傍《かたわ》らにして、選んで正定を専らにすべし。正定の業とは、すなわちこれ仏名を称するなり。名を称すれば、必ず生ずることを得。仏の本願によるがゆえに。

（大正八三・一八頁下～一九頁上）

三重の選択が説かれている。第一に仏教を聖浄二門に開いて、「聖道門をさしおいて浄土門に入れ」と言い、第二に正雑二行の中、「雑行をなげうって正行に帰せ」と言い、第三に正助二業の中、「助業をかたわらにして正定業を専修せよ」と言う。称名は阿弥陀仏の本願によって選び取られた正定の行であるから、必ず往生できると言うのである。

法然とその門下の活動

法然門下の動向をうかがう資料として、十三世紀半ばに著された住信の『私聚百因縁集』巻七に、次のような記述がある。

> 黒谷源空上人法然、自ら大蔵経を開いて浄土の教門を興す。しかも一向専修の弘通ここに盛んなり。門下に幸西成覚、一念義の元祖、聖光鎮西義の元祖、隆寛長楽寺の多念義の元祖、証空善恵房、西山義の元祖、長西九品寺の諸行本願義の元祖、これあり。門徒数千万なるも上足はこの五人なり。
>
> （仏全一四八・一一六頁下）

凝然の『浄土法門源流章』には、右の五派に信空・行空の二派を加えて七派が挙げられ、十四世紀後半成立の『法水分流記』は、七派から行空を除き、親鸞・湛空・源智の三派を加えて九派を挙げている。

法然とその門下の教学は、凡夫救済の理論構築を目指すものであったと言える。その要請は庶民層を含む社会の諸方面から発せられたものであろう。法然が特に庶民の救済を意識していたことは明白で、親鸞の書簡中には次のような文言が見える。

故法然聖人は、「浄土宗の人は愚者になりて往生す」とそうらいしことを、たしかにうけたまわり候しうえに、ものもおぼえぬあさましきひとびとのまいりたるを御覧じては、「往生必定すべし」とて、えませたまいしをみまいらせそうらいき。文沙汰して、さかさかしきひとのまいりたるをば、「往生はいかがあらんずらん」と、たしかにうけたまわりき。（大正八三・七一三頁下）

ところで十世紀の貴族社会に芽生えた臨終来迎信仰は、次第に社会の広範へと浸透し、院政期には、臨終行儀の場として阿弥陀堂の建立が相次ぎ、来迎図の制作も盛んになる。臨終来迎を想定した迎講などの行事には道俗貴賤が集い、臨終の瑞相を記録した往生伝などの文学作品も続々と編纂される。

そのような中、貴族社会には臨終正念を目指す者が現れる。臨終正念の現前が聖衆来迎の条件であると説いたのは、『往生要集』である。院政期の貴族たちは、『往生要集』を指南として、阿弥陀堂を建立し、来迎図を求め、臨終行儀にいそしんだのである。ただし『往生要集』の内容は理解できても、そこに示された修行を成就することは、彼らには不可能に近い。教理の理解を深めれば深めるほど、自身の救われ難さを実感したにちがいない。院政期の学僧たちには、その不安感を癒すような理論の構築が求められたのであろう。院政期の浄土教典籍に凡夫救済の理論を求める議論が散見するのはそのためである。

救われ難さの自覚によってもたらされた不安感は、法然の頃には、さらに社会の広い範囲に拡散していたことが推察される。

建久五年（一一九四）頃、法然は、弟子安楽坊遵西の父外記入道師秀の逆修に招かれて説法するが、そこで臨終来迎信仰を取り上げている。その内容を伝えた『西方指南鈔』所収の「法然聖人御説法事」によると、法然は臨終来迎の意義として、「①臨終正念のために来迎す、②道の先達のために来迎す、③対治魔事のために来迎す」という三義を挙げ、その第一を釈する中に、次のように述べている。

しかれば臨終正念なるがゆえに来迎したまうにはあらず、来迎したまうがゆえに臨終正念なりという義あきらかなり。在生のあいだ、往生の行成就せんひとは、臨終にかならず聖衆来迎をうべし。来迎をうるとき、たちまちに正念に住すべしというこころなり。（大正八三・八四八頁下）

臨終正念の獲得を切望するあまり、臨終念仏ばかりを心にかけ、尋常念仏を軽視する者が多かったようである。法然は、そのような風潮を批判し、臨終来迎は平生念仏の利益として与えられ、臨終正念はその来迎によってもたらされると主張する。それによって臨終正念の獲得に汲々とする多くの人々の心に安らぎを与えようとしたのである。

法然は、臨終行儀を否定したわけではないが、重視もしなかったようで、『和語燈録』巻五所収の「一百四十五箇条問答」には、次のような記述が見える。

一、臨終に善知識にあい候わずとも、日ごろの念仏にて往生はし候べきか。答。善知識にあわずとも、臨終おもう様ならずとも、念仏さえ申さば往生すべし。（大正八三・二三二頁上）

この立場を継承した親鸞は、次のような見解を提示している。

来迎は諸行往生にあり、自力の行者なるがゆえに。臨終ということは、諸行往生のひとにいうべし、いまだ真実の信心をえざるがゆえなり。また十悪・五逆の罪人の、はじめて善知識におうて、すすめらるるときにいうことなり。真実信心の行人は、摂取不捨のゆえに正定聚のくらいに住す。このゆえに臨終まつことなし、来迎たのむことなし。信心のさだまるとき往生またさだまるなり。来迎の儀則をまたず。正念というは、本弘誓願の信楽さだまるをいうなり。

（大正八三・七一一頁上）

臨終来迎信仰そのものを否定したと言っても過言ではない。この文は、建長三年（一二五一）、親鸞が関東在住の門弟からの質問に答えた書簡の中に見える記述である。臨終正念の渇望とそれに伴う不安感は、十三世紀半ばまでには、庶民層の、しかもかなり広い範囲にまで浸透していたことが知られよう。法然やその門下の活動は、社会に蔓延した不安感に立ち向かうものであり、その要請は、庶民層を含む社会の全体から発せられていたと言えるのである。

註

（1）神子上恵龍『弥陀身土思想展開史論』（永田文昌堂、一九五一年）三一八頁。

（2）薗田香融『平安仏教の研究』後篇「山の念仏―その起源と性格―」（法藏館、一九八一年、初出は藤島達朗・宮崎円遵編『日本浄土教史の研究』平楽寺書店、一九六九年）、塚本善隆『唐中期の浄土教』（法藏館、一九七五年、初出は東方文化学院京都研究所『研究報告』四、一九三三年）参照。

（3）戸松憲千代「『十願発心記』に見らる丶千観内供の浄土教―西教寺探訪第二回報告―」（『大谷学報』二〇―二、一九三九年）、佐藤哲英「千観内供の研究」（『宗学院論集』三〇、一九三九年）、佐藤哲英『叡山浄土教の研究』（百華苑、一九七九年）第二部資料編、一六〇頁～。

（4）戸松憲千代「僧都禅瑜とその浄土教思想―新出『新十疑論』の紹介―」上、下（『大谷学報』二一―一・二二―一、一九四〇・一九四一年）、佐藤哲英『叡山浄土教の研究』第二部資料編、二二二頁～。
（5）西村冏紹監修・梯信暁著『宇治大納言源隆国編　安養集　本文と研究』（百華苑、一九九三年）。
（6）新井俊夫「安養抄について」（『大正大学大学院論集』三、一九七九年）。
（7）佐藤哲英『叡山浄土教の研究』第二部資料編、三五六頁～、西村冏紹「青蓮院蔵浄土厳飾抄について」（『叡山学報』二四、一九六五年）。
（8）『阿抄』（西教寺正教蔵、寛文元年写本）、尾上寛仲「阿弥陀房抄に就いて」（『印度学仏教学研究』一三―一、一九六五年）。
（9）佐藤哲英監修『良忍上人の研究』（百華苑、一九八一年）。

参考文献

藤浦慧厳『支那に於ける天台教学と浄土教』（浄土教報社、一九四二年）
望月信亨『支那浄土教理史』（法藏館、一九四二年）
井上光貞『日本浄土教成立史の研究』（山川出版社、一九五六年）
石田充之『浄土教教理史』（平楽寺書店、一九六二年）
石田瑞麿『浄土教の展開』（春秋社、一九六七年）
山口光円『天台浄土教史』（法藏館、一九六七年）
伊藤真徹『平安浄土教信仰史の研究』（平楽寺書店、一九七四年）
恵谷隆戒『浄土教の新研究』（山喜房佛書林、一九七六年）
速水　侑『浄土信仰論』（雄山閣出版、一九七八年）
佐藤哲英『叡山浄土教の研究』（百華苑、一九七九年）
福島光哉『宋代天台浄土教の研究』（文栄堂書店、一九九五年）
奈良弘元『初期叡山浄土教の研究』（春秋社、二〇〇二年）

梯　信暁『奈良・平安期浄土教展開論』（法藏館、二〇〇八年）
梯　信暁『インド・中国・朝鮮・日本　浄土教思想史』（法藏館、二〇一二年）

Ⅶ　山王神道の世界

佐藤眞人

一　日吉山王と最澄

山王神道は、比叡山の東麓の大津市坂本に鎮座する日吉大社をめぐって、天台宗において形成された神道である。日吉大社の「日吉」は現在正式の神社名としては「ひよし」と読むが、本来は「ひえ」であり、比叡山の「ひえい」と同じ名前である。「ひえ」が「ひよし」と変化したのは、住吉大社の「住吉（墨江）」の読みが、もとは「すみのえ」であったものが「すみよし」とも称するようになったことと同様の言葉の変化による。

比叡山の山の神である日吉の神は最澄が入山する以前から祀られ、最澄が延暦寺を建立して以後、延暦寺・天台宗の鎮守神として崇められることとなった。日吉の神については『古事記』上巻に次のように見える。

大山咋神《おおやまくいのかみ》、亦の名は山末之大主神。此の神は近淡海国《ちかつおうみのくに》の日枝山《ひえのやま》に坐し、亦葛野の松尾《まつのお》に坐す。鳴鏑用《も》つ神ぞ。

これによれば大山咋神は、近江国の日枝山（比叡山）にます神であるという。またこの神は山城国葛野郡の松尾神社にも祀られる鳴鏑の矢を用いる神であるという。またの名を「山末之大主神」というが、「山末」とは山頂を意味するので、比叡山の山頂にまします山の神であったといえよう。

現在の日吉大社には主祭神を祀る神社として西本宮（旧称・大宮）と東本宮（旧称・二宮）がある。前者は大比《おおひ》叡《え》明神とも称され、現在は大己貴神《おおなむちのかみ》が祭神となっている。後者は小比叡《おびえ》明神とも称され、現在は『古事記』に名の見える大山咋神が祀られている。現在、西本宮と東本宮は同格とされるが、江戸時代までは、大宮が祭神の首位の座にあった。

大宮の創祀の由来については、鎌倉時代の社家の記録『耀天記』などの縁起によれば、大和の三輪山の神が天智朝に近江の琵琶湖に来臨し、社家の先祖の導きによって比叡山東麓の現在の社地に鎮座したと伝える。

こうした縁起の内容が史実を反映していると見て、天智天皇の大津宮遷都に伴い、大和朝廷の守護神である三輪の神を近江国に移し大宮の神として祀ったと推測する説があるが、(1)近年は大宮の祭神こそが本来大山咋神であったという説も出されている。(2)二宮の祭神は山王神道においては国常立尊《くにとこたちのみこと》とするのが主流であり、大山咋神とする説は『山家要略記』の中に「松尾大明神と日吉二宮と一体なり、体を分かつ神也。」（続天全、神道1・三四頁）という裏書の一説があるだけである。また二宮は地主権現と呼ばれているが、大宮が三輪山からの渡来神とする説が確立して以降、二宮のみを地主神と理解するようになったとも考えられる。二宮の祭神が元来大山咋神であったという確固とした証拠はなく、今後の研究の進展が俟たれる。

天台宗では日吉の神を山王と称する。山王とは中国では山の神を意味し、仏典においてもしばしばその意味で用いられる語であり、真言宗でも高野山の四所明神を山王と称する例がある。ただし天台宗で山王という場合はもっぱら比叡山の山の神である日吉の神を指すのである。

日吉山王の神と天台宗の関係は最澄に遡る。『叡山大師伝』によれば、最澄の誕生に関して次のように記されている。

大師、諱は最澄。俗姓は三津首。滋賀の人也。先祖は後漢の孝献帝の苗裔、登万貴王也。……父百枝、身に敬順を帯び、心に仁譲を懐き、内外を俱に学びて閭里に鏡たり。礼仏誦経を常に以て業となし、私宅を寺と成して精勤修行せり。常に子の無きを念うて、祈願を懐くこと在り。男子を得んが為、山に登り地を択びて已に数日を経たり。叡岳の左脚、神宮の右脇に至る比《ころおい》、忽然として名香馥郁とし、巌阿に薫流せり。是に於て衆人共に異《あやし》んで、香の源《もと》を求覓め、幸いに験地を得て艸庵を創造す。今に神宮禅院と呼ぶもの是れ也。一七日を期して至心に懺悔するに、四日の五更、夢に好相を感じて此の児を得たり。

（伝全五、附録一～二頁）

これによれば最澄は後漢の皇帝・孝献帝の末裔と称する渡来系の三津首《みつのおびと》という氏族の出身であり、父は百枝といった。父は崇仏の念厚く、男子を授かることを願い比叡山に登り、神宮（日吉社）の右脇（西方にあたる）に草庵を作り、七日間懺悔を行ったところ、その四日目の明け方に見た夢の中で好相を感じ、それにより授かったのが最澄であったと伝える。父の結んだ草庵はその後、神宮禅院と称されたといい、後世の日吉神宮寺（現在は廃寺）の前身にあたると推測される。父・百枝が、日吉の神に祈願したことにより最澄を授かったことは、最澄自身にも日吉の神の申し子であるという意識を植え付けたであろうし、比叡山に延暦寺を開創する動機ともなったであろう。

比叡山の東麓には重要な交通の要衝であった大津の管理に関わっていた大友村主《すぐり》や志賀史《ふひと》などの渡来系氏族が集

中して居住していたが、最澄の出身である三津首もその一氏族であった。三津とは日吉社から真東に参道を下って琵琶湖の湖岸にたどり着くその一帯を古くから「三津の浜」と呼んでいる。このことから三津首はもともと神社の付近に拠点をもつ氏族であったと思われる。日吉社の境内にはこうした渡来人系の群集墳がいくつも確認される。最澄の山王信仰は父祖の代から日吉の神の信仰を受け継ぐものであり、最澄が比叡山に入って修行し、やがて延暦寺を開創したことも、祖先からの日吉の神との結びつきによるものであった。

最澄自身が日吉山王の神を信仰したか否かについては、神仏習合史研究の草分けである辻善之助氏以来議論があり、最澄の山王信仰に関する事蹟は後世の捏造であるという見方も一部にある。しかしながら最澄の作として比較的信用のおける「六所宝塔願文」には日吉神への言及が見られる。この願文は『叡岳要記』などの諸書にも引用されているが、平安初期の写本とされる園城寺蔵「弘仁九年比叡山寺僧院等之記」に収載されているのが古いものである。(3) これにより次に紹介しておきたい。

住持仏法　為護国家　仰願十方　一切諸仏　般若菩薩
金剛天等　八部護法　善神王等　大小比叡　山王眷属
天神地祇　八大名神　薬王薬円　同心覆護　大日本国
陰陽応節　風雨随時　五穀成熟　百姓安楽　紹隆仏法
利益有情　尽未来際　恒作仏事
弘仁九年四月廿一日一乗澄記願

(園城寺編『園城寺文書』第一巻、講談社、一九九八年。園城寺蔵「弘仁九年比叡山寺僧院等之記」)

この願文中の二行目に「大小比叡　山王眷属」という語が見えていることが注目される。ここで最澄は大比叡神・小比叡神やその眷属神である日吉山王の神々が諸仏・諸神とともに、仏法と国家を護持してくれることを祈願している。日吉の神をその他の日本の在来の神々である「天神地祇」よりも上位に位置付けているところに、最澄の日吉神への格別な尊重の姿勢が窺われる。

二　平安時代山王信仰の展開

最澄の後の時代、山王信仰はどのように展開していったのであろうか。光定の『伝述一心戒文』によると延暦二十五年に勅許された天台宗年分度者二名は根本中堂の薬師仏と「比叡法宿禅師」（伝全一・三五頁）に寄せられたものであるという説が引かれている。またこの説は義真が存生の時に光定に語ったと述べられている。後世日吉大宮の神を法宿権現と称したことから比叡法宿禅師とは大宮の神を指すのであろう。最澄の死後も山王信仰が義真や光定ら弟子達に継承されていた様子が窺われる。

義真の弟子である円珍はとりわけ山王信仰を重視した。円珍は十二年籠山の間の承和七年（八四〇）十一月「日吉神廟」（日吉大宮）に入唐学法の祈禱をしたことが「円珍奏状」の草本背書の中に見える。(4)また籠山を終えた後、承和十三年（八四六）には松尾社に発願し毎年五月八日・十月八日に日吉社頭での大乗経講演を誓っている。(5)日吉社での仏事を松尾社に発願するという形をとった事情背景は不明であるが、『古事記』において松尾社は日吉社と同じく大山咋神を祭神としていることと何らかの繋がりがあるのだろう。円珍が松尾社の神像造立に関与した可能性も指摘されている。

次いで円珍は嘉祥三年（八五〇）の春、山王明神の夢告により入唐求法を勧められている。夢中で円珍は入唐を辞退するが、明年重ねて夢告があったため、これを機に朝廷に入唐を奏請したという。(6) 天安二年（八五八）の帰朝の後は、十二月に入京し、翌年一月十六日に参内して文徳天皇に入唐のことを報告している。その後十九日になって円珍は比叡山に帰還して、まず大比叡大神宮に幣帛を奉り、惣じて入唐初後之事を謝している。その翌日に登山して二十三日以降にようやく根本中堂以下の諸堂や諸師の墓を巡拝している。(7) ここにおいて神社への参拝を拝堂に優先させていることは注目される。後世天台座主補任に伴う儀礼としてまず日吉社への拝賀が行われ、次いで根本中堂の拝堂が行われていた。こうした神祇を優先する原則が既に円珍の行動にも読み取れるのである。また天安三年（八五九）一月には、大比叡神に正二位、小比叡神に正五位下が授けられている。(8) これも円珍が参内した前後に朝廷に対して働きかけを行ったためと考えられる。

　円珍の山王に関する事蹟として最も重要なものは、晩年の仁和三年（八八七）に日吉社の大比叡神・小比叡神のために延暦寺年分度者を奏請し勅許されたことと、その翌年に遺言として記された「制誡文」であろう。まず前者から見るに、『日本三代実録』(9) によれば大比叡・小比叡明神のために二名の年分度者を申請した趣旨を次のように述べている。

> 当寺の法主大比叡小比叡両明神は陰陽不測、造化无為。弘誓仏に亜《つ》ぎ、護国を心と為す。伝うる所の真言灌頂の道、建つる所の大乗戒壇の撿、祖師の創開は専ら主神を頼めり。若し然らざれば、何ぞ此の業を立て永く国家を鎮めん。

ここにおいて、とりわけ注目されるのは、大比叡・小比叡明神を「当寺の法主」と称していることである。法主とは延暦寺の首座の僧という意味であり、先述の『伝述一心戒文』に大比叡神のことを「比叡法宿禅師」とあるに呼応して、ここにおいても日吉神は出家した神であることが主張されていることになる。しかもここでは、円珍自身が延暦寺の法主に相当する天台座主の地位にいながらも、比叡明神に対して「法主」と称していることになろう。すなわち比叡両明神は座主である円珍を超越する存在であり、延暦寺を統率し教導する極めて人格的な僧体の神として理解されていたのである。

仁和四年（八八八）十月の円珍の「制誡文」には、さらなる思想的展開が認められる。「制誡文」とは当時円珍が病床について一時は死を覚悟したため、弟子に遺言として記したものである。その中に「大小比叡山王三聖の出世本懐は、只だ仏の知見を開示し、国土を利益するに在る也。言う所の仏の知見とは灌頂と大乗戒也」と述べている。

『法華経』方便品において釈尊が一大事の因縁によって世に出現したことを語り、その意味を説き明かすために語った次の経文を踏まえている。

諸仏世尊は衆生をして仏の知見を開かしめ、清浄なることを得しめんと欲するが故に世に出現したもう。衆生に仏の知見を示さんと欲するが故に、世に出現したまう。衆生をして、仏の知見を悟らしめんと欲するが故に、世に出現したもう。衆生をして、仏の知見の道に入らしめんと欲するが故に出現したもう。（大正九・七頁上）

これによれば、世に出現して仏の知見を開く当体は「諸仏世尊」とされている。「制誡文」の冒頭の一文は、山王三聖の神が諸仏世尊と同様に衆生に仏の知見を開示してくれる存在であると述べているわけであり、言わば仏と同等の存在であることを語っているといえよう。すなわち「本地」や「垂迹」の語は用いないながらも、論理上は本地垂迹説の思想段階に到達していると言ってよいだろう。「制誡文」によれば、円珍は仏の知見を開かしめる延暦寺の灌頂と大乗戒の場において、山王の神に奉幣し祈念したという。また大乗戒の戒壇には神の御座を設置したという。(10) 山王信仰についての事蹟がほとんど伝わらない円仁とは対照的に、日吉山王の神を延暦寺の法主として崇め、神のための年分度者の勅許を受け、大乗戒の授戒の場に勧請した円珍の働きは、天台宗の守護神、延暦寺の鎮守神としての山王神の性格を確固たるものにしたといえる。円珍の「制誡文」や年分度者奏請の文章は『山家要略記』などの後世の山王神道書にも盛んに引用されていることからも、山王神道の教説の大きな礎を築いたといえよう。円珍の門流である智証門徒はその後、平安中期に離山し園城寺を拠点とすることになり、この門流においては山王信仰よりも新羅明神への信仰が高まっていくことになる。しかしながら延暦寺を拠点とする慈覚門徒も、山王信仰を引き継いでいった。比叡山中興の祖とされる良源は山王信仰の興隆につとめ、朝廷に働きかけて神輿を造進し、山王祭の唐崎神幸の神事を始めて現在に伝わる山王祭の規模を整えている。(11)

日吉社は延暦寺の興隆に伴って発展を遂げていった。既に円珍の「制誡文」の中に「山王三聖」の語が見えるように、大宮・二宮に加えて聖真子の存在が確認できる。さらに十一世紀前半の座主慶命の時代には白山の神を勧請した客人宮、次いで八王子・十禅師が創祀された。永久三年（一一一五）には三宮に対し神輿が造進されたことによって、山王七社と称される主要社殿が出揃った。さらに中世にかけて山王二十一社・山王百八社という社殿群が形成されていった。平安末期には本地垂迹説の高まりによって、日吉山王の神にも本地が充てられていった。平康頼の『宝物集』には八王子が観音の垂迹であることが記され、後白河院の編纂した歌謡集『梁塵秘抄』にも次のような今様の歌詞が収録されている。

大宮権現は、思えば教主の釈迦ぞかし、一度も此の地を踏む人は、霊山界会の友とせん
大宮霊鷲山、東の麓は菩提樹下とか、両所三所は釈迦薬師、さては王子は観世音

ここに見える通り大宮は釈迦如来、二宮は薬師如来が本地仏とされた。一番位の高い大宮に教主釈迦如来を充て、次位の二宮には延暦寺根本中堂の本尊である薬師如来を充てたのである。さらに聖真子に阿弥陀如来、八王子に千手観音、客人に十一面観音、十禅師に地蔵菩薩、三宮に普賢菩薩という本地が定められていった。

三　山王神道の形成

従来、山王神道の代表的書籍というと、『耀天記』とりわけその中の「山王事」条が有名である。(12)『耀天記』については岡田精司氏が正応五年（一二九二）の写本『山王縁起』を発見し、そこに「山王事」をはじめ数条が欠落している点などの考証により、現『耀天記』のより古い形態の本であることを指摘し、「山王事」条は本来『耀天記』とは別系統のテキストであったこと、「山王事」条を除く原『耀天記』は社家の伝承や神事について記録した覚書というべき性格の書であったことを論証している。(13)「山王事」自体の成立については、平安末期まで成立を遡らせる説もあるが、(14)次に述べる『山家要略記』の神道説と比較して、かなり整序された内容になっている点を考えれば、それより古く見ることは難しい。

ただし『耀天記』の「山王事」などいくつかの条を除く大部分（『山王縁起』に相当する部分）は貞応二年（一二二三）頃の成立と見られるが、ここにはその後の山王神道関係書籍に見える教説のかなりの部分が登場している。例えば日吉大宮の神について「本体を尋ぬるに、天照太神の分身なり」と見え、『山家要略記』などに展開される日吉・伊勢同体説が早くも登場している。平安末期の『長寛勘文』にも熊野・伊勢同体説が見えていることから、こうした説に影響を受けたものと推測される。また二宮についても「古老の伝に云く、倶楼尊仏の時より小比叡坂本に垂跡と云々」とあり、現在の世界が形成される以前の過去七仏の狗留孫仏の時代に出現した神であると述べ、二宮祭神＝国常立尊説の先駆けとなる思想が見えている。これらの諸説は社家が独自に生みだしたというよりも、延暦寺僧や朝廷貴族との交流の中で作り上げられていったものであろう。

天台宗の立場から山王神道に関するまとまった書籍として最初に登場したのは『山家要略記』であろう。本書は諸本により九巻本・七巻本・五巻本・三巻本・二巻本・一巻本など巻数もまちまちであり、また『山家最略記』『厳神霊応章』『山王秘伝記』など、『山家要略記』の諸巻と共通・類似する本も多数あり、その成立には謎が多い。まず最も巻数の多い九巻本（天海蔵本）をもとに『山家要略記』の構成を示しておきたい。

巻第一　厳神霊応章　日吉山王霊応記第一
巻第二　厳神霊応章　日吉山王霊応記第二
巻第三　厳神霊応章　日吉山王霊応記第三
巻第四　秘口決要文
巻第五　第十三　厳神霊応記抄口決
巻第六　厳神祭礼抄

巻第七　浄刹結界　禅侶修行　仏像安置
巻第八　山家最要略記　付厳神霊応章
巻第九　神祇部類

このうち冒頭の巻第一から巻第三の「日吉山王霊応記」は、いずれも承安四年（一一七四）に顕真が記し、同年に仁全が書写したものを、正応二年（一二八九、ただし干支の表記に従えば正応三年）に義源が書写したとの奥書がある。巻第四は正和四年（一三一五）に義源が伝授したとの奥書がある。巻第五も嘉元二年（一三〇四）に義源が抄写したとの奥書がある。巻第六は正応三年（一二九〇）に保寿院の僧が伝授されたとの奥書がある。巻第七は延慶二年（一三〇九）に義源が修復校合したとの奥書がある。巻第八は一本の奥書に康永二年（一三四三）に書写したとの奥書がある。巻第九は文明七年（一四七五）に澄秀が仙算に授けたとの奥書が最も古い。このように見ると、『山家要略記』はもともと一時に完成した書物ではなく、成立や伝授の系統の異なる諸本を集成したものであることが窺える。ただし義源の名前が見えない巻第八・九を除く巻は、義源の手による書写・伝授を経て収録されたものであると推測される。

巻第一〜三の「日吉山王霊応記」の奥書に見える顕真は文治二年（一一八六）に大原勝林寺で法然との「大原問答」により一向専修に帰したことで有名であり、建久元年（一一九〇）に天台座主となり、同三年に没している。本書を記したという承安四年は顕真が大原に隠棲した翌年ということになる。顕真に関する奥書が事実であるとすれば、『山家要略記』の中でも最も古く中核的な部分は平安末期に成立したということになる。

しかしながら貞応二年（一二二三）頃に社家の手により成った『山王縁起』[15]（『耀天記』の原型となる本）と比較してみるに、前者に収載される山王縁起が社司の祝部成仲《はふりべのなりなか》（一〇九九〜一一九二）が大宮宝殿内から発見したものとするに対して、「日吉山王霊応記」第二には康保二年（九六五）に禰宜安国が記したという「大比叡明神垂迹縁起文」を収録している。『耀天記』には名の見えない十世紀の社司・安国の手による、しかも内容の増広された縁起が収載されていること、また後者に引用される大江匡房『扶桑明月集』が前者には見えないことなど、「日吉山王霊応記」の方がより成立が新しいことを疑わせる材料が多い。

また「霊応記」第三は、すべて都良香の記という『扶桑古語霊異集』からの引用によってなっているが、その中に伊勢神道の『倭姫命世記』『豊受皇太神御鎮座本紀』『天照坐伊勢二所皇太神宮御鎮座伝記』を参照している部分がある。これら伊勢神道書の成立年代は不明確であるが、岡田荘司氏らの研究によれば、最も古いとされる『倭姫命世記』の成立上限が文永七年（一二七〇）とされ、他の二書の成立下限が弘安八年（一二八五）とされることからすれば、都良香の著作とは見なし得ないことはもとより、「霊応記」第三自体についても顕真・仁全の時代に成立したとはいえず、義源の書写した年代まで成立が下がることが推測される。顕真や仁全の名は、義源が属する梶井流において本書が伝承されてきたことを主張せんがために持ち出されてきたものであろう。したがって顕真や仁全に関する奥書は信用性がなく、義源こそが「霊応記」の編者であった可能性が高いといえる(16)。

『山家要略記』は基本的に様々な文献からの引用とそれに付される註釈・裏書・口決から成っている。そこに引かれるのは『古事記』『日本書紀』『古語拾遺』『先代旧事本紀』『本朝月令』といった国書をはじめ、仏典の『法華経』『長阿含経』『因本経』『大集経』『大楼炭経』『正法念経』『起世経』『倶舎論』『瑜伽論』『摩訶止観』『法華玄義』『法華文句』『止観輔行伝弘決』『浄名疏』『（大唐）西域記』や、漢籍の『尚書』『五行大義』もあるが、大部分を占めるのは延暦寺の歴代の高僧が著したとされる書籍からの引用である。

光宗の『渓嵐拾葉集』によれば、比叡山には次に示すような「三聖二師二十巻記録」があったという。

三宝住持集上下　山家ノ御釈
三宝輔行記五巻　前唐院
顕密内証義上下　山王院
　已上三聖
四明安全義十巻　五大院
御遺告一巻　御廟《みみょう》
　已上二師

（大正七六・五〇四頁上）

これらは三聖すなわち最澄・円仁・円珍と、二師と称される安然・良源の著書であり、それぞれの巻数を見るとそれなりの分量をもっていたようである。『山家要略記』はこうした「三聖二師」の記録をはじめとする諸書からの引用文が夥しく引かれている。「日吉山王霊応記」に限っても、最澄の『厳神霊応章』『法華宗伝記』、円仁の『三宝輔行記』『顕密内証義』『内証仏位集』『神祇鑒典』、円珍の『山中雑記』、光定の『後伝法記』、安然の『安全義』、良源の『御廟大和尚記』『御遺告記』、相応の『相応和尚記』『検封記』、源信の『本迹相即集』『聖真子念仏表白文』、皇慶の『明賢記』『十禅師供私記』、覚超の『相対法則集』などが挙げられる。しかしながらその内容を見る限り、例えば山王七社の形成以前の時代でありながら七社について言及するなど、到底これら高僧の真作とは見なせるものではない。いずれもほとんどが後世の仮託であり、さらには書物自体も存在しなかったのではないかと推測されている(17)。

また天台僧のみならず、文人貴族である都良香の『扶桑古語霊異集』、菅原道真の『密奏記』、大江匡房の『扶桑明月集』『神祇宣令』などからの引用文もあり、とりわけ匡房の書は山王七社の由来や祭神に関する重要な説として山王神道の諸書に掲載されるものであるが、これらも仮託であり本来書物の形で存在したものかさえ疑わしい。(18)『山家要略記』の中に述べられる教説の内容は多岐に亙り、体系的ではなく、相矛盾する点も少なくない。このことはこれらの諸説が一人の人物によって作られたものではなく、時代や立場や門流の異なる多数の人々の手によって成ったものであることを想像させる。

例えば日吉大宮の創祀について『山家要略記』巻第二の「大比叡明神垂迹事」や「大比叡大明神大如日現虚空事」では、社家の伝える縁起という形をとった「大比叡明神垂迹縁起文」(禰宜安国の記)や「祝部広継記」を引いて、天智朝に大和の三輪の神が近江に垂迹し、日吉神人の祖とされる田中恒世や、社家の祖とされる祝部宇志丸らの案内により現在の社頭に鎮座したことを述べている。(19)一方で同じく巻第二の「大比叡明神影向三輪社名天神事」では『神祇宣令』により、日吉大宮は最澄が三輪山から勧請したとの説を掲げる。(20)また巻第一の「山王三聖同三輪明神事」では『山中雑記』を引き、最澄が三輪山から勧請したのは大宮のみならず、二宮・聖真子をあわせた三聖の神であるとしている。(21)このように『山家要略記』全体を見ても、また「日吉山王霊応記」に限定してみても、相矛盾する異説が集成され、体系的な教理が説かれているわけではない。(22)

『山家要略記』に説かれる神道説は、多様であるが、とりわけ重要な諸説を挙げてみたい。本書では山王三聖は最澄自身が比叡の地に勧請した神であることを説き、さらには最澄の手によって受戒したことなども説かれている。(23)先述のように最澄自身が山王を信仰していたことはほぼ疑いないものの、これらの説はさらに両者の結びつきが深いものであることを説いたものである。また日吉山王の神は中国天台山の山王神であることを記して、(24)日吉山王と天台宗との結びつきが中国の天台山まで遡ることを主張している。

また日吉大宮の神が伊勢神宮の天照大神の分身であることを述べる『耀天記』を踏まえ、両神の同体説の根拠について「霊応記」第一の「天照大神日吉山王御本地一体事」に次のように述べる。

安全義に云く、顕教の心に依らば大日即釈迦たり。真言の心により依らば釈迦即大日たり。故に天照宮に於いて大日応化の明神と現れ、日吉社に至りて釈迦垂迹権現と顕れり。彼は真言門を表し、此は法華宗に依れり。共に以て一致幽遠の冥道也。（続天全、神道1・二〇頁）

すなわち台密の「釈迦即大日」の教理により、釈迦如来を本地仏とする日吉大宮の神と大日如来を本地仏とする天照大神が、同体一致の関係にあるとするのである。皇祖神として日本の神祇秩序の頂点にある伊勢神宮と、朝廷祭祀の序列において二十二社の下八社に位置付けられる日吉とは、本来大きな格差があったが、日吉の神を伊勢と同格とするためにこのような教説が生みだされたのである。

さらに日吉二宮についても「霊応記」第一「小比叡明神同奉名山王事」に「小比叡大明神は吾国の地主為り、吾山の山王為り」（続天全、神道1・一五頁）として、延暦寺の地主神であるのみならず実は我が国の地主神であるとする。『神祇宣令』などによれば、日吉二宮の祭神を天地開闢の時最初に出現した神である国常立尊としていることもこれと関連している。これは伊勢神道において、外宮豊受宮の祭神を国常立尊に当てる説を参考にしたものと思われる。日本の神々の中で二宮が最も古く出現した神であることを主張せんがためであろう。

『山家要略記』をはじめとする山王神道の形成に大きな役割を果したのが、記家である。記家について『渓嵐拾葉集』によれば次のように見える。

山家の記録に四分あり。所謂、一顕・二密・三戒・四記と云云。又四分の記録に於いて各灌頂有り。謂く第一に顕部は生智妙悟の秘決也。第二に密部は都法灌頂也。第三に戒部は鎮護授戒也。第四記録部は和光同塵利益国土灌頂也と云云。第四記に於いて六科有り。故山家の御釈に曰く、六科の篇章を建てて一山の儀事を弁ず已上。六科は第一に浄刹結界、第二に仏像安置、第三に厳神霊応、第四に鎮護国家、第五に法住方軌、第六に禅侶修行と云云。

（大正七六・五〇三頁中）

このように中世の比叡山には顕密戒記の四分の記録（あるいは顕密戒記の四家とも）があり、それぞれに特有の灌頂の儀礼があった。記部（記家）においては和光同塵灌頂がそれであるという。記家の六科について、同書には続いて次のような説明がある。

一浄刹結界章　七重結界、事の寂光を表す事
二仏像安置章　九院十六院の本尊等
三厳神霊応章　吾山開闢の時、諸天聖衆瑞応
四鎮護国家章　天子本命の道場、鎮護の秘密の念誦等
五法住方軌章　三学の霊場、幷に顕密の軌則
六禅侶修行章　六条八条四条学生式是也

このうち厳神霊応章については『山家要略記』の巻第一〜三の題が「厳神霊応章　日吉山王霊応記」となってい

る。加えて巻第五に「厳神霊応記抄」、巻第八に「付厳神霊応章」という章題が付されているように、本書の内容の多くを占め、実質的に山王神道に関する教説ということができる。また浄刹結界章・仏像安置章・禅侶修行章は、『山家要略記』巻第七がそれらに相当する内容になっている。浄刹結界章は他に『山門四分記録』(25)などにも収録されているが、叡山の四至結界に関する記録であり、仏像安置章は比叡山の堂舎の由来やそこに安置される仏像に関する記録である。また禅侶修行章は最澄の定めた各種の学生式をはじめとする修行軌則に関する記録である。鎮護国家章と法住方軌章については具体的中身を知る手がかりが少ないが、前者は天子本命の道場としての比叡山の意義と、鎮護国家に関わる秘密念誦等の秘儀に関するものであり、後者は比叡山が戒定恵の三学の霊場であることや、顕密二教の軌則について述べたものであろう。

いずれにせよ、『山家要略記』の実質的編纂者と目される義源は記家の系統に属する人物であったことが窺われる。記家とは文字通り延暦寺僧の中で記録に従事する一派ということである。『渓嵐拾葉集』によれば彼らの蓄積継承する記録とは、他宗他門の記録である「散在流章記」、神輿入洛や園城寺との抗争に関する記録など世俗の家々に伝わる「雑書」、世に流布する誰もが知っている諸説である「総目録」、名前は知られてもその本当の意味が知られていない秘説である「別目録」、面授口決により相承し文書に載せることのない「秘目録」に分かれているとされる。それゆえ記家の扱う記録とは、記家自体に伝承されてきた記録に限るわけではなく、他宗派や他の門流・法脈から世俗の記録に至るまで広く集成することを事とする流派であった。記家は和光同塵利益灌頂を伝えていること、記家関係の残存する書籍には厳神霊応章に相当する山王神道関係の記録が大部分を占めることを踏まえれば、日吉山王信仰を大きな柱としていたと考えられ、山王神道の教理形成の大きな担い手であったといえるだろう。ただし『山家要略記』やそれ以降の書籍に見える神道説は、必ずしも記家のみにおいて造作されたものではなく、先述のように種々の系統の神道説が記家の手により蒐集記録されていったと理解すべきだろう。
また戒家も記家との交渉により山王神道を受け入れている。戒家は鎌倉後期に興円とその弟子円観（恵鎮）の頃より形成された流派であるが、興円の伝記である『伝信和尚伝』によれば、記家の義源は興円の弟子となっている。また義源の弟子光宗も戒家の流れを汲んでいる。これにより記家の伝承が興円の門下の惟賢らに伝えられ、山王神道に関する著作『惟賢比丘筆記』が著されている。(26)

四　中世山王神道の展開

『山家要略記』登場後の山王神道に関係する書籍として注目すべきものに『渓嵐拾葉集』がある。本書は義源の弟子・光宗が編纂したものであり、内容は顕教・密教・戒律に関する秘説・伝承をはじめ、社寺の縁起や延暦寺にまつわる伝説など幅広い内容の記録が集成されている。全体として見れば神道書という性格の書物ではないが、そこには多くの神道説が収録されている。『山家要略記』と重なる部分も多いが、それには見えない神道説も多数ある。本書に収録される神道説は多種多様であり、その特色をまとめることは困難であるが、注目すべき教説の一例を挙げておきたい。

本地の山王とは我が国は神国たる故に、応迹の神明之れ多し。然れども今日一代教主釈尊の応迹の神は日吉大宮権現許り也。自余の神明は垂迹を以て本となす故に本地の沙汰之れ無し。山王権現独り応迹の神明たり。本迹殊なりと雖も不思議一の山王也。故に日本一州の神明は皆山王応迹の前方便也。（大正七六・五一五頁上）

このように本書には元寇以来高まった神国思想が表明され、山王神が日本の他の神々に卓越した最も至高な神であることが強調される。国生みにあたって天照大神が魔王（第六天魔王）と盟約を交わしたとする説や「太神宮は大日遍照尊と習う事。東寺一流の大事也。」（大正七六・五一一頁下）とあるように、両部神道書と共通する説や、あるいは真言宗の神道説が引かれることも多く、山王神道が両部神道とが交流し影響を与えあっていた様子が窺われる。

また『延暦寺護国縁起』も山王神道を記述した代表的書籍の一つである。本書は延慶二年（一三〇九）に真言宗の益信僧正に対する大師号勅許に抗議し叡山大衆が日吉社の神輿を奉じて入洛した一件をきっかけに、翌年延暦寺から朝廷に奏聞された勘文であり、全体として見れば延暦寺が鎮護国家寺院であり天台宗が他宗に卓越した宗派であることを主張するための書である。(27) ただし全三巻のうちの上巻は日吉山王の神威を強調する内容であり、ここに山王神道の教説が多数引かれている。本書に見える神国思想や鎮護国家思想は、天海の一実神道にも影響を与えている。

次に慈遍の『天地神祇審鎮要記』（元弘三年〈一三三三〉成立）も注目される。慈遍は歴代神祇官人を輩出した卜部氏の出身であり、『徒然草』で有名な兼好の兄弟とされる。南朝方に立って活動し、神宮祠官として伊勢神道を唱えた度会常昌と親交があったことで知られる。慈遍の神道に関する主著としては他に『神懐論』『先代旧事本紀玄義』『先代旧事本紀文句』『豊葦原神風和記』などがあったが、『神懐論』と『文句』は散逸し、『玄義』も全十巻中五巻が今に伝わるのみであり、完本として現存するのは『神風和記』のみである。慈遍は聖徳太子撰とされる『先代旧事本紀』を『日本書紀』よりも重視して神典の第一に位置付け、両部神道・伊勢神道の教説をもとに読み解いて、当時としては体系的な神道思想を打ち立てていった。

慈遍は『先代旧事本紀』で天地開闢の後に最初に登場する天譲日天狭霧地禅月地狭霧尊《あめゆずるひあめのさぎりくにゆずるつきくにのさぎりのみこと》を根源的な神として、ここから国常立尊・天御中主神《あめのみなかぬしのかみ》が生まれ、さらに続いて多くの神々が誕生していったとする。『天地神祇審鎮要記』は錯綜した山王神道の教説を取捨選択しつつ、日吉山王の諸神をこうした天地開闢以来の神祇の系譜の中に位置付けることを模索している。

山王神道においては大江匡房に仮託される『扶桑明月集』『神祇宣令』に見える祭神名が最も一般的な説として重用されるが、慈遍はこれを叩き台にして他の諸説と比較しながら日吉社の祭神を考究していく。まず日吉大宮は三輪山の神すなわち大己貴神であるが、これは実は地主神である二宮の祭神であるとして、二宮を地祇の系列に位置付けている。また聖真子の祭神については天忍穂耳尊《あめのおしほみみのみこと》説を採用して、聖真子を天神の系列に位置付けている。それに対して大宮は三輪山の神という説を退け、天照大神説をとり、釈迦如来の応現であるとし、さらに天台山の鎮守神・山王と同体であるとしている。また十禅師は『扶桑明月集』に見える天児屋根尊《あめのこやねのみこと》説を退け瓊々杵尊《ににぎのみこと》であるとし、それに対して中七社の最上位の大行事は天孫降臨を導いた猿田彦であるとする。八王子は国狭槌尊《くにさづちのみこと》から面《おも》足尊《だるのみこと》までの八柱の神[28]、三宮は八柱の神の中の沙《さ》土煮尊《づちのみこと》・大苫辺尊《おおとまべのみこと》・惶根尊《かしこねのみこと》の三女神であるとして、いわゆる神世七代の神々に充てている。『古事記』に見える大山咋神は八王子の面足尊の変作として位置付けている。また客人宮は冥界の主宰神である伊弉冉尊《いざなみのみこと》であり、これに関連し日吉社の「日吉」を顕界の神・伊弉諾尊《いざなぎのみこと》の鎮まる「日の少《わか》宮《みや》」の意であるとする。このように日吉の神々を記紀の天地開闢神話や天孫降臨神話に登場する天神地祇に配当し位置付けた。このように慈遍は従来の山王神道説を踏まえつつも独自の教説を展開した。

また台密では、山王の本地を一字金輪仏頂とし、あるいは北斗法・星宿法の流行に伴い山王七社と北斗七星を同体と見る神道説が唱えられた[29]。

その他中世には「忠尋記」とされ恵心流の系統とされる『金剛秘密伝授大事』、日吉山王の諸社の由来を語る『厳神鈔』、星宿信仰の色彩が強い『和光同塵利益灌頂』、台密系の『山王密記』などが著され、それぞれに独自の神道説が見えるが、その成立や編者については不明な点が多く今後の研究が俟たれる。

五　近世の展開と山王一実神道

元亀二年（一五七一）に織田信長は延暦寺を焼打ちし、比叡山の中世は事実上終焉を迎えた。この時日吉社もすべての社殿も焼失した。辛うじて逃げ延びた社司・祝部行丸《ゆきまろ》は日吉社の再建のため奔走するが、その活動の一環として『日吉社神道秘密記』『日吉社神役年中行事』『日吉山王雑記』などを著した。(30)とりわけ天正五年（一五七七）成立の『日吉社神道秘密記』は日吉社の再興を目的として、日吉社の祭神の由来、社殿の規模、社家伝来の神道説をまとめたものであり、中世末期の山王神道のあり方を窺う上においても貴重な書である。

日吉社の社家は経済的困窮の中で、次第に延暦寺との対立を深めていき、吉田神道に傾斜していった。既に寛文年間から吉田神道の三科祓《みしなのはらえ》に関する神道行法である三科壇や三元壇が行われていたことが確認される。天和三年（一六八三）には山王七社の神体（本地仏）を社殿からひそかに取り出し焼却するという事件が起こり、関与した社家が流罪に処されている。(31)これ以後日吉社家における吉田神道は下火になった。

天台宗の山王神道は江戸時代に新たな展開を見せて「山王一実神道」が登場する。山王一実神道は徳川家康を東照宮に祀るために生みだされた教えである。家康は元和二年（一六一六）四月に逝去する。崇伝の『本光国師日記』によれば、家康は死の数日前に死後の処置を示し、遺体を久能山に納め、増上寺で葬儀を行い、位牌は三河の大樹寺に置き、一周忌を過ぎた後に日光に小堂を建てて関東八州の鎮守として勧請すべきことを告げたという。幕府は家康の死後、卜部吉田家出身の僧・梵舜に家康を神に祀る方法をたずね、その結果久能山に吉田神道の方法によって祀ることになった。[32] しかしながら天海の働きかけにより、一転して山王一実神道によって家康を祀ることになり、元和二年十一月より日光東照宮の造営が始められた。家康の祭祀が吉田神道から山王一実神道に転換した背景には、豊臣秀吉が吉田神道によって豊国大明神と祀られたが、結果的に豊臣家が滅亡した先例を天海が強調し幕府に働きかけたことがあると見られる。

山王一実神道の思想が表明された最初の書籍は、天海が中心となって撰述した『東照社縁起』全七巻である。真名本三巻、仮名本五巻からなり、このうち真名本上巻が先行して寛永十二年（一六三五）に成立している。真名本の中巻以降と仮名本は、日光山の歴史、東照宮の創建、家康の生涯などに重点が置かれており、教理に関してはこの巻が中心となっている。

『東照社縁起』真名本上巻においては次のような思想が展開されている。まず安然に仮託された『四明安全義』から左の文を引いている。

四明安全義に云く、桓武天皇は霊山の聴衆、伝教大師と一会の同聞也。芳契を霊山の席に合せ、利生を扶桑の境に垂る。故に天皇は王道を掌り、以て仏法を崇め民間を愍れむ。大師は仏道を興し以て国家を護り群生を利す。

（『慈眼大師全集』上・八頁）

すなわち桓武天皇と最澄が釈迦如来の説法する霊鷲山の聴衆であった過去世の時代に契りを交わし、共に同時に日本に生まれたという。[33] この話は『渓嵐拾葉集』に次のように見える記事を踏まえたものであろう。

桓武天皇は霊山の聴衆、伝教大師は一会同聞して芳契を霊山の席に成し、利生を扶桑の境に覆えり。

（大正七六・八五七頁上）

このように桓武天皇と最澄の契約により、その後の時代には王法と天台宗の仏法とが相助けあうことによって国家が鎮護されてきたのだとする。

また『東照社縁起』によれば最澄は比叡山に登山した時山王に出会い、神道の教えを伝授されたという。また天照大神も最澄から「治国利民法」を授けられたという。「治国利民法」の中身については『法華経』の寿量品の中から取り出した四句（すなわち「常在霊鷲山、及余諸住所、我国土安穏、天人常充満」）であることが語られる。この四句は中世後半に天台宗に伝えられた即位法すなわち天皇が即位の時に受ける灌頂の秘法とされるものである。「治国利民法」の四句に関する説は既に『等海口伝抄』に見えていることが指摘されている。天海はそうした説を踏まえて、天台の仏法から治国の秘法を伝授されることによってこそはじめて王法が成り立つことを主張したものであろう。家康はこうした桓武天皇と同様の存在であり、また家康が死後神となった東照権現は山王神と「同体異名」（『慈眼大師全集』上・二六頁）としている。[34]

天海自身は自らの神道を「山王神道」と称し「一実神道」「山王一実神道」の語は用いることはなく、それらは後の時代に登場してくる。この「一実」の名称が付けられた由来については山王神道文献の用例から見ていくべきだろう。一般的に「一実」の語は「三権」の対語として用いられ、三乗が方便であるに対して一乗が真実であること、ひいては『法華経』に説かれる真実を意味する。それゆえ「一実神道」とは天台の教えの真実性を第一義として名づけられたといえよう。しかしながら「一実神道」と称する場合の「一実」には、山王神道の文脈においてまた特有の意味があったと思われる。

まず恵尋撰の『一心妙戒鈔』下巻の「山王御事」には「山王」の字義を説き明かして次のように述べている。

王の字の竪の一点にて横の三点をつらぬく事、三権即一実と開するが故也。又山の字竪三点は竪に三世の化導あまねき事を顕し横の一点は一念に三世をおさむる心也。（続天全、円戒1・三一二頁）

ここに見える、山王の「王」の字が「三権即一実」をあらわすという説は、仏教における一実の本来の語義にかなうものであり、山王の神が天台の三権一実の教理をあらわすという意味での用例であろう。

ところが『渓嵐拾葉集』に引くところよれば、次のように見える。

山王秘決に云く、三権諸神を会して一実の山王に帰す。此の神明開会は秘事也。然ば則ち日本一州の諸神は皆本地山王に帰する也。（大正七六・八六四頁下）

ここでは諸神が三権に譬えられ、山王が一実とされる。日本一州の諸神は皆一実の山王に帰すとして、他神に対する山王の神の超越性を示すために「一実」の語を用いている。

また『耀天記』「山王事」には次のように見える。

世法モ即仏法ニテ、ハカナキ世ノコトハザニ至ルマデ、第一義ニカヘラヌ事サラニナシ。何事ニ付テモ、皆是真如一実ノ道ニテゾアリケル。サレバ外典ヲモ委覚レバ内典也。是ヲ学テ五行五典ヲキハメツレバ、五戒十善ハ自然ニ身ニ備テ、遂ニ禅定智度ノ源ニ至テ、ヤスラカニ仏果菩提ノウルハシキ道ニハ入也。

（『神道大系　日吉』七八頁）

ここでは外典もその内容を突き詰めれば内典に通じるものであり、「世俗も即ち仏法」であるという意味において「真如一実の道」という語を用いている。

さらに『渓嵐拾葉集』には次のように見える。

我が山の本の名は日枝山。桓武皇帝之を改めて比叡と号づく。世王と法王とは一体也。王城と山門とは不二也。……山城の事は比叡真俗一実の意也。

（大正七六・八三八頁上中）

桓武天皇がもと日枝山という山名であったものを比叡山と改めたことは、世王（世俗の王）と法王の一体、王城と山門の不二をあらわすものであり、同様に桓武天皇が山背を山城と改めたことも「真俗一実」の意であるとしている。すなわち山王神道において「一実」の語は国内の諸神に対する日吉山王神の優位性・超越性を強調する意味が込められており、あるいはまた世俗と仏法との一如不二をあらわす語として用いられている。

『東照社縁起』にも「一実」の語は次のように見える。

相伝秘釈に云く、諸神の権を会して山王一実に帰す文。意を釈するに釈迦一代の仏法は権実に過ぎず。畢竟して三権即一実に会して法華に帰す。衆河海に入らば同一の鹹味なり。「汝等所行是菩薩道」を会して円人と成る。是れ仏法の大綱也。今亦た諸神の権を会して山王と号け奉る。

（『慈眼大師全集』上・一〇頁）

ここでも権即一実の教理を基礎としつつ、山王神が諸神に卓越した神であり、その教えもまた他流の神道より優れたものであるとし、徳川家康の政治と天台の教学との一致が説かれている。このような思想をもとに「一実神道」の語が生みだされたのであろう。

天海以後の山王一実神道の思想展開は未だ十分な解明がなされていないが、中では信濃の戸隠神社の別当であった乗因が注目される。彼は『転輪聖王章』（成立年不明）や『転輪聖王章内篇』（享保十九年、一七三四）などを著し、末法の世にもはや出離による救済は叶わないので、世間法楽によって万民を救済すべきであるとし、家康を仏教の理想的な帝王である転輪聖王であるとした。乗因は自らの神道を「修験一実霊宗神道」と称したが、非義を企て異法を好んだとして元文四年（一七三九）八丈島に流されその地で没している。[35]

六　まとめ

山王神道は宗祖・最澄が日吉の神の申し子であったところに由来し、最澄の日吉神への信仰は比叡山に延暦寺を開創する機縁ともなった。その後も円珍が山王を「当寺の法主」と位置付け、良源が山王祭の規模を拡大するなどして、延暦寺の鎮守神・天台宗の守護神としての地位が固まった。平安末期には延暦寺の嗷訴には日吉社の神輿を奉じて入洛するなど、延暦寺と日吉社の一体化がさらに進んでいった。鎌倉時代には両部神道・伊勢神道の刺激を受けて、『耀天記』『山家要略記』などの神道書が編纂され、記家や戒家の神道説が生みだされ、山王神道は天台教学の重要な柱の一つとなっていった。近世には天海が徳川家康を東照権現として祀るにあたり、山王神道をもとに天皇と幕府の王法と天台宗の仏法との一致を説く、山王一実神道を作り上げた。

明治維新をむかえ、新政府により神仏判然令が発せられるやいなや、慶応四年（一八六八）四月に神祇官権判事であった日吉社家・樹下茂国が日吉社の仏像仏具を破壊焼却する廃仏毀釈事件が起こった。聖真子が宇佐宮、十禅師が樹下宮、八王子が牛尾宮というように社号が変更され、それまで山王神道によっていた祭神や由緒も、幕末維新期に社家の手により平安時代の縁起書として偽作された『日吉社禰宜口伝抄』(36)をもとに改められた。日吉社に対する延暦寺の支配や祭儀への関与も廃止され、日吉社の神仏習合色は徹底的に排除された。

しかしながら昭和十三年には例祭である山王祭での天台座主の参拝の儀が行われるようになり、その後万寿二年（一〇二五）以来の伝統のある日吉大社の神前の法華八講である礼拝講も復活した。あるいは回峰行での社頭巡拝などに見られるように、比叡山延暦寺および日本天台宗は日吉山王の神と歴史的に深く結びついてきた。それ故今日も山王信仰は天台宗にとって欠くことのできない信仰の柱となっている。

註

（1）岡田精司「日吉神社と天智朝大津宮―その祭神と祭祀氏族―」（『日本書紀研究』一六、塙書房、一九八七年）。

（2）池田陽平「大比叡神と小比叡神」（『日本宗教文化史研究』一四―二、二〇一〇年）。

（3）「六所宝塔願文」については、野本覚成「伝教大師の比叡神信仰」（岡田重精編『日本宗教への視角』東方出版、一九九四年）に詳しい考察がある。

(4)『天台宗延暦寺座主円珍伝』。
(5)『同右』。
(6)『同右』。
(7)『行歴抄』。
(8)『日本三代実録』天安三年一月二十七日条。
(9)仁和三年三月十四日条。
(10)現在は延暦寺戒壇院の戒壇上に山王の神座は存在せず、神座を設けたという事実もこの他の資料では確認できないが、智証門徒の離山とともに早い時期に廃絶したとも推測できる。
(11)『慈恵大僧正拾遺伝』。
(12)『耀天記』は『群書類従』にも収録され早くから知られていた。また石田一良編『日本の思想第十四巻・神道思想集』(筑摩書房、一九七〇年)にも訳註が収録されたように山王神道の代表的書籍と見なされていた。
(13)岡田精司「耀天記の一考察—「山王縁起」正応写本の出現をめぐって—」(『国史学』一〇八、一九七九年)。
(14)菅原信海『山王神道の研究』第二篇第一章「『耀天記』の再検討」(春秋社、一九九二年)。
(15)『神道大系　日吉』所収。
(16)『山家要略記』が義源の手により編纂されたことについては、野本覚成「『山家要略記』の全体像」(『天台学報』二五、一九八三年)、大島亮幸「円融蔵本『山家要略記』の成立に関する一考察」(『天台学報』二五、一九八三年)、野本覚成「『山家要略記』属諸本と成乗坊義源の位置」(『天台学報』二六、一九八四年)、同「成乗坊義源の行跡—鎌倉末比叡山の学匠—」(『天台学報』二七、一九八五年)、同「『山家要略記』の性格」(壬生台舜博士頌寿記念『仏教の歴史と思想』大蔵出版、一九八五年)などの研究がある。
(17)門屋温「三聖・二師二十巻をめぐって—山王神道における偽書の位相—」(『仏教文学』二〇、一九九六年)。
(18)拙稿「伝大江匡房『扶桑明月集』について」(『神道宗教』一一八、一九八五年)、同『神道大系　天台神道(下)』「山家要略記(神宮文庫本)解題」。
(19)続天全、神道1・二六～二七頁。

(20)　同右二六～二七頁。
(21)　同右六頁。
(22)　なおこの系統の伝承は顕昭が平安末期に著した『袖中抄』にも「日吉大明神と申は三輪明神を伝教大師の天台宗守護神のために勧請したてまつり給へると申は大宮権現也」と記されており、必ずしも叡山内の秘説とされていたわけではなさそうである。
(23)　「日吉山王霊応記」第一の「山王三聖値伝教御授戒事」（続天全、神道1・一五～一六頁）。
(24)　「同右」第一の「山王者震旦天台山鎮守明神事」（同右・四頁）。
(25)　続天全、神道1所収。
(26)　戒家と記家の関係については窪田哲正「戒家と記家の交渉」（『フィロソフィア』七〇、一九八二年）、曽根原理「円戒復興と記家の思想―『渓嵐拾葉集』を中心に―」（『日本思想史学』二一、一九八九年）。また平沢卓也「戒家における山王説」（『早稲田大学大学院文学研究科紀要（第1分冊）』四九、二〇〇四年）、同「山王の受戒―中古天台における神祇観の一斑―」（『東洋の思想と宗教』二二、二〇〇五年）、舩田淳一『神仏と儀礼の中世』（法藏館、二〇一一年）第八章「叡山律僧の受戒儀礼と山王神―本覚思想およびシャーマニズムとの関係から―」も戒家の神道説について論じている。
(27)　拙稿「『延暦寺護国縁起』の考察―成立事情および記家との関係を中心に―」（『季刊日本思想史』六四、二〇〇三年）。
(28)　正しくは惶根尊まで加えて八柱となる。
(29)　拙稿「山王神道成立史の一斑―山王七社・北斗七星同体説の成立をめぐって―」（『宗教研究』二六六、一九八五年）。
(30)　祝部行丸については、嵯峨井建『日吉大社と山王権現』（人文書院、一九九二年）に詳しい。
(31)　拙稿「近世社家の吉田神道受容―日吉社司の事例をめぐって―」（『大倉山論集』三三、一九九三年）。
(32)　久保田収『神道史の研究』（皇学館大学出版部、一九七三年）所収「東照宮と山王一実神道」。
(33)　「四明安全義」に曰くとあり、『延暦寺護国縁起』などに引かれる。
(34)　『東照社縁起』の思想については曽根原理「『東照大権現縁起』の思想」（『日本思想史研究』二〇、一九八八年）

に詳しい。

(35) 乗因については曽根原理「山王一実神道の展開—乗因を対象として—」(『神道宗教』一四三、一九九一年)がある。

(36) 本書については拙稿「『日吉社禰宜口伝抄』の成立」(『大倉山論集』二五、一九八九年)。

参考文献

硲　慈弘『日本仏教の開展とその基調』下(三省堂、一九五三年)
久保田収『中世神道の研究』(神道史学会、一九五九年)
久保田収『神道史の研究』(皇学館大学出版部、一九七三年)
新井栄蔵・寺川真知夫・渡辺貞麿編『叡山の和歌と説話』(世界思想社、一九九一年)
菅原信海『山王神道の研究』(春秋社、一九九二年)
嵯峨井建『日吉大社と山王権現』(人文書院、一九九二年)
三﨑良周『密教と神祇思想』(創文社、一九九二年)
高藤晴俊『日光東照宮の謎』(講談社現代新書、一九九六年)
曽根原理『徳川家康神格化への道—中世天台思想の展開—』(吉川弘文館、一九九六年)
曽根原理『神君家康の誕生—東照宮と権現様—』(吉川弘文館、二〇〇八年)
曽根原理「『東照大権現縁起』の思想」(『日本思想史研究』二〇、一九八八年)
曽根原理「東照宮祭祀と山王一実神道」(『国史学』一九〇、二〇〇六年)
田中貴子『『渓嵐拾葉集』の世界』(名古屋大学出版会、二〇〇三年)
水上文義『台密思想形成の研究』(春秋社、二〇〇八年)
山澤　学『日光東照宮の成立—近世日光山の「荘厳」と祭祀・組織—』(思文閣出版、二〇〇九年)
岡田精司「耀天記の一考察—「山王縁起」正応写本の出現をめぐって—」(『国史学』一〇八、一九七九年)
佐藤眞人「伝大江匡房『扶桑明月集』について」(『神道宗教』一一八、一九八五年)
佐藤眞人「『日吉社禰宜口伝抄』の成立」(『大倉山論集』二五、一九八九年)

佐藤眞人「日吉大宮縁起の考察」（『国学院大学日本文化研究所紀要』七四、一九九四年）
池田陽平「大比叡神と小比叡神」（『日本宗教文化史研究』一四―二（二〇一〇年）
池田陽平「山王三聖受戒説の形成過程」（『政治経済史学』五二六、二〇一〇年）

Ⅷ　台密の美術　曼荼羅の特色

松原智美

一　問題の所在

密教美術のジャンルは建築、彫刻、絵画、工芸の多岐にわたるが、それらのなかでも絵画は、聖なるほとけの悟りの世界を直感的に体得するための媒介としてことに重要視されている。密教絵画といえば想起されるのは、ほとけたちを図式的、幾何学的に並べ描いた曼荼羅であろう。その中心に位置づけられるのが、胎蔵曼荼羅と金剛界曼荼羅からなる両部曼荼羅である。

両部曼荼羅の制作は東台両密でおこなわれたが、東密とは相違して、台密の場合には、作例間における図様の異同が少なからずみいだされることが知られている。以下では、まず両部曼荼羅とは何かというところからはじめ、次にそれが台密に導入された経緯を述べたうえで、台密の作例における特色とその要因を、胎蔵曼荼羅と金剛界曼荼羅のそれぞれについて論じてみたい。なお、文化財指定名称では「両部」ではなく「両界」を用いているが、これは平安時代の九世紀後半頃より胎蔵を胎蔵界とも呼ぶようになった結果、胎蔵界と金剛界との併称として創出された語であるため、本章では本来の呼称である「両部」を用いることとする。

二　両部曼荼羅とは何か

両部曼荼羅の「両部」とは日本密教において法（教え）の中枢をなす二部門のことであり、『大日経』を所依経典とする胎蔵の法門と、『金剛頂経』を所依経典とする金剛界の法門とをさし、胎蔵は理（本体的要素）にもとづく平等の法門、金剛界は智（理を認識する知的要素）にもとづく差別の法門で、両部は本来不可分（両部不二、理智不二）であるとされている。胎蔵曼荼羅は『大日経』に、金剛界曼荼羅は『金剛頂経』に説く密教世界の様相を造形化したものであり、それゆえ胎蔵曼荼羅は理を、金剛界曼荼羅は智をあらわす曼荼羅とされ、両者は一対の両部曼荼羅としてあつかわれている。これらを堂宇の内部に懸ける場合、両者が向かい合うようなかたちで、東に胎蔵曼荼羅、西に金剛界曼荼羅を懸けるのが基本であるため、胎蔵曼荼羅を東曼荼羅、金剛界曼荼羅を西曼荼羅と呼ぶこともある。向かい合う両部曼荼羅にはさまれた空間は、胎蔵と金剛界の両部が融合した不二の世界そのものとなり、密教の付法儀礼である灌頂をはじめとする重要な儀礼をおこなう場として用いられた。

両部曼荼羅の所依経典のうち『大日経』は、七世紀半ば頃に西南インドのナルマダー河地方で成立した単一の経典であるのに対し、『金剛頂経』は南インドのキストナ河中流地方で七世紀後半以降に順次成立していったと推定される膨大な経典群である。このように両経は成立の時期や地域、経緯が異なっているため、それらにもとづく胎蔵曼荼羅と金剛界曼荼羅も本来は別個の曼荼羅であって、両者を一対とした形跡はインドではみとめられない。しかし八世紀前半の中国において、まず『大日経』が中インド僧の善無畏（六三七～七三五）によって漢訳され、ついで『金剛頂経』の一部が中インド僧の金剛智（六七一～七四一）によって、さらに金剛智の弟子不空（七〇五～七七四）によって漢訳されると、両経を中心とする密教が体系化されてゆき、そうしたなかで胎蔵曼荼羅と金剛界曼荼羅は一対の両部曼荼羅としてあつかわれるようになった。その成立にあたっては、事象を対概念によって把握することを好む中国人の気質が大きく関与していたと思われるが、ことに不空から金剛界を、善無畏の弟子の玄超から胎蔵を伝授され、両部をあわせ学んだ長安・青龍寺の恵果（七四六～八〇五）が重要な役割を果したとみられている。こうして中国で成立した両部曼荼羅は、延暦二十三年（八〇四）に入唐して恵果から密教を学び、大同元年（八〇六）に帰朝した東密の祖空海（七七四～八三五）によってはじめて日本に請来されたのである。

空海の請来本は、その請来目録（大正五五・一〇六四頁中～一〇六五頁中）によると、恵果が供奉《ぐぶ》画工李真らに描かせて与えたもので、胎蔵・金剛界ともに一丈六尺にもおよぶ巨大な画幅であったというが、弘仁十二年（八二一）には早くも「絹破れ彩《いろ》落ちて尊容化しなむとす。」（『遍照発揮性霊集』巻七、日本古典文学大系七一・三一〇頁）という状態となったために転写がおこなわれた。請来原本と弘仁転写本は残念ながら現存しないが、これらにもとづいて空海在世中の天長年間（八二四～八三四）後半に、京都・神護寺の灌頂堂に奉懸するために制作されたのが、現存最古の両部曼荼羅として名高い通称高雄曼荼羅である。高雄曼荼羅は紫綾地に金銀泥で図様を線描したもので、彩色本ではないものの、諸尊の謹厳な顔だちや伸びやかな肢体は、請来原本にあらわされていたであろう中国中唐の絵画様式を伝えている。現状ではかなり損傷がすすみ、綾地ごと失われてしまった尊格もあるほどだが、空海の三百年忌にあたる長承三年（一一三四）に白描《はくびょう》図像が制作されており、その転写本を開版した御室版《おむろばん》（大正図像一・六二七～八一五頁、八八七～一〇〇四頁）によって全容をうかがい知ることができる。[1] また空海が真言密教の拠点とした京都・東寺でも、その灌頂堂に奉懸するために転写本が制作され、建久二年（一一九一）制作の通称甲本、永仁年中（一二九三～一二九九）制作の永仁本、元禄四～六年（一六九一～一六九三）制作の元禄本が現存している。[2]

このような空海請来本やその系譜に連なる転写本は、今日では「現図」と呼ばれている。その呼称の由来は詳らかではないが、台密の安然（八四一～八八九～、一説九一五没）の撰とされてきた『釈迦会不同』[3]（大正図像二・七五五～七七六頁）では、胎蔵曼荼羅についての経典や註釈書等の説に対し、実際に描かれた図を「現曼荼羅」あるいは「現図」と呼んでいる。ここでの「現図」は「現わし図す」という意であって、特定の作例をさす固有名詞とはみられない。一方、十世紀初頭に東密の法三宮《ほっさんのみや》真寂（八八六～九二七）が撰した『諸説不同記』（大正図像一・一七～一三四頁）では、経典や註釈書等の諸説、および実際の諸作例の間における不同を詳細に記述するなかで、空海請来の胎蔵曼荼羅を「現図」と呼んでいる。それが金剛界曼荼羅にも敷衍された結果、空海請来本系の両部曼荼羅を現図と呼ぶようになったのではないかと推察される。[4]

現図の図像学上の特徴としては、諸尊の像容に不空訳の『摂無礙経（補陀落海会軌《ふだらくかいえき》）』や『法華曼荼羅威儀形色法経』所説の図像と共通するものが多いことなどがあげられるが、なかでも最大の特徴は胎蔵曼荼羅が十二院、金剛界曼荼羅が九会によって組織されているところにある。

まず現図胎蔵曼荼羅（図1）の十二院というのは十二の区画（院）のことで、大日如来（毘盧遮那如来）を中心とする多数のほとけたちが、それらの性格等によって十二に分類され、各区画にまとめて配されている。その中央に位置するのが中台八葉院（図2）であり、大きく描かれた八葉蓮華の中心には、法界定印を結んで悟りの境地を示す大日如来、東南西北（上右下左）の四方の花弁には四仏（東＝宝幢《ほうどう》如来、南＝開敷華王《かいふげおう》如来、西＝無量寿如来、北＝天鼓雷音《てんくらいおん》如来）、四隅の花弁には四菩薩（東南＝普賢菩薩、西南＝文殊菩薩、西北＝観音菩薩、東北＝弥勒菩薩）が配され、十二院全体の尊数は四百尊をこえている。

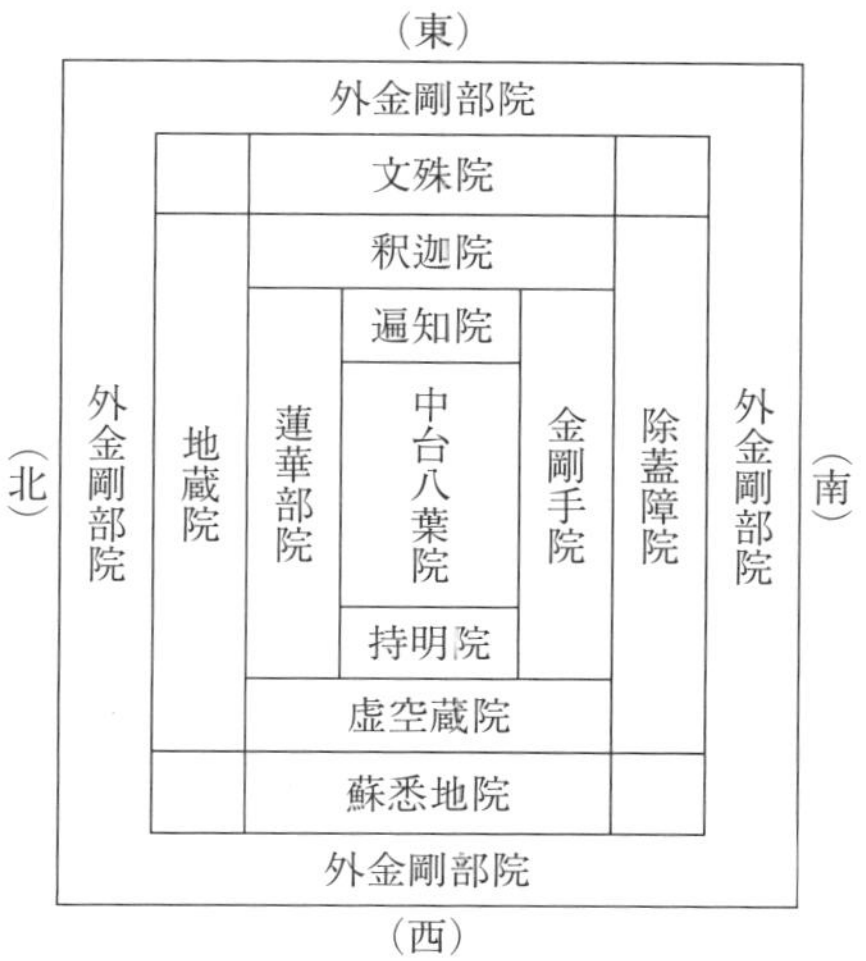

図1　現図胎蔵曼荼羅

図2　中台八葉院

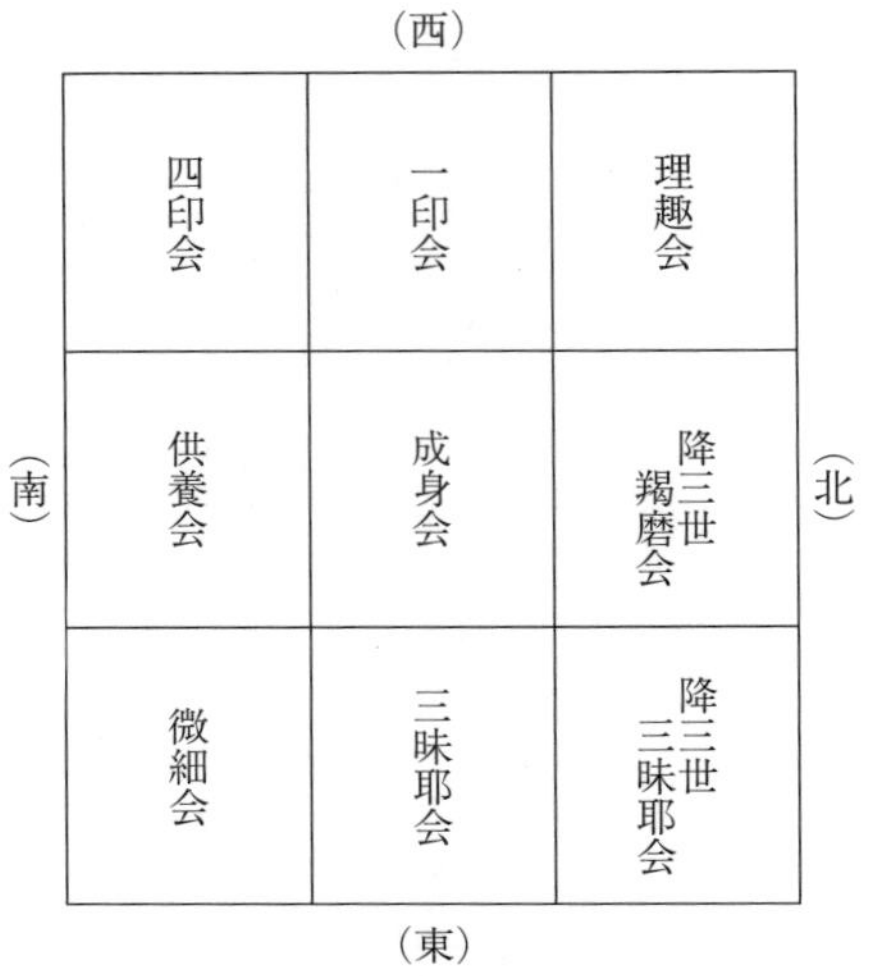

図３　現図金剛界曼荼羅

【五仏】
①大日如来
②阿閦如来
③宝生如来
④阿弥陀如来
⑤不空成就如来
【四波羅蜜菩薩】
⑥金剛波羅蜜菩薩
⑦宝波羅蜜菩薩
⑧法波羅蜜菩薩
⑨羯磨波羅蜜菩薩
【十六大菩薩】
⑩金剛薩埵菩薩
⑪金剛王菩薩
⑫金剛愛菩薩
⑬金剛喜菩薩
⑭金剛宝菩薩
⑮金剛光菩薩
⑯金剛幢菩薩
⑰金剛笑菩薩
⑱金剛法菩薩
⑲金剛利菩薩

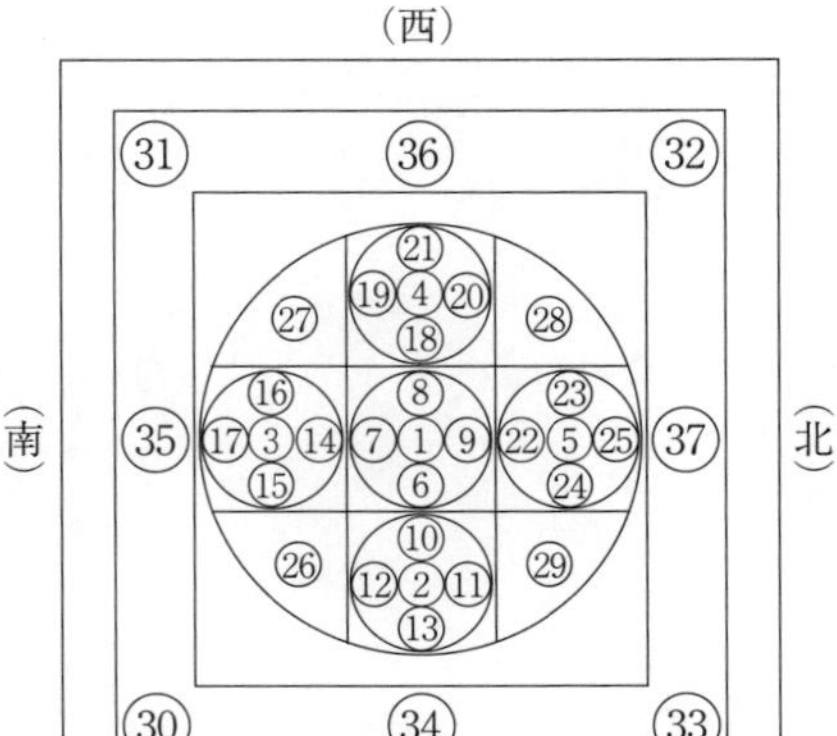

図４　成身会と金剛界三十七尊

⑳金剛因菩薩
㉑金剛語菩薩
㉒金剛業菩薩
㉓金剛護菩薩
㉔金剛牙菩薩
㉕金剛拳菩薩
【内四供養菩薩】
㉖金剛嬉菩薩
㉗金剛鬘菩薩
㉘金剛歌菩薩
㉙金剛舞菩薩
【外四供養菩薩】
㉚金剛焼香菩薩
㉛金剛華菩薩
㉜金剛燈菩薩
㉝金剛塗香菩薩
【四摂菩薩】
㉞金剛鉤菩薩
㉟金剛索菩薩
㊱金剛鎖菩薩
㊲金剛鈴菩薩

次に現図金剛界曼荼羅（図3）の場合、九会というのは九種の曼荼羅という意味である。膨大な経典群であったと伝えられる『金剛頂経』に説く多種の曼荼羅のなかから、九種を抽出して一図にまとめた複合曼荼羅が現図金剛界曼荼羅であり、九会曼荼羅と呼ばれることもある。多種の金剛界曼荼羅の根本となるのが、九会の中心に位置する成身会《じょうじんね》（図4）で、他はそのヴァリエーションということもできる。それらに配される諸尊の中核となるのが金剛界三十七尊と総称される諸尊（図4の①〜㊲）であり、全体智を象徴する大日如来と、その智を分割して担う四方の四仏（東＝阿閦如来、南＝宝生如来、西＝阿弥陀如来、北＝不空成就如来）、およびそれらより示現した諸菩薩（四波羅蜜菩薩・十六大菩薩・内《ないの》四供養菩薩・外《げの》四供養菩薩・四摂菩薩）によって構成されている。

　このような十二院と九会の組織は、はじめから確定していたわけではなく、中国における胎蔵曼荼羅と金剛界曼荼羅の展開の最終段階を示すもので、これもまた恵果によって創案されたとみられている。日本に現存する両部曼荼羅の大多数は十二院と九会の組織をもち、その意味では現図系に属しているが、胎蔵曼荼羅では図様の細部に相違がみとめられるものや、金剛界曼荼羅では一会のみのものもあり、それらは台密寺院に伝来した作品であることが多い[5]。また台密には現図成立以前の様相を示す資料も伝わり、中国における胎蔵曼荼羅と金剛界曼荼羅の展開過程を推定するうえでの貴重な資料となっている。

三　台密への両部曼荼羅の導入

　台密の礎を築いたのは円仁（七九四〜八六四）と円珍（八一四〜八九一）だが、天台宗における密教の導入そのものは、開祖最澄（七六六、一説七六七〜八二二）の時代にさかのぼる。最澄は延暦二十三年（八〇四）に空海と同時に入唐し、天台山で天台教学を学んだのち、翌年に帰朝する直前、越州において順暁から灌頂をうけている。そのため『伝教大師将来越州録』（大正五五・一〇五八頁中〜一〇六〇頁中）には密教関係の請来品をみいだすことができるが、両部曼荼羅関係で尊形のものは「三十七尊様一巻」のみであり、これは彩色の本格的な画像ではなく、金剛界曼荼羅を構成する主要尊格である三十七尊の像容を、巻子本に並べ描いた白描図像であったと推定される。

この「三十七尊様一巻」は、順暁から灌頂をうけた際に与えられたものとみられるが、その灌頂に関する史料のひとつで、やはり順暁から与えられた印信が『顕戒論縁起』（伝全一・二七九〜二八〇頁）などにおさめられ、印信の冒頭に「毘盧遮那如来三十七尊曼荼羅所」と記されていることから、灌頂の道場には金剛界曼荼羅が存在していたと推定されている。一般に曼荼羅といえば、壁面に懸ける懸曼荼羅を思い浮かべることが多いだろうが、灌頂の場合には壇上に敷く敷曼荼羅も用いられ、この敷曼荼羅に向かって灌頂の受者は華を投げ、華の落着したところに配されている尊格に結縁《けちえん》するという儀礼（投華得仏）がおこなわれる。最澄が灌頂をうけた道場に存在していた金剛界曼荼羅も敷曼荼羅であったと考えられ、そこに描かれていた三十七尊を巻子本に写しとったものが「三十七尊様一巻」であったと推察される。

帰朝後の最澄は、勅命によって高雄山寺（神護寺）で日本初の灌頂を修している。その際には「大曼荼羅」が描かれたと『叡山大師伝』（伝全五・附録二一頁）は伝えているが、この灌頂は帰朝復命からわずか二ヵ月後の延暦二十五年九月に修されたもので、空海の帰朝にともなう両部曼荼羅請来に先立つため、その「大曼荼羅」というのは、おそらく「三十七尊様一巻」にもとづいて描かれた敷曼荼羅であったと考えられる。「三十七尊様一巻」は現存していないが、台密初期の灌頂儀礼に不可欠の重要な金剛界曼荼羅図像であったということができよう[6]。なお台密の名刹である京都・青蓮院に伝来した金剛界曼荼羅諸尊図様（現在は米国・メトロポリタン美術館蔵）について、

「三十七尊様一巻」の転写本とする見解もあるが、(7)残念ながら確証はない。

さて、最澄が両部曼荼羅をはじめて目にしたのは、おそらく弘仁三年（八一二）に高雄山寺において、空海から灌頂（十一月に金剛界灌頂、十二月に胎蔵灌頂）をうけたときのことで、その灌頂の道場に、空海が請来した両部曼荼羅が奉懸されていたものと思われる。その後の弘仁八年、『天台霞標』二編巻之二におさめる「相承血脈」（仏全一二五・一六〇頁上下）によると、最澄は下野の緑野寺で「両部灌頂」をおこなっている。このとき両部曼荼羅が奉懸されたと仮定するならば、それは空海請来本の図様を踏襲したものだったであろう。しかし、最澄が空海からうけた灌頂は、密教のいわば入門儀式にあたる結縁灌頂であって、両部曼荼羅にかかわる伝受は叶わなかったとみるのが穏当であるため、緑野寺での両部灌頂に両部曼荼羅が奉懸された可能性は低い。

台密において独自の両部曼荼羅の導入を試みたのは、承和五年（八三八）に入唐し、同十四年に帰朝した円仁であり、その旅行記『入唐求法巡礼行記』（仏全一一三・二五三頁上〜二五四頁下）によると、円仁は入唐中の会昌元年（八四一）に長安で、画工王恵らに彩色の胎蔵曼荼羅と九会曼荼羅を描かせている。その目的は、東密の空海請来本に匹敵し、台密の正統の祖本となり得るような彩色本を請来するところにあったと考えられる。これらは会昌の破仏のため、楚州まで運ばれたときに焼却されてしまったが（仏全一一三・二七八頁上）、円仁の『入唐新求聖教目録』（大正五五・一〇八四頁中下、一〇八七頁上）には両部曼荼羅関係の請来品が少なからず著録されている。そのうち尊形によるものは次のとおりである。

①金剛界九界《ママ》曼荼羅一鋪五幅苗《ママ》

②金剛界大曼荼羅一鋪五幅苗《ママ》

③大毘盧遮那大悲胎蔵大曼荼羅一鋪五幅苗《ママ》

④金剛界大曼荼羅一鋪七幅（ママ）綵色

これらのうち②と④の「金剛界大曼荼羅」とは、『金剛頂経』の梗概を記した不空訳『金剛頂経瑜伽《ゆが》十八会指《じゅうはってしい》帰《き》』（大正一八・二八四頁下）によると、金剛界九会曼荼羅の成身会に相当する曼荼羅であり、一般には金剛界八十一尊曼荼羅と呼ばれている。これについてはのちに詳述する。①は九会曼荼羅、③は胎蔵曼荼羅だが、前者は長安で求得したもの、後者は揚州で師事した全雅の指導のもとに制作したもので[8]、本来一具の両部曼荼羅というわけではない。しかも註記に「苗」とあるように、いずれも白描本であり、円仁は結局、彩色の両部曼荼羅を請来することができなかったのである。

つづいて仁寿三年（八五三）に入唐し、天安二年（八五八）に帰朝した円珍の場合、『智証大師請来目録』（大正五五・一一〇四頁上）には次のような両部曼荼羅をみいだすことができる。

大毘盧舎那大悲胎蔵大曼荼羅楨（ママ）一鋪 五幅此進奉内裏了
金剛界九会曼荼羅楨（ママ）一鋪 六幅此進奉内裏了

これらは貞観五年（八六三）の「円珍奏状」（平安遺文、古文書編九・三四三二頁下）によると、「今上」すなわち貞観五年当時の天皇であった清和の御願として、入唐中の大中九年（八五五）に長安の龍興寺において、青龍寺の法全《はっせん》の検校のもと、供奉画工刁慶《ちょうけい》らによって描かれたといい、彩色の本格的な画像であったと推定できるものである。しかし、註記に「此進奉内裏了」とあるように、この請来本は、天安二年十二月二十七日の円珍帰京後、翌年正月十六日に清和の天覧に供されたことが「円珍奏状」（同・三四三四頁下）に記され、また『行歴抄』（仏全二八・

一二三三頁上）によると、天覧後はそのまま太政官にとどめおかれたという。このことについて、諸史料に引く円珍による記文を抄録した『祖記雑篇』の「彩色曼荼羅之事」条（仏全二八・一一二二頁下）には、円珍みずからの言として、「余の将来せし二像、内裏に進り了りぬ。久しからずして宇佐大神宮寺に送り供す。恐らくは今、存せざるか。」とあり、天覧後ほどなく、九州の宇佐大神宮寺に奉納されたことがわかる。『日本三代実録』の同年（改元して貞観元年）三月一日条（新訂増補国史大系本・二二頁）には、清和の即位を報告するための使者が宇佐に派遣され、幣帛・財宝・神馬等が奉納されたことがみえ、このときに円珍請来本も奉納されたことは疑いない。つまり円珍請来本は、清和の外戚であった藤原良房らが、その即位と安泰を祈願して円珍に請来を託したものであったと推定されるのであり、もとより台密内部にもたらすためのものではなかったのである。[9]

このように円仁や円珍は、東密の空海請来本のような権威ある彩色の請来本をもたらしてはいないが、帰朝後の円仁は、比叡山で勅による灌頂を修し、その際に彩色の胎蔵曼荼羅と九会曼荼羅を制作している。この比叡山での勅修灌頂は、『類聚三代格』におさめる嘉祥元年（八四八）六月十五日の太政官符（新訂増補国史大系本・六九〜七一頁）によると、円仁の請願にもとづくもので、『慈覚大師伝』に引く嘉祥二年四月の円仁奏上では、その灌頂を来たる五月八日に修することを請うなかで、次のように述べている。

> 特に恩勅を奉りて、新たに曼荼羅を造る。去年の秋冬、且《しばら》く胎蔵曼荼羅一鋪を造れり。凡そ緇徒に在りては、随喜せざること無し。今春、始めて金剛界曼荼羅像を図す。今月の内に、其の功を終えるべし。
>
> （続天全、史伝2・六七頁下）

これによると円仁は、嘉祥二年五月八日の勅修灌頂のために、同元年秋から冬にかけて胎蔵曼荼羅を、同二年春から四月にかけて金剛界曼荼羅を制作したことがわかる。この両部曼荼羅については、『天台霞標』五編巻之一におさめる円仁の「謝勅修灌頂表」（仏全一二六・一八頁上）のなかに、「両部大曼荼羅を図画せしむ。丹青区を分かち、瑠璃の日月を藉《か》りるに似たり。」とあり、ここに「丹青区を分かち」ということから、彩色本であったとみて間違いない。また先にふれたように、金剛界曼荼羅には九会の成身会に相当する一会のみの八十一尊曼荼羅もあるが、このとき制作された金剛界曼荼羅の場合は、円仁の謝表につづけておさめられている弟子光定の謝表（仏全一二六・一八頁下〜一九頁上）に「九会衆聖」の語があることから九会曼荼羅であったと推定される。これらの祖本となった可能性が考えられるのは、やはり円仁請来本のうち前掲の③大毘盧遮那大悲胎蔵大曼荼羅一鋪五幅苗《ママ》と、①金剛界九界《ママ》曼荼羅一鋪五幅苗《ママ》であったとみるのが妥当であろう。つまり円仁は、みずからが請来した白描本をもとに、台密独自の両部曼荼羅の制作を実現したのである。

この彩色の両部曼荼羅は、比叡山での勅修灌頂のために制作されたのであるから、そのまま比叡山のどこかに安置されたはずであり、その安置場所として考えられるのが総持院の灌頂堂である。総持院というのは、『慈覚大師伝』にみえる嘉祥三年の円仁の奏上（続天全、史伝2・六八頁上）によって創立された比叡山における密教道場であり、その灌頂堂には両部曼荼羅が安置されていたことが『山門堂舎記』や『九院仏閣抄』に記されている（群書二四・四七五頁上、五七八頁上下）。創建の総持院は天慶四年（九四一）に焼亡してしまい[10]、灌頂堂の両部曼荼羅も同時に焼失した可能性が考えられるが、それまでの間、台密の正統の祖本として重視され、転写本も制作されていったのではないかと推察される。

ところで円仁と円珍による両部曼荼羅関係の請来品のなかには、請来目録には著録されていない、いわゆる録外《ろくげ》請来品にも注目すべきものが存在する。胎蔵曼荼羅関係では胎蔵図像と胎蔵旧図様、金剛界曼荼羅関係では五部心観である。いずれも巻子本に諸尊を並べ描いた白描図像であり、曼荼羅のかたちに組み立てられたものではないが、中国における現図成立以前の様相を示す重要な作例である。

まず胎蔵図像は円珍の請来とされているが、平安時代末期の『覚禅鈔』巻四六（大正図像四・八三〇頁中）では本図巻を「前唐院唐本」と呼んでいること、比叡山の前唐院には円仁の請来品が納められていたことなどから、実際には円仁の請来とみられる。(11) 請来原本は一巻であったが、円珍によって上下二巻に分けられたものが滋賀・園城寺（三井寺）の唐院経蔵に納められた。この二巻本の転写が重ねられ、奈良国立博物館に建久五年（一一九四）の転写本（大正図像二・一九一〜三〇一頁）が保管されている。下巻の巻末近くには、善無畏が洛陽の大聖善寺で『大日経』を漢訳した旨が記され、善無畏の肖像も描かれていることから、本図巻の原本は善無畏が『大日経』の所説などにもとづいて作成したものとみられている。諸尊の像容には菩提流志訳の『不空羂索神変真言経』や『一字仏頂輪王経』所説の図像を参考にしたものが多く、また大日如来が現図にみられるような菩薩形ではなく、肉髻《にっけい》をもつ如来形であるなどの特徴があり、表現にはいまだ中国化されていないインド的な要素がのこされている。中国における胎蔵曼荼羅の発展段階の最初期に位置づけられるものである。

次に胎蔵旧図様は、円珍が入唐中の大中八年に越州開元寺で弟子の豊智とともに転写して請来したが、請来原本は失われ、兵庫・武藤家所蔵の建久四年の第三転写本（大正図像二・四七七〜五六五頁）などが現存している。本図巻に描かれた諸尊によって構成される胎蔵曼荼羅は、巻頭に「今、之れに依らず。」と記されているように、円珍の入唐当時すでに中国でも用いられなくなっていたようであり、現図に先立ち、胎蔵図像より遅れる段階に位置づけられている。また重要尊のなかには不空訳の『金剛頂経』系統の経典や儀軌に説く像容であらわされたものもあり、『大日経』を所依経典とする胎蔵曼荼羅のなかに『金剛頂経』系統の要素が進出し、現図へと発展する様相をうかがうことができる。(12)

次に五部心観は、一巻の完本と、巻頭を欠く前欠本とが園城寺に所蔵され、完本が円珍請来本、前欠本は十一世紀の転写本であると推定されている。(13)巻末に円珍の自筆による識語があり、入唐中の大中九年に長安において青龍寺の法全から所持本を付与された旨が記されている。巻子本のほぼ全体を上中下の三段に分け、『金剛頂経』に説く六種曼荼羅の諸尊の像容を上段に、梵字真言を中段に、三昧耶形《さまやぎょう》（象徴物）と印契を下段に配している。この六種曼荼羅は九会曼荼羅のうちの成身会・三昧耶会・微細会《みさいえ》・供養会・四印会《しいんね》・一印会《いちいんね》に相当する。本図巻の註釈書である『六種曼荼羅略釈』(14)（大正図像二・二〜三頁）によると、その原本は善無畏が『金剛頂経』の梵本にもとづいて作成した絹本著色の図巻であったといい、巻末には善無畏の肖像が描かれている。善無畏系の金剛界曼荼羅図像として貴重な遺品であり、諸尊の像容には胎蔵図像と同様にインド的な要素がのこされている。(15)

四　台密における特色

金剛界曼荼羅

日本に流布した金剛界曼荼羅は、既述のように、九種の曼荼羅を一図にまとめた九会曼荼羅だが、九会の成身会に相当する一会のみの八十一尊曼荼羅も存在する。成身会（図４）の場合、内院に五解脱輪をかこむ大円輪を配し、その周囲に二重のフレームをめぐらす構造であり、この構造は八十一尊曼荼羅も同じである。ただし成身会の尊格構成が金剛界三十七尊と四大神、賢劫《げんごう》千仏、二十天であるのに対して、八十一尊曼荼羅では賢劫千仏のかわりに賢劫十六尊とし、ほかに四大明王を加えた八十一尊から構成されている。また三十七尊の多くが鳥獣に乗御するところも成身会とは異なっている。三十七尊が乗御する鳥獣は金剛智訳『金剛頂瑜伽中略出念誦経』（大正一八・二二七頁中）に説かれ、諸尊は全体で五部（仏部・金剛部・宝部・蓮華部・羯磨《かつま》部）に分類されて、仏部が獅子、金剛部が象、宝部が馬、蓮華部が孔雀、羯磨部が迦楼羅とされている。

この金剛界八十一尊曼荼羅をはじめて請来したのも空海であるとされているが、最澄書写の空海請来目録（京都・東寺蔵）では「金剛界八十一尊曼荼羅」の「八十一」を「七十三」に訂正しているために疑問も呈されており、(16)東密での使用例もさほど確認することはできない。一方、台密では円仁の請来目録のなかに、八十一尊曼荼羅に相当する前掲の②金剛界大曼荼羅一鋪五幅苗（ママ）と、④金剛界大曼荼羅一鋪七幅（ママ）綵色をみいだすことができ、現存する彩画作例のうち伝来の明らかなものは、いずれも台密系のものであることが知られている。そのうち最古の作例として注目されるのが東京・根津美術館本である。

根津美術館本は鎌倉時代前期の作と推定され、滋賀・金剛輪寺に伝来したものである。金剛輪寺は寺伝によると、聖武天皇の御願によって天平年間（七二九～七四九）に行基が開創し、平安時代に円仁が入山して台密の道場としたとされている。根津美術館本の押裏紙には次のように記されている。

軸中書付云　建武五年戊寅六月廿八日、奉修補之、江州金剛輪寺灌頂堂本尊寄進　平信久
此曼荼羅小河法印御房忠快宇治経蔵写之、彼曼荼羅ハ慈覚大師御将来本也云々但有口伝子細可尋也
已上軸中如此被書之、為後代存知書顕之了
文明七年乙未卯月　日、令損破之間、裏打替奉修補之畢

同九年丁酉九月十二日、依衆命書之、自建武五年戊寅至于文明九年丁酉百四十年相当也
三部軌範権大僧都法印大和尚位豪恵記之

これは文明九年（一四七七）に本曼荼羅が破損したため裏打替の修理をおこなった際、軸からみいだされた書付を写しとどめたものである。その軸中書付によると、本曼荼羅は建武五年（一三三八）に平信久なる者が修理し、金剛輪寺灌頂堂の本尊として寄進したもので、そもそもは小川法印忠快（一二二七没）が、宇治の平等院経蔵に納められていた慈覚大師円仁請来本を写したものであるという。

ここにみえる円仁請来本が、前掲二本の八十一尊曼荼羅のいずれに該当するのかは不詳だが、円仁請来本と平等院経蔵との関係を示唆する史料として、小川法印忠快の弟子である承澄（一二〇五〜一二八二）が撰した『阿娑縛抄』の巻一九七にのせる「月輪寺曼陀羅由来」（大正図像九・七五一頁中）があり、その内容は次のごとくになっている。

すなわち、月輪寺は仁明天皇（八一〇〜八五〇）の第三皇子の建立になり、そこには「前唐院之本」もしくは円珍請来本とされる八十一尊曼荼羅が安置されていたが、寺が廃退する間、平等院阿弥陀堂の造営時（天喜元年、一〇五三）に藤原頼通が平等院の宝蔵に納めた。その曼荼羅を、台密の穴太流の祖である聖昭（十一世紀半ば過ぎ頃に活躍）が申請して二人の仏師に五副本と二副本を描かせた。五副本は聖昭から意厳、頼全、忠快、承澄へと相伝され、二副本は聖昭から円伊、公円へと相伝されたという。

右の内容が真実であるとすれば、根津美術館本は、忠快が相伝した五副本を写した可能性が考えられるが、確実なところは不明である。ただし根津美術館本の推定制作時期は忠快の活躍時期と齟齬することがなく、諸尊におけ

る胴の引き締まった体軀や強い隈取り、大ぶりな装身具の表現には、晩唐の作である五部心観に通ずるものがあり、その祖本を円仁請来本とすることに問題はない。請来本二本のうち、いずれが祖本であったかといえば、④の七副（七幅）の彩色本のほうが可能性が高い。

この根津美術館本は単独の画幅として伝わっているが、八十一尊曼荼羅の多くは、胎蔵曼荼羅と一具として制作されている。主な作例には絹本著色の文化庁本（堂本家旧蔵）、兵庫・太山寺小幅本、奈良国立博物館本（福岡・妙法寺宝持院旧蔵）、東京・出光美術館本（福岡・鎮国寺旧蔵）があり、ほかに京都・醍醐寺所蔵の叡山本と呼ばれる白描図像（大正図像二・六八九〜七一四頁）や、滋賀・石山寺版（大正図像一・別紙一三）と京都・妙法院版（大正図像二・別紙三）などの版本もある。(17)

胎蔵曼荼羅

台密の胎蔵曼荼羅の正統の祖本となったのは、円仁が嘉祥二年（八四九）の勅修灌頂のために制作した彩色本であると述べたが、東密の淳祐（八九〇〜九五三）が延長元年（九二三）に撰した『胎蔵界七集』（『石山七集』上、大正図像一・一三七〜一七一頁）をはじめとする諸史料において、その彩色本は「前本」と呼ばれ、諸尊の像容が簡略に記述されている。それを現図と比較すると、全体としては共通するところが多い。

この彩色本の祖本となった請来の白描本は、既述のように円仁が揚州で師事した全雅の指導のもとに制作されたものである。全雅については、円仁の『日本国承和五年入唐求法目録』（大正五五・一〇七六頁中）に「大唐内供奉習弘阿闍梨付法弟子全雅阿闍梨」とあり、その師とされる習弘《べんこう》（弁弘）は『大唐青龍寺三朝供奉大徳行状』（大正五〇・二九五頁中）などによると、恵果から胎蔵法をうけた人物である。つまり全雅は恵果の孫弟子にあたることから、全雅の指導による白描本にもとづいた円仁制作の彩色本と、恵果が空海に与えた現図との共通性が高いのも当然のことといえよう。ただし、諸尊の身色や持物といった細部には小異がみとめられ、また比較的顕著な相違として、蓮華部院に現図には無い「奉教」という尊格が前本に加わっていること、外金剛部院の東辺に配される「天婦」という尊格を現図が一尊とするのに対し、前本では二尊とすることがあげられる。

このように台密の胎蔵曼荼羅の場合、現図と同じく十二院の組織であっても、図様の細部に現図とは異なる特徴をもつものが多い。その要因は、円仁制作本の場合は、もとづいた請来本の相違に帰せられるが、胎蔵曼荼羅に対する阿闍梨の個人的な見解にもとづき、現図の図様を改変した場合もあり、その代表的な例として中台八葉院における四仏配位の特徴をあげることができる。

胎蔵曼荼羅の中央に位置する中台八葉院には、八葉蓮華の中心に大日如来、その四方の花弁に四仏が配されている。このうちの四仏が結ぶ印は、現図の場合、東方（上方）が与願印、南方（向かって右方）が施無畏印、西方（下方）が定印、北方（向かって左方）が触地印《そくじ》となっている（図5）。ところが台密寺院に伝来した作例のなかには、東方を触地印、南方を施無畏印、西方を定印、北方を与願印とし、あたかも現図の東方仏と北方仏とを交換したかのごとき配位を示すものがある。その数はさほど多くはないものの、台密最古の作例として名高い平安時代末期の大阪・四天王寺本をはじめ、鎌倉時代の兵庫・太山寺本や滋賀・芦浦観音寺本などが知られている。[18]

そもそも胎蔵曼荼羅の所依経典である『大日経』では、四仏の尊名をあげるのみで、それらの印については説いていない。また尊名にしても、北方仏の名を、巻一の入漫荼羅具縁真言品（大正一八・五頁上）では不動仏とするのに対し、巻五の入秘密漫荼羅位品（大正一八・三六頁下）では天鼓雷音とするという矛盾がある。それゆえ当初から現図のような配位が確定していたわけではないのであり、現図成立以前の胎蔵曼荼羅の様相を伝える胎蔵図像

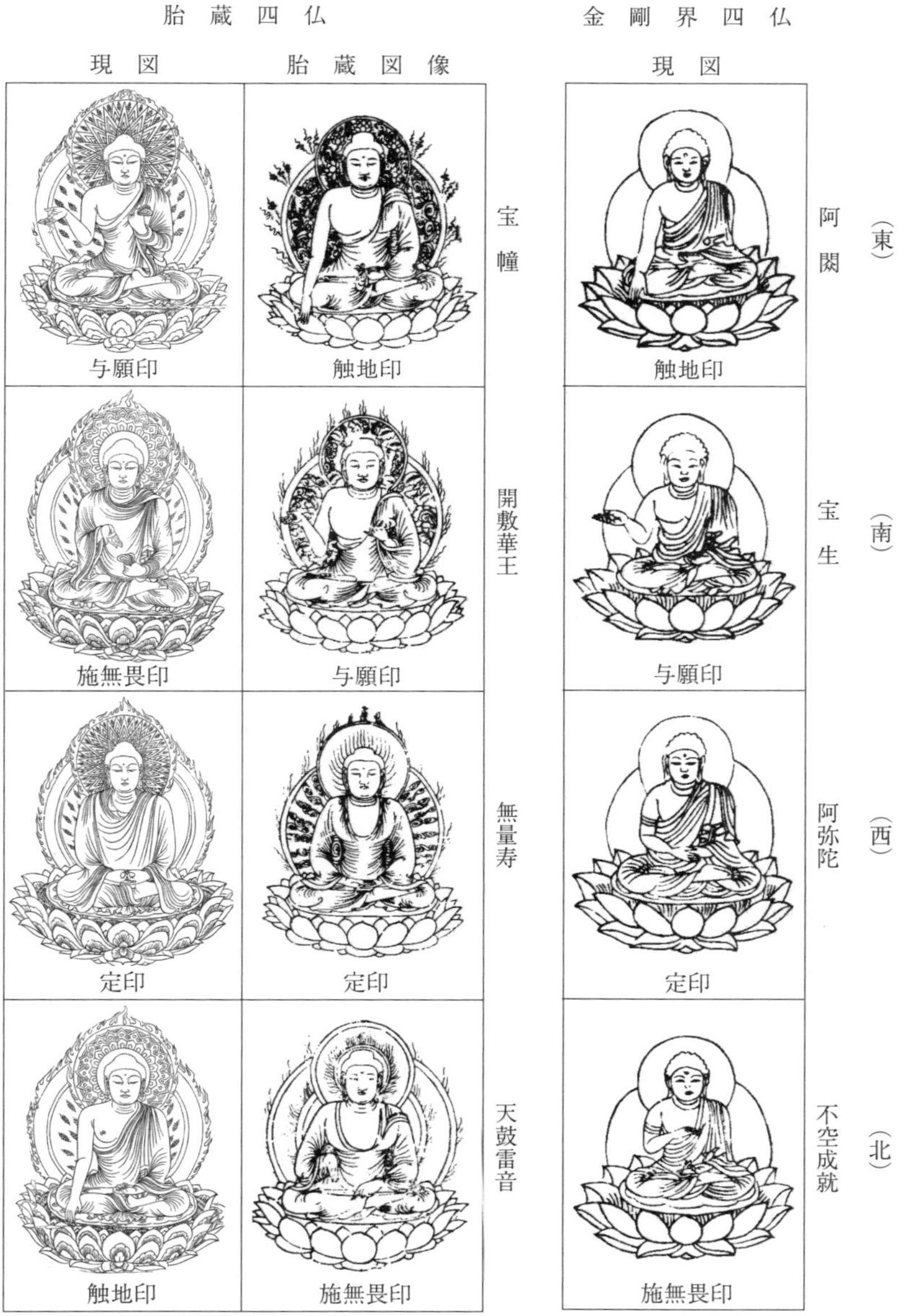

図５　四仏対照表（現図の図像は御室版による）

では、東方を触地印、南方を与願印、西方を定印、北方を施無畏印とし、これは金剛界の四仏と共通するものとなっている（図5）。

このような四仏配位の問題をめぐる一連の記事が、台密谷流の祖である皇慶（九七七～一〇四九）の口決を、弟子の長宴（一〇一六～一〇八一）が記した『四十帖決』のなかにみいだされる（大正七五・八五三頁下～八五四頁上）。それによると、まず台密においては、金剛界の四仏と同じ配位を胎蔵四仏の本来の配位とする見解があり、その例証として「前唐院本」すなわち胎蔵図像があげられている。また現図の配位における最大の問題点は、触地印を北方に配すことだとみなされているが、その根拠として、『大日経』の漢訳者である善無畏は、その註釈書『大日経義釈』（『大日経疏』）のなかで、北方仏の本来の名は不動ではなく、天鼓雷音であると述べていること（続天全、密教1・一一四頁下）があげられている。それというのも不動というのが阿閦如来の別名で、阿閦は通常触地印にあらわされるためであり、北方仏が不動でないならば、触地印を北方に配すはずはないからである。

つまり四仏配位をめぐる台密の見解においては、胎蔵図像の存在と、『大日経義釈』における北方不動仏（触地印）の否定が大きなよりどころとなっているわけだが、そうした見解を実際の作例に適用したのが円珍であり、その制作事情が『祖記雑篇』の「彩色曼荼羅之事」条と「胎蔵八葉東方仏位之事」条（仏全二八・一二二頁下～一二三頁上）に次のように記されている。

すなわち円珍は、貞観九年（八六七）に、清和天皇の母である藤原明子と、その側近である上毛野滋子が、それぞれ発願した両部曼荼羅の制作を指導した。その際、明子発願本の胎蔵曼荼羅には現図と同じ四仏配位を採用したが、滋子発願本では現図の東方仏と北方仏とを入れ替えて東方仏を触地印とし、現図の最大の問題点を解消した。その滋子発願本は円珍の所持本となり、比叡山にもたらされたというのである。

円珍がおこなった現図の四仏配位に対する改変は、『四十帖決』にみたと同じ見解、つまり金剛界に一致する配位こそが胎蔵四仏の本来の配位であるとする見解にもとづき、現図が北方に触地印を配すことを否定し、それを本来の東方へと移すためになされたものである。また、金剛界に一致する配位を本来のものとする見解の背景には胎蔵図像の存在があり、現図の北方触地印を非としたのは、『大日経義釈』における北方不動仏の否定を根拠とするものであった。胎蔵図像と『大日経義釈』が、いずれも『大日経』の漢訳者である善無畏の見解を示すものであることをふまえるならば、円珍が現図の配位を改変した根底には、善無畏によって示された胎蔵曼荼羅の初期的段階における四仏配位を是とし、それに忠実であろうとする意図があったものと推察される。

このほかにも円珍は、現図とは異なる特徴をもつ胎蔵曼荼羅を複数制作していることが、諸史料からうかがえる。まず先にとりあげた『胎蔵界七集』等には、円仁制作の彩色本である「前本」と比較するかたちで、「後本」の諸尊の像容も略述されているが、前唐院と呼ばれた円仁に対し、後唐院と呼ばれた円珍にかかわる彩色本が後本であったと推定される。この後本は前本と同様、蓮華部院に「奉教」があり、外金剛部院の「天婦」を二尊とすることに加え、現図や前本には描かれている虚空蔵院の「曼荼羅菩薩」を欠き、他の諸尊の身色や持物にも現図や前本との相違点が多くみとめられる。

次にあげられるのは、『諸説不同記』において現図と比較されている「叡山曼荼羅」、略称して「山図」である。これについては、京都・仁和寺の禅覚（一一七四～一二二〇）が撰した『三僧記類聚』（内閣文庫蔵写本、一九三函三七六号）に、「諸説不同ニ山図ト云ハ山王院図ナリ、智証本也」とあることによって、円珍とのかかわりを知ることができる。この山図を現図と比較すると、蓮華部院では現図には無い「奉教」と「使者」があり、現図にある「蓮花部使者」を欠き、虚空蔵院では現図にある「曼荼羅菩薩」を欠くほか、ことに外金剛部院における諸尊の配位や尊数に現図との相違が顕著にみとめられる。

このほかに東寺観智院の賢宝（一三三三～一三九八）が撰した『悲生曼荼羅私記』（東寺観智院金剛蔵聖教、第六十二箱3号）には、「或記」からの引用として、真恵僧都なる人物が語った「三井門人説」が記されている。それによると「四大護」という尊格を加えた胎蔵曼荼羅が存在し、その四大護は遍知院の上方、五大院（持明院）の下方というように、四方に細い院をめぐらして一尊ずつ配されていたという。四大護というのは、胎蔵図像には存在するが、それにつづく段階を示す胎蔵旧図様では消失した尊格である。この「三井門人説」にみえる曼荼羅について賢宝は、「自胎記」すなわち円珍の『大悲蔵瑜伽記』の文に合致すると述べたうえで、それは円珍が作成した図であろうかと推測している。「或記」がいかなる史料かは不明だが、その内容は四大護院を加えた胎蔵曼荼羅が三井寺に伝えられていたことを物語るものであり、その作者を円珍とする賢宝の推測も不当ではなかろう。

このように円珍とのかかわりを指摘できる胎蔵曼荼羅は、いずれも現図とは異なる特徴を有している。そのうち上毛野滋子発願の円珍所持本における四仏配位の特徴が現存作例にみとめられることは既述のとおりであり、また『諸説不同記』の山図における特徴のいくつかも、四天王寺本や太山寺本、芦浦観音寺本にみいだすことができる。

『智証大師年譜』（仏全二八・一三八四頁上）によると、円珍は入唐前の承和三年（八三六）に「胎蔵図位」を作成したという。これは円珍の『大日経義釈雑鈔』（仏全二六・六九六頁下）などに「胎蔵図位第一院ニ百十九。上方ニ三十九」云々とみえるもので、図絵ではなく、『大日経義釈』に記されている「阿闍梨所伝漫荼羅」（続天全、密教1・一五〇～一五九頁）の尊位にもとづき、その尊数を計上したものだが、円珍が早くから胎蔵曼荼羅に対する関心をいだいていたことがうかがえる。また元慶六年（八八二）、入唐中に師事した智恵輪三蔵に送ったとされる『疑問』および『些些疑文』（仏全二七）には、外金剛部院南方の尊数をめぐる疑問をはじめ、胎蔵曼荼羅についての質問が散見され、その関心は晩年にいたるまでつづいていたようである。こうした胎蔵曼荼羅に対する強い関心から、円珍は胎蔵図像や『大日経義釈』、あるいは他の諸資料を参照しつつ、さまざまな図様の胎蔵曼荼羅を制作したのであろうと考えられる。現存する台密の諸作例にみられる図様の特徴の多くは、円珍の創意工夫に起因するということができよう(19)。

五　まとめ

台密における両部曼荼羅の受容は、最澄の時代にさかのぼる可能性も皆無ではないが、その本格的な導入は円仁によっておこなわれたということができる。円仁が嘉祥二年（八四九）の勅修灌頂のために制作した彩色本は、東密における現図と同様、台密の正統な祖本として位置づけられ、尊重されたと考えられる。ただし円仁制作本は、本来一具ではない白描の請来本をもとに制作されたものであり、現図のように権威ある彩色の請来本に連なるものではなかった。それゆえに金剛界曼荼羅の場合には、円仁請来本にもとづく八十一尊曼荼羅も少なからず制作されたのであろう。また円珍が胎蔵曼荼羅の図様にさまざまな創意工夫を加えたのは、胎蔵曼荼羅に対する円珍個人の強い関心にもとづくのではあろうが、それが可能であった背景には、彩色の請来本という絶対的な証本が台密内部に存在しなかったという事情が大きくはたらいているのではないかと推察される。

註

（1）高雄曼荼羅とその白描図像、御室版については、美術研究所報告『高雄曼荼羅の研究』（吉川弘文館、一九六七年）を参照。

（2）東寺における転写の経緯は、高田修「東寺と正系現図曼荼羅の相承―新出大幅彩色古曼荼羅三本の調査概報―」（『仏教芸術』二四、一九五五年。のちに同著『仏教美術史論考』中央公論美術出版、一九六九年に収録）に詳しい。

（3）『釈迦会不同』を安然撰とすることは疑問視されており、正しくは丹波国水尾禅門寺の玄静（九世紀後半～十世紀はじめ頃）の撰であると考えられる。これについては拙稿「『秘蔵記』の胎蔵曼荼羅尊位」（『奈良美術研究』四、二〇〇六年）の註39、および津田徹英・淺沼桂子・髙橋かおり・東條由紀・原浩史「〈美術史料紹介〉東寺観智院金剛蔵本（建武二年写）『諸説不同記』巻第三・蓮華部院（上）翻刻・校訂・影印」（『史友』四八、二〇〇六年）所収の津田徹英「蓮華部院をめぐる問題（上）」を参照されたい。

（4）現図という呼称については、高田修「高雄曼荼羅の図像」（前掲註（1）『高雄曼荼羅の研究』）を参照。

（5）東密において現図系に属さない作例としては、現存最古の彩色両部曼荼羅である東寺所蔵の通称西院曼荼羅（または伝真言院曼荼羅、九世紀後半）と、高雄曼荼羅とならぶ金銀泥絵の大作である奈良・子島寺所蔵の通称子島曼荼羅（十一世紀はじめ）が知られている。西院曼荼羅については拙稿「東寺蔵「西院曼荼羅」をめぐる一試論」（真鍋俊照博士還暦記念論集『仏教美術と歴史文化』法藏館、二〇〇五年）を、子島曼荼羅については加須屋誠「子島曼荼羅試論」（京都大学文学部美学美術史研究室『研究紀要』九、一九八八年）を参照されたい。なお西院曼荼羅の場合、定金計次「教王護国寺蔵「伝真言院曼荼羅」の再検討」（曾布川寛編『中国美術の図像学』京都大学人文科学研究所、二〇〇六年）では、これを請来本とする見解を示している。

（6）「三十七尊様一巻」についての以上の記述の詳細は、拙稿「青蓮院旧蔵の金剛界曼荼羅諸尊図様と最澄請来「三十七尊様」をめぐる諸問題」（『日本仏教綜合研究』創刊号、二〇〇三年）を参照されたい。

（7）柳澤孝「青蓮院伝来の白描金剛界曼荼羅諸尊図様」上・下（『美術研究』二四一・二四二、一九六六年）、のちに『柳澤孝仏教絵画史論集』（中央公論美術出版、二〇〇六年）に収録。

（8）小野勝年『入唐求法巡礼行記の研究』一（鈴木学術財団、一九六四年）三九一頁・四二八頁・四五二頁。

（9）円珍請来本が宇佐大神宮寺に奉納された経緯については、佐伯有清『円珍』（吉川弘文館、一九九〇年）一七四～一七六頁を参照。

(10)　渋谷慈鎧編『校訂増補　天台座主記』（第一書房、一九七三年）三七頁。
(11)　拙稿「胎蔵四仏の配位における台密系の特徴—円珍による現図系配位の改変—」（『美術史研究』三七、一九九九年）。
(12)　胎蔵図像から胎蔵旧図様を経て現図へと展開する過程や、それらの図像学上の特徴については、石田尚豊氏によるすぐれた研究（『曼荼羅の研究』東京美術、一九七五年）がある。
(13)　完本を請来本とする見解は、田中一松氏や高田修氏が提示したもので、今日では一般にみとめられているが、近年、王雲氏は、前欠本を請来本とする新説を発表している。
田中一松「園城寺蔵五部心観について」（園城寺円満院蔵本影印版『五部心観』園城寺五部心観刊行会、一九三九年）、のちに同著『日本絵画史論集』（中央公論美術出版、一九六六年）に収録
高田　修「『五部心観』の研究—その記入梵語に基く考察—」（『美術研究』一七三、一九五四年）、のちに同著『仏教美術史論考』（中央公論美術出版、一九六九年）に収録
王雲「園城寺蔵『五部心観』について」（『仏教芸術』二八四、二〇〇六年）
(14)　五部心観と『六種曼荼羅略釈』との関係、および両者の重要性については、小野玄妙「惺多僧蘖哩五部心観の研究—善無畏三蔵所伝の金剛頂宗に就て—」（『仏教の美術と歴史』大蔵出版、一九三七年。開明書院より『小野玄妙仏教芸術著作集』第九巻・第一〇巻として再刊、一九七七年）を参照。
(15)　五部心観の転写本には、承安三年（一一七三）の和歌山・西南院本（旧釈迦文院本。『密教美術大観』第一巻「両界曼荼羅」朝日新聞社、一九八三年、一四一～一四八頁）、建久五年（一一九四）の兵庫・武藤家本（大正図像二・一四九～一九〇頁）などがある。
(16)　高木訷元「御請来目録についての二、三の問題」（『密教学研究』五、一九七三年）。
(17)　金剛界八十一尊曼荼羅については、左記の諸論考を参照されたい。
小野玄妙「弘法大師御請来の金剛界八十一尊大曼荼羅に就いて」（『密教研究』六二、一九三七年）
田中一松「金剛界八十一尊大曼荼羅の一考察」（『国華』六七四、一九四八年）、のちに同著『日本絵画史論集』（中央公論美術出版、一九六六年）に収録

高田　修「台密の両界曼荼羅について」（『田山方南先生華甲記念論文集』田山方南先生華甲記念会、一九六三年）、のちに同著『仏教美術史論考』（中央公論美術出版、一九六九年）に収録
錦織亮介「求菩提山如法寺旧蔵　両界曼荼羅図―金剛界八十一尊曼荼羅図の一作例―」（『西南地域史研究』四、一九八〇年）
小久保啓一「東寺の八十一尊曼荼羅」（『大和文華』七五、一九八六年）
臺信祐爾「出光美術館両界曼荼羅図（鎮国寺旧蔵）」（『ＭＵＳＥＵＭ』四二四、一九八六年）
有賀祥隆「根津美術館本　金剛界八十一尊曼荼羅覚書」（根津美術館学芸部編『仏教の聖画―十二世紀を中心とする平安仏画の精髄―』根津美術館、一九九六年）
(18) 四天王寺本・太山寺本・芦浦観音寺本には、ほかにも現図と異なる図像的特徴がある。このことついては、左記の論考に詳しい。
石田尚豊「両界曼荼羅図　大阪四天王寺蔵―台密系両界曼荼羅の一考察―」（『ＭＵＳＥＵＭ』一七二、一九六五年）、のちに同著『日本美術史論集―その構造的把握―』（中央公論美術出版、一九八八年）に収録
佐々木進「近江・芦浦観音寺の両界曼荼羅図―台密系両界曼荼羅の一作例として―」（『仏教芸術』一六三、一九八五年）
(19) 台密の胎蔵曼荼羅をめぐる以上の記述についての詳細は、拙稿「胎蔵四仏の配位における台密系の特徴―円珍による現図系配位の改変―」（『美術史研究』三七、一九九九年）、同「台密の胎蔵曼荼羅」（『南都仏教』九〇、二〇〇七年）を参照されたい。

参考文献

小野玄妙『仏教之美術及歴史』（仏書研究会、一九一六年。開明書院より『小野玄妙仏教芸術著作集』第二巻・第三巻として再刊、一九七七年）
大村西崖『密教発達志』（仏書刊行会図像部、一九一八年。国書刊行会より再刊、一九七二年）
栂尾祥雲『曼荼羅の研究』（高野山大学出版部、一九二七年。臨川書店より『栂尾祥雲全集』第四巻として再刊、一九

八二年）
小野玄妙『仏教の美術と歴史』（大蔵出版、一九三七年。開明書院より『小野玄妙仏教芸術著作集』第九巻・第一〇巻として再刊、一九七七年）
高田　修『仏教美術史論考』（中央公論美術出版、一九六九年）
石田尚豊『曼荼羅の研究』（東京美術、一九七五年）
佐和隆研・濱田隆編『密教美術大観』第一巻「両界曼荼羅」（朝日新聞社、一九八三年）

Ⅸ　天台宗の造形世界

久保智康

一　はじめに

日本仏教諸宗の中で、天台宗はおそらく最も先鋭的かつ創造的な造形を担ってきた。中国天台の複合的な教学を範としながら、さらに一方の一翼に密教を据えて、円密一致という言葉に象徴される独自の教説が構築された。また徹底した現実肯定思想を根幹にもつので、個々の教義に対する異なった見解も許容されたに違いない。そして中国天台山、五台山周辺の教学情報を断続的に共有した比叡山では、平安時代の早いうちから、日本仏教じたいの要石ともいうべき本地垂迹思想や浄土教をも胚胎したのである。

このように総合的で融合的な教学体系をもつ日本天台宗であるから、生み出された造形は、ある教説に基づいた様式を厳密に踏襲し純化するというよりも、新たな様式を突如として、あるいは枝分かれ的に生み出すというベクトルの方が強かったといえる。また本章で事例を示すことになるが、日本天台僧の中に、教説理解のため示された譬喩を事相の中で具現化しようとする志向性が顕らかなことも、天台の造形世界を多様なさしめた一要因であったと思われる。

　ともあれ日本天台は、仏像・仏画の尊格表現から、写経、仏具・荘厳具《しょうごん》、さらには仏堂・鎮守社を包括する宗教空間という場に至るまで、時代時代の造形を強力に牽引したといってよい。ただそれらの裾野はすこぶる広く、各々を少しずつ取り上げ全体を概観しても、天台の造形の本質に迫ることは難しい。筆者は工芸史・考古学を専門とするので、本章では対象をその辺りに絞り込み、内在する問題の要諦を考えていきたい。

二　円密一致の造形と場

鏡像の創出

　平安時代半ば頃、銅鏡の鏡面に尊像を線刻した鏡像が出現した。最も早い例は、入宋した東大寺僧奝然《ちょうねん》が雍熙二年（九八五）台州開元寺において造立し、翌年日本に将来した釈迦如来立像（京都・清凉寺本尊）の胎内に納められていた水月観音鏡像であるが、明らかに本邦製と判じうる鏡像も、直後の永延二年（九八八）銘をもつ阿弥陀五尊鏡像（重文、個人蔵）を最古として、同三年（九八九）銘の胎蔵界中台八葉院曼荼羅鏡像（『集古十種』所収）、長徳三年（九九七）銘の胎蔵界中台八葉院曼荼羅鏡像（重文、鳥取・三仏寺蔵）、長保三年（一〇〇一）銘の蔵王権現鏡像（国宝、東京・總持寺蔵）と続く。

　阿弥陀五尊鏡像には、天台が重視した金剛界八十一尊曼荼羅[1]の西方仏で、四種三昧の一つ常行三昧の道場たる常行堂の本尊でもある宝冠阿弥陀像を線刻する（第四節で詳述）。『集古十種』所収鏡像（図1）は、近世に秋田周辺で出土したのち藩主佐竹家へ献上されたもので、瑞花双鳳八稜鏡の背面に「仏師天台僧蓮如」と刻む。三仏寺伝来鏡像と總持寺蔵鏡像も、後述するように、天台の思想を明確に反映した図像、種子を表している。

このように初期鏡像は、いずれも天台僧が直接製作に関わり、創出の背景についても、天台の教説からいくつかの想定が可能である。[2] 第一は、智顗が『摩訶止観』の「止観大意」（大正四六・九頁上）で説く、明・像・鏡をそれぞれ空・仮・中の三諦に譬えた譬喩と、そこから「鏡像円融」の口決（本質、真理としての性〔鏡〕と姿、現象としての相〔鏡に映った像〕が不二、円融であることを説く）を生む過程で、鏡像が発想された可能性である。教学史的には、このような口伝法門の成立は少し降った院政期とされるが、二大流派恵心流、檀那流の基点となった源信、覚運や師である良源ら比叡山学匠が生きた時代に、「鏡像」譬喩から実体としての鏡像が胚胎したことは十分考えられる。

図1　胎蔵界中台八葉院鏡像

第二は、密教の灌頂において阿闍梨が弟子に授ける明鏡から鏡像が発想された可能性である。『大日経』巻二の入漫荼羅具縁真言品第二之余偈文（大正一八・一二頁上）と、『大日経義釈』巻六の解説（続天全、密教1・二三二頁下〜二三三頁上）によれば、明鏡はさまざまな像をあまねく映し出すべく清浄にして穢濁のないことが、心性清らかなことを象徴する上で重要なのであり、また像即鏡、鏡即像であることが諸法実相にほかならず、智

（真理、悟り）と鏡も無二無別の関係である、という。この教説は、前述の「鏡像」譬喩、あるいは「鏡像円融」の考え方にも通底し、自性本有の姿、ひいては仏の姿を観照するという過程を経て、灌頂具の明鏡鏡面に仏を描く、という具体行為へとつながった可能性が考えられる。

第三は、密教の胎蔵界中台八葉院の観想から、事相として鏡像が創出された可能性である。初期鏡像には中台八葉院を線刻した例が目につく。『大日経』巻三の成就悉地品第七（大正一八・二二頁下〜二三頁上）では、華台に大日たる阿字を顕した八葉蓮華、中台八葉院が円鏡の奥深くにあり、水に映る月のごとく衆生の前に現れることを心性として観ずべきことを説き、観想の具体的方法が述べられる。また『大日経』巻三の悉地出現品第六（大正一八・一八頁下）では、鏡漫荼羅の大蓮華王座について説く。一方『大日経義釈』巻九（続天全、密教1・四三八頁下〜四三九頁上）でも、初行者の行中には、実際に蓮台と鏡のごとき円明と阿字を書くことを勧める。観想の場でかかる事相解釈がより深められたとき、実体としての円鏡に中台八葉院を刻線で描く、ということも十分起こり得たはずである。

なお鏡像の具体的な使用については、行者の面前に懸垂する方法がまずは考えられるが、田辺三郎助氏は、いわゆる「印仏」のごとき用い方を提唱した(3)。印仏は、『阿娑縛抄』第一七八「印仏作法」（大正図像九・五七〇頁下〜五七一頁中）などに見られるところの、水上や香煙中そして虚空に押捺する所作を行い、諸仏を観想するための具である。隋・唐代の文献に散見し、日本には早くも円仁が「鍮鉐印仏一面一百仏」を将来していて（『入唐新求聖教目録』、大正五五・一〇八四頁下）、『天台霞標』所収の「前唐院資財実録」（仏全四一・九頁中）にも「伝法灌頂鏡一面」などと共に「印仏一面千仏」が見えている。鏡像そのものを印仏作法で用いたという形跡は史料中に見出せてはいないが、十分あり得る想定であろう。いずれにしても、鏡像が密教観想の事相であった可能性はきわめて高い。

円密一致の図像

日本天台宗における鏡像創出の背景は如上のように説明されるが、鏡面に表された図像そのものにも、天台の思想の根幹に関わる意図的な構成が見え隠れする。三仏寺伝来の胎蔵界中台八葉院鏡像（図2）は、中心円相内に胎蔵界大日如来、四方には、北（向かって左）から時計回りに天鼓雷音・宝幢・開敷華・無量寿の四如来を配するが、大日は、空海将来の現図曼荼羅の姿をとらず、より古様とされる円珍将来の『胎蔵旧図様』（大正図像二・四八〇

図2　胎蔵界中台八葉院鏡像

頁）に一致していることから、まず本鏡が天台密教の側で製作されたことを窺わせる。大きな問題は四如来の間に描かれる四菩薩の配置で、現図であれば北西（左下）から観音・弥勒・普賢・文殊の順に配されるところを、普賢が右下、すなわち南西に位置し、しかも胎蔵界普賢の図様でなく合掌騎象の姿をとっている（図3）。さらに中台八葉院の右方に十一面観音、左方に火焔を負う天部像、下方に如意を持した比丘を表して、独自の図像を構成する。

本鏡像の図像については、四菩薩配置が永延二年（九八八）に源信らが比叡山横川如法堂内に造立した多宝塔四菩薩の配置と一致するところから、本鏡像製作に源信が直接関与したとする松浦正昭氏説[4]や、合掌騎象の普賢の図様が円仁将来の「白描普賢影」によることを指摘し、大日・十

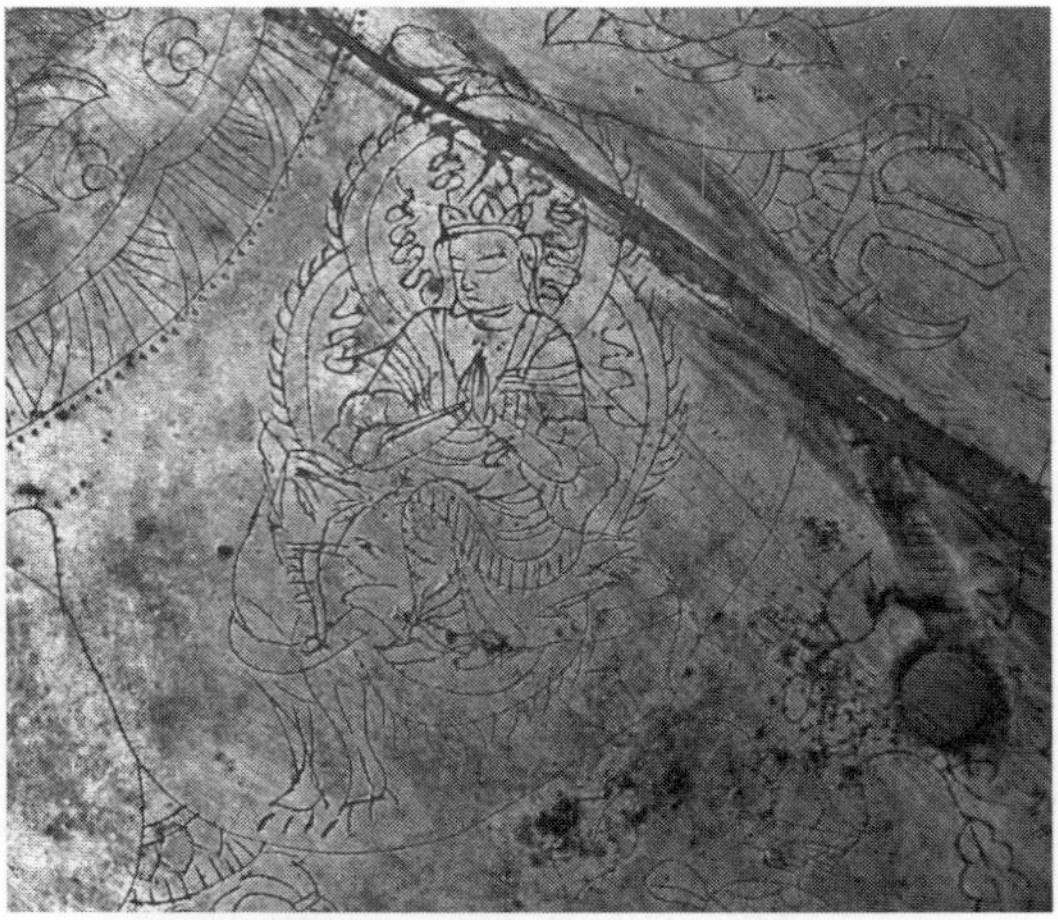

図3　胎蔵界中台八葉院鏡像　部分　普賢菩薩像

一面観音・天部像の組み合わせが横川に円仁が造営し良源により復興された「首楞厳院の尊像構成と一致する」ことから、比叡山横川における良源周辺の円仁顕彰の動きを製作背景に想定する増記隆介氏説(5)がある。確かに、年紀と横川の動向との符合、そして源信が幼年時に夢に見た、多数の鏡への僧の説示が横川へ上がる契機となったとする伝記（『楞厳院廿五三昧結衆過去帳』(6)など所収）も合わせ、本例のごとき鏡像が源信周辺に存在したことは十分考えられる(7)。しかし両説をもってしても、四菩薩配置の移動と普賢菩薩の図像の変更を説明することは難しい。

留意すべきは、普賢が向かって左方向に向くことである。通例の尊像配置を想えば、これと対の位置、つまり劣化で線刻の目視できない中尊左下に、右向きの文殊菩薩が描かれていた公算が大きい。しかれば、中尊はいうまでもなく釈迦如来で、文殊・普賢と共に釈迦三尊像を構成したはずである。すなわち普賢菩薩の図像変更を問題基点に据えるなら、中台八葉院中心の大日如来そのものが、一見したところの矛盾を内包することになる。

円密一致の場—大日と釈迦—

十世紀末頃の天台の造形において、胎蔵界中台八葉院の中心に描かれた大日如来が「釈迦如来」と認識される、といったことがはたして起こり得たのであろうか。ここでいったん延暦寺東塔の講堂に目を転じたい。じつはこの場所にこそ、三仏寺鏡像と同根の尊格奉安がなされていた。講堂は、最澄始修の法華十講や良源始修とされる法華大会広学竪義など、『法華経』等の論義を行う顕教法会の場である。『叡岳要記』（永和五年、一三七九以前の成立。平安時代の記録を多く引用。群書二四・五一二頁下）は、天長元年（八二四）、淳和天皇の勅による建立とし、同七年には義真座主の勧進により大日如来を造立したとする。本尊は『山門堂舎記』（群書二四・四七三頁下）に「胎蔵大毘盧舎那木造」、『阿娑縛抄』「諸寺略記」（大正図像九・七六六頁中）に「金色胎蔵大日如来坐像　居高八尺」とあって、現在の大講堂に至るまでこれを踏襲している。一見『法華経』教主釈迦如来が相応しいと思える講堂で、大日如来を本尊として、その前で連綿と『法華経』論義が行われてきたのである。

天台宗が説く仏身はいうまでもなく法・報・応の三身で、それらの相即を強調するが、『法華文句』巻九下では次のように述べる。

法身如来を毘盧遮那と名づく。此には遍一切処と翻ず。報身如来を盧舎那と名づく。此には浄満と翻ず。応身如来を釈迦文と名づく。此には度沃焦と翻ず。（大正三四・一二八頁上）

一方『摩訶止観』巻九下（大正四六・一二八頁上中）では、蔵・通・別・円の四教と諸仏の関係について論ずる中で、「円教の毘盧遮那仏の坐道場は、虚空を座と為す。」として、円教の教主が毘盧遮那仏にほかならないと説く。つまり、天台宗の仏身説と四教説によれば、円教の中核たる『法華経』の教主は、応身の釈迦如来よりも法身の毘盧遮那如来が正当ということになるのである。[8] 大久保良峻氏は、『大日経義釈』巻三（続天全、密教1・八二頁

図4　胎蔵界中台八葉院鏡像
部分　十一面観音像

図5　胎蔵界中台八葉院鏡像
部分　僧形像

下）に、「今此の中の妙法蓮華漫荼羅の義は、毘盧遮那本地の常心なり。」と説き、『法華経』の結経『観普賢菩薩行法経』に、「釈迦牟尼を、毘盧遮那遍一切処と名づく。」と記すことから、「毘盧遮那仏は円密一致を標榜する日本天台の教義の中核を担う仏ともなってくる」と論じた(9)。

以上のことは、『叡岳要記』の大講堂の項（群書二四・五一三頁下）でも、「一行の釈に云う。法華教主は毘盧舎那大日なり。法華経中に、毘盧舎那如来遍一切処、釈迦牟尼常寂光土とす。」などと記すので、中世の比叡山内でもきちんと認識されていたことがわかる。したがって、それより早い平安時代半ばの天台僧が、かかる大日如来の存在意味を踏まえて三仏寺鏡像の図像を案出した蓋然性は大きい。つまり普賢菩薩を顕教系の合掌騎象図に変え、胎蔵界曼荼羅の方角を無視して、おそらく文殊と共に大日の脇士的位置に置いたのは、中尊を応身仏の釈迦とした顕教側の釈迦三尊像を胎蔵界曼荼羅に組み込もうとする企図にほかならない。

もっとも、延暦寺講堂で大日（釈迦）と文殊・普賢の三尊構成がなされたかといえば、そうではない。『叡岳要記』や『山門堂舎記』、さらには『弘安八年大講堂供養記』（群書二四）に至るまで、本尊胎蔵大毘盧舎（遮）那如来の眷属として、左脇士弥勒菩薩、右脇士十一面観音と観世音菩薩像、六天像、梵天帝釈四天王像、文殊師利聖僧像を列記している。ここで想起されるのは、三仏寺鏡像の右端に十一面観音、左端に天部像（ただし判別しにくい）、下端に持如意の僧形像を描くことである（図4・5）。三尊格の意味合いはこれだけを見ていても説明し難いが[10]、あるいは講堂の眷属を念頭に置いていたのかも知れない。とすれば、鏡像の持如意僧形像は「文殊師利聖僧像」ということになるが、この点は別の方面からの検討が必要で、本章では可能性の指摘に留める。

以上のように三仏寺鏡像は、延暦寺講堂本尊が直截に体現した円密一致思想を、実際の胎蔵界曼荼羅上に投影したきわめて貴重な事相の作例ということができる。水上文義氏は、中世天台の疑偽書である『講演法華儀』『諸品配釈』『両界和合儀』の三書にみる、胎蔵界中台八葉院上に『法華経』の諸本を当てた円密一致思想の「曼荼羅」について検討し、「図像遺例があるわけでもな」く「異端でさえある」ところに、偽経偽書を作してまで独自の口伝を展開し伝承した中世天台の特徴を見出そうとした[11]。三仏寺鏡像は、図像こそ三書と異なるものの、大日そのものを釈迦と同体視しようとしたという点で、それら偽「曼荼羅」の構想の先駆であったことが明らかで、しかも平安時代半ばという早い時期に出現した実作曼荼羅であるという意義を強調しておきたい。

三　『法華経』の造形と場

法舎利信仰の造形―相輪樘―

天台宗の造形を、真言宗のそれと比した場合の最大の相異は、前節で述べた円密一致の造形の有無である。しかし別の位相においても、これに匹敵する大きな違いを指摘しうる。それは、尊崇すべき舎利観の違いである。真言宗では、空海の将来にはじまる身舎利（文字通りの釈尊遺骨）への信仰が圧倒的で、粒数を増やしつつ、さらなる将来舎利も加えて、夥しい身舎利とそれらを奉安する舎利容器が造形された。鎌倉時代に入り、叡尊ら真言律の僧が新たな舎利信仰を喚起したことはよく知られるところである(12)。

一方の天台宗にあっては、時代を通じて、積極的な身舎利の造形を行った形跡がない。それはおそらく、宗祖最澄の熱烈な法舎利、すなわち経典への崇敬を基底とした宗風とでもいいうる特色であろう。最澄は、国土安鎮の効験の第一を経典に求めて、弘仁九年（八一八）という早い時期に日本国六所宝塔院造立を発願した。『元亨釈書』はこれを以下のように叙述する。

願い有て六塔婆を造る。六千部経王を置き、東州二所（上野・下野）、中国二所（近江・山城）、西州二所（筑前・豊前）、今叡山東西両塔は中国二所なり。（　）内筆者　（仏全六二・七三頁中）

周知のように、比叡山三塔のうちの東塔・西塔という呼称はこの近江宝塔院と山城宝塔院に由来している。両宝塔院のうち山城宝塔院は、比叡山中の山城・近江国境、正確にいえば近江側に造立された。今の西塔釈迦堂の背後の通称香炉丘に遺る広大な平坦面がその遺跡である(13)。そしてその最高所、まさに山城・近江国境線上の小丘に、重要文化財の相輪樘が立つ（図6）。これは貞享四年（一六八七）徳川四代将軍綱吉の造営になるもので、本来木造塔の上部にある相輪がそれのみ立つ様は、天台宗独自の造形として強い印象を与えている。しかし、当初の相輪樘は、今よりはるかに異形な造形性をみせていた。

図６　延暦寺西塔　相輪樘

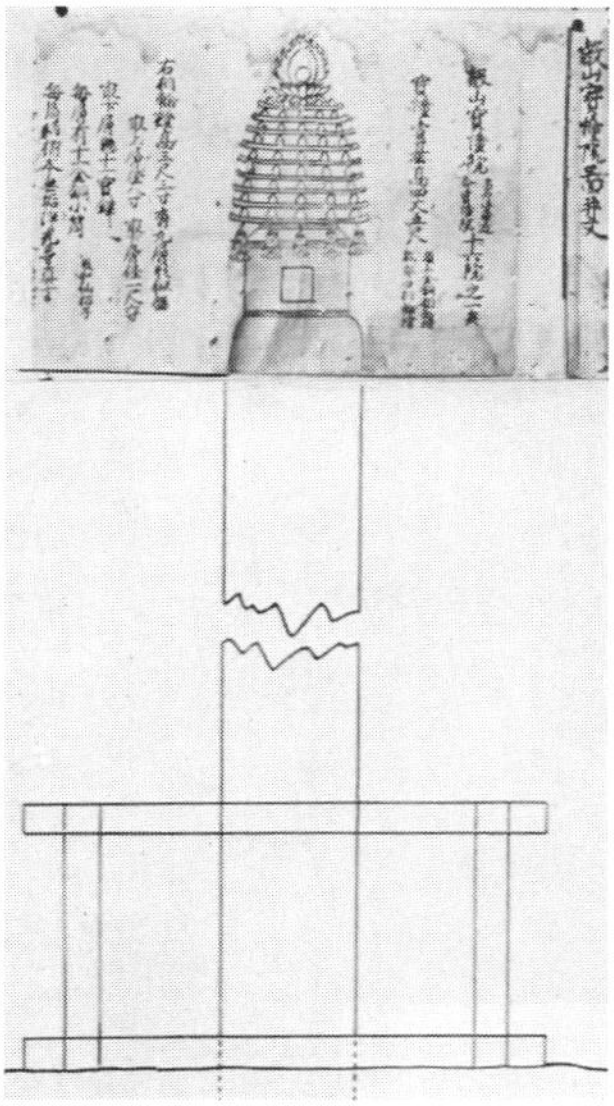

図７　相輪樘　復元図

相輪樘の初期形態については、すでに景山春樹氏と西村冏紹氏の考察がある。(14)『伝教大師全集』五所収の最澄撰とする銘文から、弘仁十一年（八二〇）九月の建立と知られる。最も詳しい『三塔諸寺縁起』の記述は瞠目に値する。

> 宝幢一基、高四丈五尺　頂上金銅相輪樘、故に亦相輪樘と曰う。
> 右相輪樘、高三尺三寸、層有て形盤に似る。最上層径八寸、最下層径一尺六寸、十一宝鐸を懸る。毎層十一金銅小筒有りて、形仙枯子の如し。毎筒摺本無垢浄光等真言を納む。幢頂上輪樘下に金銅桶一口を置く。桶裏に造幢碑文並びに写経真言等人々名、銅桶に有り。
> （続群書二七下・四九二頁下～四九三頁上）

また塔身に納置した金銅桶中の経論は、『妙法蓮華経』二部一六巻をはじめとして、二十種五八巻に及んだという。最上部に高三尺三寸（約一メートル）の金銅製十一重多層塔（相輪樘）を戴いた総高四丈五尺（約一三・六メートル）の柱の屹立する様は、山城・近江両国の山下からも目を引いたに違いない。多層塔の細部については、仁和寺聖教中の「叡山宝幢院図幷文」に、右と同内容の記述と共に詳細な見取り図が載る。景山春樹氏は、『天狗草紙』叡山之巻（東京国立博物館蔵）の描写を柱基部構造に援用し、図7のように全形を推定した。

寺院境内にすこぶる高い木柱を立てるという発想の淵源は、大陸から導入され、古代寺院の仏堂前で二本の石製支柱により立てられた幢竿などからヒントを得たとも想像される。しかし金銅多層塔そのものの造形は、唐や新羅、本邦平安時代以前の遺品に系譜を見出し難く、最澄自身の創案によった可能性が高い。またそこに、多数の経巻をおそらく半永久的に封入するということは、法舎利に国土安鎮を期待してやまない最澄ならではの作善であったに違いない。

『法華経』信仰の場―横川如法堂と板彫法華経曼荼羅―

最澄の法舎利に対する尊崇は、弟子の円仁に受け継がれた。比叡山横川が、円仁の如法経書写に由縁して、とくに『法華経』信仰に関わる場として平安時代に喧伝されたことはよく知られる。その中心は、かの如法経を円仁在世時に小塔に安置して奉安した如法堂（『門葉記』所収「如法経濫觴類聚記」、大正図像一一・一〇四二頁中）である。永延二年（九八八）に記された「新造堂塔記」（大正図像一一・一〇四二頁下）によれば、源信が摂州刺史江大夫（大江為基）を檀越として新たな如法堂を新造したとする。そこでは、二重の基壇上に白蓮華を置き、新塔と旧塔の二宝塔を建てて、各々に金色の釈迦如来と多宝如来の二尊像を安置。さらに宝塔の周りを、普賢・文殊・弥勒・観音の四菩薩が囲繞していたという。じつはこのことも、胎蔵界の大日如来を取り巻く四菩薩との一致をみて、横川の源信周辺で、『法華経』に親近する仏菩薩を胎蔵界のそれに当てる円密一致の事相が胚胎していたことを如実に物語っているのは、前節の検討結果から了解されよう。

それにも増して、同時代の『法華経』世界の仏菩薩観を表している作例として特筆されるのが岐阜・横蔵寺伝来の板彫法華経曼荼羅（重文）（図8）である。中央に釈迦・多宝両如来が並坐する宝塔を置くのは、釈迦の説法中に巨大な宝塔が地中より湧出し、中の多宝如来が釈迦に半坐を譲った、という『法華経』見宝塔品に基づくのはいうまでもない。時代はかなり遡るが、北魏に頻出する釈迦・多宝の二仏並坐像は早い時期の『法華経』美術として知られ、また韓国・慶州仏国寺に代表される釈迦塔・多宝塔という双塔形式の石塔が統一新羅時代に造立されたりもしていて、古代東アジアで共有された造形ではある。四段に分かった区画の三段目には、宝塔の左右に合掌騎象の普賢、騎獅の文殊と、さらにその両脇に観音、弥勒の四菩薩を配して、横川如法堂の堂内を彷彿とさせる。

興味深いのは二段目に表された四如来で、左右端に上品上生印の阿弥陀如来（西方仏）と薬壺を左掌に持つ薬師如来（東方仏）を表す。さすれば、内側の二仏は北方仏と南方仏になることが明らかで、阿弥陀の右側は、左手に袈裟を持つところから、胎蔵界曼荼羅の北方仏、天鼓雷音如来と思しい。ただし、右手を上方へ上げる姿は通用の現図曼荼羅のそれでなく、成立がより古く円珍将来になる『胎蔵図像』（大正図像二・二〇一頁）に拠っている。一方、薬師如来の左側は、法界定印を組む南方仏ということで、弥勒如来が該当しよう。酷似する像様の石彫像（重文、奈良国立博物館蔵）が長崎の壱岐・鉢形嶺経塚から出土している[15]（図10）。背中の長文の刻銘から、本像が延久二年（一〇七〇）に肥前国司佐伯良孝を大檀越に、「天台僧教因」が『法華経』を胎内に納置した弥勒如来であることが知られ、後述するように、末法思想に基づいて平安時代後期にかけて天台宗が推進した経塚造営の根拠となる尊格なのであった[16]。すぐ下段に弥勒菩薩を配置しているので一見奇異にも思えるが、四如来に列する理由は十

図８　板彫法華経曼荼羅

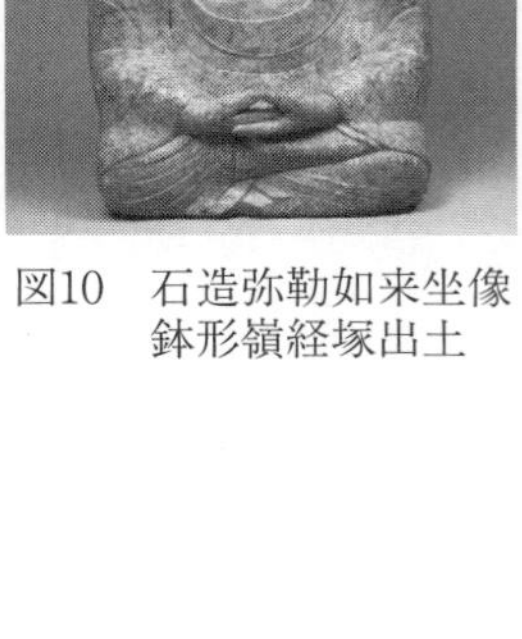

図10　石造弥勒如来坐像
鉢形嶺経塚出土

図９　板彫法華経曼荼羅
裏面

分にある。右端の薬師如来は、いうまでもなく最澄が比叡山一乗止観院の本尊として自刻した薬師像にはじまる鎮護国家の霊験仏として、天台宗の最重要尊格である。また左端の阿弥陀如来も、まさに源信ら横川僧たちが土台を築いた天台浄土教に基づいていよう。すなわち、この法華経曼荼羅の二段目の四仏は、既成の経軌によらず、平安時代半ばから後期にかけての天台宗の諸活動を象徴する尊格を勧入したことが知られるのである。

なお本品の裏面には宝幢形の把手が設けられていて（図9）、平安時代の一連の板彫曼荼羅と基本的に同じ構造になる。これらは第一節でふれたところの「印仏」にほかならない。本品は右で述べたごとき融合主義的図像を、密教の印仏作法にのっとって、空中、香煙中に押捺し観想を進めたものであろう。かかる発想は、横川で『法華経』信仰を主導した源信あるいはそれ以降の僧たちの間で生まれた可能性が高く、これもまた円密一致の造形の典型例といわねばならない。

金峯山の『法華経』信仰と蔵王権現

六世紀頃の中国で、釈迦の入滅後に、仏教は正法、像法、末法の三時を経て衰亡するという末法思想が語られるようになった。正法を五百年とする説と千年とする説があったが、最澄は後者を採り、彼の時代を像法と捉えて、仏法をより積極的に広める動機とした。その説によれば、永承七年（一〇五二）に末法へ入ることとなり、平安時代半ば以降、人々に社会混乱や天変地異の背景として強く意識されることとなる。そして末法の世でなさねばならないこととして、弥勒菩薩が五十六億七千万年後に如来となって下生するまで経典を地中で保存せんとする作善が、法舎利信仰を重視する天台僧を中心に勧められたのである。

藤原道長は、寛弘四年（一〇〇七）八月に金峯山に詣で、金銅製経筒（国宝、奈良・金峯神社蔵）（図11）に写経

図11　金銅経筒　金峯山経塚出土

を納めて埋納した。経筒には長文の銘[17]が刻まれていて、自筆の日記『御堂関白記』の記述とあわせ、埋経の状況がつぶさに判明する。銘によれば、書写した経典は以下の如くである。

妙法蓮華経一部八巻　無量義経観普賢経各一巻　阿弥陀経一巻　弥勒経上生下生成仏経各一巻　般若心経一巻　合十五巻

銘はこれに続いて、各経典を奉る願意を述べる。筆頭の『法華経』のそれを見るならば、「釈尊の恩に報い奉る為、弥勒に値遇し蔵王に親近する為、弟子の無上菩提の為」とし、第一の『法華経』写経の願意に、まず弥勒への値遇を挙げていて、末法の時代相を窺わせる。また『阿弥陀経』は「臨終時に心身散乱せず、弥陀尊を念じ極楽世界に往生せんが為なり」、『弥勒経』は「九十億劫生死の罪を除き、無生忍を証し慈尊出生の時に遇はんが為なり」と記し、ここでも当然のこととして慈尊出生への値遇を願う。

留意されるのは、弥勒値遇とあわせて、金峯山の垂迹神たる蔵王権現へ親近を掲げていることで、それは直後からの銘文でさらに具体的に語られる。

仰ぎ願わくば慈尊成仏の時に当り、極楽界より仏所に往き詣で、法華会の聴聞を為し、成仏の記を其の庭に受け、此所に埋め奉るの経巻自然に湧出して、会衆をして随喜を成さしめんことを。……法身の舎利を埋め、釈尊の哀愍を仰ぐ。……南無教主釈迦蔵王権現、知見証明あれ。願わくば神力を与え、弟子を円満ならしめよ。願わくば法界衆生、此の津梁に依り、皆見仏聞法の縁を結ばんことを。弟子道長、敬みて白す。

道長が、埋経に際して最も篤い信仰を抱いていたのが『法華経』であったことは、銘文の随所から読み取れる。保坂三郎氏は、早くに銘文中の「此所奉埋経巻自然湧出」に注目して、これが『法華経』見宝塔品の構想によっていると指摘し[18]、最近では井口喜晴氏も保坂説を支持している[19]。同説に異論を差し挟む余地はないが、それに関連する要点として、銘文末尾近くの「南無教主釈迦蔵王権現」をいかに解釈するか、という問題がある。すなわち、法華経教主釈迦と蔵王権現を並列とみるか、両者を同体、つまり蔵王権現を釈迦の垂迹とみるかで、金峯山信仰の理解の仕方が違ってくる。

蔵王権現は明確な経軌がないこともあり、釈迦、弥勒、あるいは子守三所など金峯山に祀る尊格との関係がさまざまに取りざたされてきた。注目したいのは、蔵王権現が金峯山上に湧出した、との譚で、遅くとも鎌倉時代末には喧伝されていた。件の道長経筒銘で、経巻を「法身之舎利」とし、「自然湧出」と述べたことを顧慮すると、釈迦すなわち蔵王権現とする観念が早くから在った蓋然性はきわめて大きい。

このことを踏まえると、東京・總持寺蔵の蔵王権現鏡像（国宝）（図12）についても、新たな評価を加える余地が生じる。平安時代後期に数多く作られた蔵王権現鏡像の中で、最古にして最大の作例として夙に知られる本品は、享保九年（一七二四）編纂の『金峯山古今雑記』に記す「山上導師所蔵霊鏡」四面のうちの一面と銘文・寸法が一致するので、金峯山で出土したことはほぼ疑いない。背面に双鉤体で「長保三年辛丑（一〇〇一）四月十日辛亥内

図12　蔵王権現鏡像　總持寺蔵

図13　蔵王権現鏡像　背面描き起こし（香取1961に拠る）

匠寮史生壬生□□……」と銘を刻み、道長が金峯山に詣でる六年前、すでにこの山で蔵王権現が信仰されていたことを窺わせる。

鏡面の鬼気迫る蔵王権現の像容については美術史の諸論考に委ねるとして[20]、問題となるのは背面に線刻された種子と真言（図13）である。本品は右辺から下辺にかけて大きく欠損し、現状では五つの種子と、その上方・左方に真言が目視される。後者の真言は、上方が胎蔵界大日（アビラウンケン）、左方が観音（オンアロリキャソワカ）である。五種子について具体的に論じたのは香取忠彦氏[21]と太田雅子氏[22]で、両者とも欠損部にもう二字を想定し、キリークを中心にして六尊の種子がこれを囲繞する六葉構成の種子曼荼羅と考えた。しかし本鏡像は、香取氏の想定図（図13）のとおり、下辺を直線に作り柄で台に差し込む構造の三弁花形の鏡胎と考えてよく、それは鏡面図像の配置からみても動かない。したがって、右下欠損部に一字存在したのは確実にしても、下辺にもう一字を置く余地はほとんどなく、香取・太田両氏の考察の前提に疑義を呈さざるを得ない。これをあえて曼荼羅というならば、中央キリークを含む六尊種子から構成される斜め俯瞰形の立体曼荼羅とみるべきで、中尊は最奥のアク、胎蔵界大日にしかならない。それは上方の真言との対応関係からも傍証される。

とすれば、大日と右下方のバクと左下方のウンを上位三尊とみることができ、前者は釈迦で間違いないであろうから、一方のウンは、香取氏のいう阿閦如来ではなく、釈迦の垂迹たる蔵王権現とみるほかない。また大日の下方のキリーク＝阿弥陀如来と、左方のユ＝弥勒菩薩は、上方三尊の下位に位置づけられ、弥勒の対称位置になる欠損部にくる種子としては、太田氏の復元する普賢菩薩が相応しいように思われる。

以上のように鏡像背面の六尊の種子を理解できるとすれば、まず釈迦・蔵王権現・弥勒・阿弥陀（そして普賢）が、藤原道長の埋経の願意と完全に同調し、これらが十一世紀初頭における金峯山の『法華経』信仰の様態そのものを表しているといえよう。そして第三節で検討したように、胎蔵界大日を最上位の尊格とすることこそ、『法華経』教主釈迦を応身仏とし、その法身仏として大日を位置づける天台宗ならではの円密一致の教理の具現化である、と結論づけられるのである。

四　浄土教の造形と場

阿弥陀観想の場―常行堂と阿弥陀堂―

阿弥陀如来が常住する西方浄土への往生の願いは平安時代人の心を占め、天台宗はそのための具体的方法を早くから説いた。四種三昧のうちの常行三昧はとくに重視され、そのための道場、常行堂が各地の天台寺院に建てられた。その本尊には金剛界八十一尊曼荼羅の西方、蓮華部の宝冠阿弥陀像が祀られるが、冨島義幸氏は、現存作例が平安後期の輪王寺常行堂本尊を遡らず、史料も同時期に成立した『覚禅鈔』巻六に、比叡山東塔・西塔・横川の常行堂本尊がいずれも宝冠阿弥陀と法・利・因・語の四親近《しんごん》菩薩であると記すのが早い例であることから、この五尊構成が平安中期以前に遡ることはない、という見解を提示した[23]。一方で冨島氏よりも早くに石田一良氏や速水侑氏が、『山門堂舎記』で横川常行堂の本尊を阿弥陀如来と観音・勢至・地蔵・龍樹の四菩薩からなる阿弥陀五尊と記すことについて論じ、これが十世紀末まで遡ることを指摘した[24]。とくに石田氏は、この五尊形式を良源が中国・宋の新風に倣って創始したという興味深い見解を示している。

この常行堂本尊の形成過程を知る上で重要な位置にあるのが、冒頭でもふれた永延二年（九八八）という最古の年紀をもつ阿弥陀五尊鏡像である（図14）。中尊を宝冠阿弥陀像とし、周りを金剛界の本義である四親近菩薩とせずに、手前に観音・勢至、後ろに比丘形の地蔵・龍樹という顕教系四菩薩を配している。これは石田・速水両氏の注目した横川常行堂の五尊形式にほかならず、まさに顕密一致というべき構成である。つまり本鏡像は、確実に十世紀末まで遡る宝冠阿弥陀五尊像の唯一の実作例である上に、常行堂本尊の図像を表している可能性がきわめて高く、しかも第一節で論じた初期鏡像としての性格から、実際の阿弥陀の観想に用いられたことまで想定できる。

ちなみに、智顗は『摩訶止観』巻二上で、常行三昧における阿弥陀と十方仏の観想について次のように述べる。

図14　阿弥陀五尊鏡像　個人像

鏡中の像は、外より来たらず、中より生ぜず、鏡浄きを以ての故に自ら其の形を見るが如し。行人の色清浄なれば、所有者《あらゆるもの》清浄なり。仏を見んと欲せば即ち仏を見る。見れば即ち問い、問えば即ち報う。経を聞きて大いに歓喜す。

（大正四六・一二頁下）

ここでは、浄らかなる鏡に映る像が譬えに用いられている。日本天台が、教説の譬喩を事相化する傾向が顕かだったことはすでに述べたとおりで、常行三昧が日本で実修された際にもこの譬喩が具体化され、その事相として本鏡像が創出されたと考えられるのである。

ところでこの鏡像が製作された前後は、比叡山で延昌、

図15　鳳凰堂天井　伏花鏡

千観、良源ら浄土教家が活動し、源信の『往生要集』に至って、天台浄土教の要諦となる観想念仏が確立された時期である。[25] その少し後、天喜元年（一〇五三）に完成した平等院阿弥陀堂（鳳凰堂）は、藤原頼通が自己の浄土世界のイメージを現世に実現すべく造営した浄土教建築で、まさに阿弥陀浄土を観想すべき場として荘厳されている。これまで、本尊阿弥陀如来、雲中供養菩薩、仏後壁画、扉絵については美術史・建築史で盛んに議論されてきたが、[26] 天井と柱・長押に取り付けられた大小の銅鏡については、中野政樹氏の解説[27]以外に関心を呼んでこなかった。天井鏡は木彫の蓮華座に嵌め込まれ、桁・支輪受桁・大虹梁に総計四十四面（うち一面は鏡脱落）を数える（図15）。鳳凰堂の完成よりやや遅い康平三年（一〇六〇）の墨書銘をもつものに「伏花」と記すので、これらの鏡を「伏花鏡」と呼ぶ。[28]

奈良時代の東大寺、西大寺、大安寺など南都の大寺では、各資財帳などによって、夥しい鏡が仏菩薩の周りを取り巻いていたことが知られる。これは、『華厳経』とその註釈書で語られる鏡の譬喩、とりわけ華厳宗の究極の世界観である重重無尽の喩えとして、李通玄『新華厳経論』巻七・二〇の百千鏡譬喩（大正三六・七六五頁中、八五三頁下）や、『仏祖歴代通載』巻一二所収になる法蔵の十鏡譬喩（大正四九・五八五頁下）が、奈良の諸寺や宮廷で周知され、多数鏡による仏像・仏堂荘厳の作善を惹起したもとの考えられる。[29] また中国で仏堂に多数の鏡を荘厳するのを、日本天台宗の成尋が目撃している。『参天台五台山記』第二（仏全七二・二三九頁下）によれば、煕寧五年（延久四年、一〇七二）六月十日に訪れた天台山国清寺方等懺堂の八角天蓋に径八寸ほどの大鏡が嵌め込んであったという。同年十月二十四日には東京開封城の開宝寺で、感慈塔なる九重塔の内壁の各々に、七宝荘厳の柱、造り付けの山、菩薩・聖衆と共に鏡が立つのを拝している（『参天台五台山記』第四、仏全七二・二六一頁上）。とくに注目されるのは、十一月十五日に潞州星軺駅の北五里にある勅広教禅院に入り、宿堂の天井に数百の鏡が嵌るのをみて、荘厳不可思議なり、と賛嘆した記述である（『参天台五台山記』第五、仏全七二・二六五頁下）。

ひるがえって平等院鳳凰堂は、本尊阿弥陀如来像が西を背にして坐し、扉絵に九品来迎図と極楽浄土図が描かれることからして、九品往生観を説く『観無量寿経』を重視して造営されたことは間違いない。導入のいわゆる「王舎城の悲劇」で、阿闍世という悪子を産んだことを悔いる韋提希夫人に釈尊が教えを説き始めた瞬間、眉間から放たれた金色の光は金台と化し、諸仏と浄妙なる国土を中に現す。それは頗梨鏡のごとく十方国土を中に現すもので、かくのごとき無量諸仏国土の厳顕することを観ぜよ、と説く（大正一二・三四一頁中）。また西方浄土を観想する具体的方法、十六観の第七観の華座観について、釈尊は、八万四千の光を放つ蓮葉・宝珠とそれらの光、八万の金剛甄叔迦宝と梵摩尼宝妙真珠網が交飾する蓮華の台、百千万億の須弥山のごとき宝幢などを、一つ一つ明らかに分けて観ずること、鏡の中に自ら顔を見るごとくせよ、と説く（大正一二・三四二頁上）。

このように、『観無量寿経』において、鏡は諸仏や自らの顔を曇りなく映すがゆえに、無量諸仏国土、あるいは西方浄土、阿弥陀仏の観想を説く際の譬喩として語られるのである。同様の言い回しは『無量寿経』の四十八願の中にも見出され、『観経』に先行し漢訳された『観仏三昧海経』にも、華座観をはじめとする『観経』の教説の下敷とみられる鏡の譬喩をいくつも見出せる。これら諸経の鏡に関わる教説を、良源の『極楽浄土九品往生義』や源信の『往生要集』が引用したことから、日本天台の浄土教家の関心を惹起することになったものと思われる。さすれば、源信の没後三十数年後に営まれた平等院鳳凰堂の天井伏花鏡の発想は、上記のような浄土経典中の譬喩を具体化しようとしたものといえるのではないか。無量光に満ちた浄土世界のディテールの一つ一つを観想すべき道場たる阿弥陀堂で、それを分明なる状態で成就させんがための装置としての役割を、天井の鏡一面一面が担ったものと考えられる。これらの鏡が蓮華座に据えられるのも、『観経』ほかで説く華座観の観想イメージを具現化しようとしたものとみたい。

なお近年、阿弥陀堂前の苑池を含む浄土教寺院の空間構造についても議論が活発化している。苑池が阿弥陀浄土図に描かれるそれの具現化であることは誰しも異論はないであろうし、平等院の場合、東方を北流する宇治川さえも此岸（対岸にほぼ同時期に建立された宇治上神社）と彼岸（平等院）を隔てる境界とする空間仮託説[30]も説得力をもつ。最近では菅野成寛氏が、奥州藤原氏三代の秀衡が十二世紀後半に鳳凰堂を模して建立した無量光院とその周辺の空間構造について分析し、天台本覚思想と浄土の往相・還相《げんそう》思想を読み取ったのも[31]、まことに刺激的な視点といわねばならない。この問題は考古学的情報も増加中であり、稿を改めて論究したい。

阿弥陀来迎図鏡像と臨終行儀

平安時代後期、十二世紀に入って、天台僧は驚くべき鏡像を造形した。三重・金剛証寺蔵の阿弥陀来迎図鏡像（国宝）（図16）は、同寺近くの朝熊《あさま》山《やま》山頂に営まれた経塚から出土したもので、十一世紀末〜十二世紀前葉の花枝蝶鳥円鏡と、十二世紀前半の荒磯松喰鶴方鏡を鏡胎とする。平治元年（一一五九）銘経筒に立てかけた状態で出土したとされ[32]、十二世紀半ば以前に線刻がなされた鏡像といえる。同時期に隆盛を迎えていた阿弥陀来迎図をそのま

図16　阿弥陀来迎図鏡像　朝熊山経塚出土

ま鏡面に線刻したもので、当該期の鏡像には他例を見ず、初期鏡像の流れからすれば、亜種とみなされてしまいがちな存在であった。

しかし源信の撰述と伝える『菩提要集』[33]に、この鏡像の製作意図を考える上できわめて重要な記述がある。

阿弥陀仏菩薩ハ、聖衆ヲ引将シテ迎給者也。日々念奉レハ、念数ヲ若干ノ度ト知レ。数珠ニテ取リ、若ハ小豆ニテモ取レ。……又若ハタへ、若ハ日ノ没スル時、若ハ霞ナドセムニ、必念シ奉レ。其数ハ只心ニ任テ、堪フルニ随へ。又此ノ三所仏菩薩像ヲ、甚タ貴ク板ノ上ニ雕セリ。若ハ書キ奉テ、鏡ニ当テ押シ奉レ。若ハ水ニ当テ、若ハ香ノ烟ニ当テ押シ奉レ。其御影鏡ノ上ニ浮ヒ給ヒ、香ノ烟ニ当リ給フ。皆仏ヲ造リ奉ル功徳ヲ得。若干ノ仏ヲ造リ奉ラハ、我レ幷ニ衆生ノ罪ヲ滅シ給テ、我モ人モ若干ノ仏造リ奉リ、度サレント思へ。

(傍線、筆者)

この『菩提要集』は金沢文庫蔵の文永七年(一二七〇)の写本で、奥書に長治二年(一一〇五)比叡山西塔西谷で書写とあり、十一世紀末には成立していた。朝熊山経塚出土の阿弥陀来迎図鏡像が製作されたのと同時期あるいはそれ以前の記述ということができる。ここでは、阿弥陀ほかの仏菩薩を板に彫りつけるか紙に書いたものを、鏡に当て押したり、水あるいは香烟に当て押したりすれば、その姿が浮かび上がると説く。件の来迎図鏡像はこれが実体化したものにほかならず、しかもその発想が、第三節で述べた板彫法華経曼荼羅と同様に、平安時代の早い時期から修されたと思しい印仏作法の流れを汲んだものであることを窺わせているのである。

ただ、右のように阿弥陀来迎図鏡像が創出されたとしても、当面、二つの問題が残る。一つはそれが日本天台の独自の発想か、という点と、いま一つはこれがいかなる場で用いられたか、ということである。呉越・北宋仏教と日本仏教が、僧侶や聖教・典籍の相互往来の中で発展したことは、すでに多くの論者が明らかにしているところで、[34]たとえば日本に夥しい作例が偏在する阿弥陀聖衆来迎図の淵源すら、中国浄土教の思想展開の中に求めうるとの論がある。[35]この鏡像の場合も、日・中の浄土教の教説そのもののレベルで影響関係が見出せないであろうか。

呉越の鏡像を検討した瀧朝子氏は、蘇州市・雲岩寺塔第三層発見の鏡像（建隆二年、九六一、蘇州市博物館蔵）[36]（図17）の図像について、阿弥陀三尊を中心とした阿弥陀浄土図とみた。また杭州市・雷峰塔地宮出土の鏡像[37]（開宝五年〜興国二年、九七二〜九七七頃）（図18）については、線刻された人物群像に引路菩薩に共通する要素を認めて、浄土思想に星辰信仰など道教的要素が重なりあったものと論じた。[38]さらに瀧氏は、長沙・南宋墓出土の鏡像[39]（図19）についても、菩薩が後ろの俗体の人物を振り返っている図像を引路菩薩とみなし、脇の「当課観音」の線刻もあわせて、観音菩薩が往生者を浄土に導く図様と推論した。[40]

このように浄土教的要素が見え隠れする呉越の鏡像が生み出された頃、[41]禅風の強かった天台山で教禅一致、そして禅浄一致を唱えて、天台浄土教の礎を築いたのが永明延寿である。[41]主著『宗鏡録』で、彼の思想の根幹である唯心説により諸仏来迎に関して、鏡を譬えに用いている。

衆生を化する所を以て、時機正に合わんとす。自心をして仏の来迎を見せしむ。則ち仏身の湛然常寂たり。去来有ること無く、衆生の識心、仏の本願功徳勝力に託す。自心変化し、来ること有り去ること有るは、鏡像に面かう如し。夢の施為に似る。鏡中の形、内に非ず外に非ず。夢裏の質、不有不無なり。但し是れ自らの心、仏化に関することに非ず。則ち不来不去なり。

（大正四八・五〇五頁下～五〇六頁上）

図17　阿弥陀三尊鏡像　雲岩寺塔納置

図18　人物図鏡像　雷峰塔納置

ここでは、自心中に観ずる諸仏来迎の姿を鏡に映る像のゆらぎとして、具体的に説明しようとしている。

延寿の後世代の僧で、天台山山家派を代表する慈雲遵式は、理論よりも浄業の実践を僧俗に広く勧めた僧である。彼は『往生浄土懺願儀』（大中祥符八年、一〇一五撰）で、浄土懺儀、すなわち臨終時に懺悔を行うという、天台が重視する法儀と浄土教を重ね合わせた行儀を具体的に説いた。同書の冒頭部では次のように述べる。

図19　観音人物図鏡像　南宋墓出土

> 臨終を得、諸怖畏を離れんと欲せば、身心安快喜悦すること、光照の室宅、異香音楽に帰する如し。阿弥陀仏、観音勢至、其の前に現在し、紫金の台を送り手を授けて接引す。……遍く五道を見ること鏡面の像の如く、念念無尽三昧に証入す。
>
> （大正四七・四九一頁上）

すなわち、臨終に際し阿弥陀・観音・勢至の現在を得て、遍く五道を見て無尽三昧に証入することを鏡に映る像の如し、と説いた。そしてこの直ぐ後から、浄土懺儀の道場荘厳についてきわめて具体的に述べていく。それは臨終の場に阿弥陀来迎を具現する行儀にほかならず、自心中での来迎実現を論じた延寿の教説に対し、遵式はそれを現実の事相として展開させたことを物語っていよう。[42] つまり北宋初期、中国天台のとくに臨終行儀の場において、阿弥陀来迎のイメージが、たんなる鏡像譬喩ではなく実際の鏡面に刻されることがあったとしても不思議ではない。またそのような事相が、少し後の日本天台へ伝えられることも十分あり得たのではなかろうか。

五　まとめ

本章では、日本天台宗が平安時代のうちに創出した造形と、それを涵養した場、思想背景について考察を及ぼしてきた。基軸となったのは円密一致思想であり、天台円教教主を法身の毘盧遮那如来（大日如来）とする教理であった。鏡像あるいは板彫曼荼羅の図像や使用法、さらに延暦寺講堂や横川如法堂、常行堂、そして金峯山における尊格構成と場そのものが、これを直截に反映していた。

また一見密教と距離のあるように思える浄土教の造形も例外ではなかったが、最近建築史や美術史の一部でみられる、顕密の造形のうち密教要素を強調するあまり顕教要素を軽視する論調[43]は、少なくとも天台の造形に関しては支持できない。どの場合でも、顕、密の両要素は、教理、事相のいずれにおいても「一致」であることが要諦なのであって、前者が中世へ向かい密教化した、といった単純な理解では、天台の造形は到底説明できないであろう。かの顕密体制論が、教学を知る研究者から厳しく批判されていることも[44]、このことに通底すると思われる。むしろ今後の方向性として有益と思われるのは、たとえば本章で述べた臨終行儀に関わる鏡像問題のように、日本天台の造形を生み出した思想を、つねに東アジアの思想動向の中で検証する努力であろう。

本章で取り上げた事例は、天台の広大な造形世界のごく一部に過ぎない。筆者が関心をもつ、日本天台が推進した本地垂迹思想の造形論、あるいは古代の山寺と神社が構成する宗教空間論については、別稿[45]をあわせて参照いただきたい。

註

（1）通行の金剛界九会曼荼羅のうち、中心の成身会のみを拡大して描く。鎌倉時代の古本にして優作の滋賀・金剛輪寺旧蔵本（重文、根津美術館蔵）がよく知られる。
（2）詳しくは拙稿「鏡像の創出―日本天台の教説における―」『鏡像の美―鏡に刻まれた仏の世界―』（大和文華館、二〇〇六年）を参照。
（3）田辺三郎助「古代の〝印仏〟について」（『国立歴史民俗博物館研究報告』三、一九八四年）。
（4）松浦正昭「三徳山の遺宝が語るもの」（『山岳修験』四〇、二〇〇七年）。
（5）増記隆介「普賢菩薩画像論」（『普賢菩薩の絵画―美しきほとけへの祈り―』大和文華館、二〇〇四年）。
（6）平林盛得「楞厳院廿五三昧結衆過去帳」（『書陵部紀要』三七、一九八六年）。
（7）詳しくは、拙稿「日本天台にとっての「鏡」」（『多田孝文先生古稀記念論文集　東洋の慈悲と智慧』同刊行会、二〇一三年）を参照。
（8）初期天台の仏身論と大日・釈迦同体論については、浅井円道『上古日本天台本門思想史』（平楽寺書店、一九七三年）、水上文義『台密思想形成の研究』（春秋社、二〇〇八年）に詳しい。
（9）大久保良峻「本覚思想と神」（伊藤聡編『中世神話と神祇・神道世界』竹林舎、二〇一一年）。
（10）増記隆介氏は、前掲註（5）論文で、三仏寺鏡像の中尊大日と左右端の天部・十一面観音を、横川首楞厳院の聖観音・不動明王・毘沙門天という有名な三尊構成になぞらえたもので、大日を不動と同体視した、との想定を示したが、成立し難いのは本章の検討結果から明らかである。
（11）水上文義「法華曼荼羅と円密一致思想の「曼荼羅」」（『台密思想形成の研究』）。
（12）美術史の最新の研究として、内藤栄『舎利荘厳美術の研究』（青史出版、二〇一〇年）がある。
（13）拙稿「古代山林寺院の空間構成」（『古代』一一〇、二〇〇一年）。

(14) 景山春樹『比叡山寺―その構成と諸問題―』（同朋舎、一九七八年）。西村冏紹「比叡山相輪樘について」（天台学会編『伝教大師研究』早稲田大学出版部、一九七三年）。
(15) 奈良国立博物館編『経塚遺宝』（東京美術、一九七七年）。
(16) 関秀夫編『経塚遺文』（東京堂出版、一九八五年）。
(17) 関秀夫編『経塚遺文』（東京堂出版、一九八五年）。
(18) 保坂三郎『経塚論考』（中央公論美術出版、一九七一年）。
(19) 井口喜晴「藤原道長の埋経と蔵王権現信仰」（安藤孝一編『経塚考古学論攷』岩田書院、二〇一一年）。
(20) 有賀祥隆「鋳銅刻画蔵王権現像雑攷」（『国華』一〇九四、一九八六年）など。
(21) 香取忠彦「総持寺の蔵王権現毛彫像について」（『MUSEUM』一二一、一九六一年）。
(22) 太田雅子「総持寺所蔵銅板線刻蔵王権現像の再検討―刻字面の解釈を中心に―」（『密教図像』二四、二〇〇五年）。
(23) 冨島義幸「阿弥陀五尊の諸形式と中世仏教的世界観」（『仏教芸術』二八〇、二〇〇五年、のちに同著『密教空間史論』法藏館、二〇〇七年に収録）。
(24) 石田一良『浄土教美術―文化史学的研究序論―』（平楽寺書店、一九五六年）。速水侑『平安貴族社会と仏教』（吉川弘文館、一九七五年）。
(25) 佐藤哲英『叡山浄土教の研究』（百華苑、一九七九年）。梯信暁『奈良・平安期浄土教展開論』（法藏館、二〇〇八年）。
(26) 『平等院大観』全三巻（岩波書店、一九八七～一九九二年）など参照。とくに最近、冨島義幸氏が鳳凰堂を「九品往生すなわち阿弥陀来迎の空間であるとともに、密教修法の本尊である阿弥陀の立体曼荼羅である」（冨島『平等院鳳凰堂―現世と浄土のあいだ―』吉川弘文館、二〇一〇年）と新たな評価を下したのに対し、武笠朗氏が詳細に論駁している（武笠「鳳凰堂研究の現在」『鳳翔学叢』七、二〇一一年）。
(27) 『平等院大観　第一巻　建築』所収の中野政樹氏解説。
(28) 詳しくは、拙稿「平等院鳳凰堂天井の伏花鏡」（『鳳翔学叢』五、二〇〇九年）を参照。
(29) 拙稿「顕密仏教における「鏡」という装置」（『日本仏教綜合研究』七、二〇〇九年）。

(30)　杉本宏『宇治遺跡群』（日本の遺跡6、同成社、二〇〇六年）。
(31)　菅野成寛「天台浄土教建築と天台本覚思想―宇治・平等院鳳凰堂から平泉・無量光院へ―」（『仏教文学』三五、二〇一一年）。
(32)　中野政樹「広瀬都巽編「扶桑紀年銘鏡図説」以後発見の紀年銘鏡（二）」（『MUSEUM』二二九、一九七〇年）。
(33)　佐藤前掲註（25）書、資料編、二八五頁。
(34)　吉原浩人・王勇編『海を渡る天台文化』（勉誠出版、二〇〇八年）など参照。
(35)　仙海義之「臨終行儀に於ける設像―来迎図・来迎像の成立及び展開を考察する為の一視点として―」（『国華』一三一八、二〇〇五年）。
(36)　蘇州博物館編『蘇州博物館蔵虎丘雲岩寺塔　瑞光寺塔文物』（北京・文物出版社、二〇〇六年）。
(37)　浙江省文物考古研究所『雷峰塔遺址』（北京・文物出版社、二〇〇五年）。
(38)　瀧朝子「十世紀の鏡の一様相―中国・呉越国の線刻鏡について―」（久保智康編『東アジアをめぐる金属工芸』（アジア遊学134）勉誠出版、二〇一〇年）。
(39)　高至貴「湖南古代墓葬概況」、周世栄「略談長沙的五代両宋墓」（『文物』一九六〇年三期）。図は湖南省博物館『湖南集出土銅鏡図録』（北京・文物出版社、一九六〇年）所収。
(40)　瀧朝子「東アジアにおける鏡像―十世紀を中心に―」（『鏡像の美―鏡に刻まれた仏の世界―』大和文華館、二〇〇六年）。
(41)　福島光哉『宋代天台浄土教の研究』（文栄堂書店、一九九五年）。
(42)　遵式は「往生坐禅観法」（『楽邦文類』巻四、大正四七・二一一頁中）でも、往生時に坐禅して阿弥陀を観ずる方法を説き、「然れば復たまさに観想し所見を念ずべし。若し成るはいまだ成らず、皆因縁を想念して、実の性相無し。有る所、皆空一、鏡中の面像の如く、水の月影を現す如し。夢の如く幻の如し。」という、天台・華厳で通有してきた譬喩を用いる。
(43)　前掲註（26）。
(44)　たとえば末木文美士『鎌倉仏教形成論―思想史の立場から―』（法藏館、一九九八年）など。

(45)　拙稿「古代信濃の天台寺院」(『法華経の光―天台法華宗、信濃へ―』常楽寺美術館、二〇一〇年)。同「古代出雲の山寺と社」(京都国立博物館・島根県立古代出雲博物館編『大出雲展―古事記一三〇〇年・出雲大社大遷宮―』京都国立博物館・島根県立古代出雲博物館・NHK・NHKプロモーション・読売新聞社、二〇一二年)。同「宗教空間としての山寺と社―古代出雲を例に―」(『季刊考古学』一二一、二〇一二年)。同「出雲鰐淵寺の神と仏―鏡像・懸仏の尊格をめぐって―」(『叡山学院研究紀要』三五、二〇一三年)。

参考文献

石田一良『浄土教美術―文化史学的研究序論―』(平楽寺書店、一九五六年)
塚本善隆他『天台の秘宝・比叡山』(講談社、一九七一年)
浅井円道『上古日本天台本門思想史』(平楽寺書店、一九七三年)
奈良国立博物館編『経塚遺宝』(東京美術、一九七七年)
奈良国立博物館編『法華経―写経と荘厳―』(東京美術、一九八八年)
景山春樹『比叡山寺―その構成と諸問題―』(同朋舎、一九七八年)
佐藤哲英『叡山浄土教の研究』(百華苑、一九七九年)
仏教芸術学会編『仏教芸術』一三三(特集　法華経の美術、一九八〇年)
仏教芸術学会編『仏教芸術』一七二(特集　天台の美術、一九八七年)
東京国立博物館・京都国立博物館編『比叡山と天台の美術―比叡山開創一二〇〇年記念―』(朝日新聞社、一九八六年)
仏教美術研究上野記念財団助成研究会編『研究発表と座談会　天台美術の諸相』(仏教美術研究上野記念財団助成研究会報告書　第十六冊、一九八八年)
福島光哉『宋代天台浄土教の研究』(文栄堂書店、一九九五年)
藤井恵介『密教建築空間論』(中央公論美術出版、一九九八年)
大久保良峻『台密教学の研究』(法藏館、二〇〇四年)
大久保良峻「日本天台の教学と美術」(京都国立博物館・東京国立博物館編『最澄と天台の国宝』読売新聞社、二〇〇

五年）
京都国立博物館・東京国立博物館編『最澄と天台の国宝』（読売新聞社、二〇〇五年）
瀧　朝子・久保智康『鏡像の美―鏡に刻まれた仏の世界―』（大和文華館、二〇〇六年）
梯　信暁『奈良・平安期浄土教展開論』（法藏館、二〇〇八年）
水上文義『台密思想形成の研究』（春秋社、二〇〇八年）
久保智康「平等院鳳凰堂天井の伏花鏡」（『鳳翔学叢』五、二〇〇九年）
久保智康「顕密仏教における「鏡」という装置」『日本仏教綜合研究』七、二〇〇九年）

X　天台仏教と古典文学

渡辺麻里子

一　はじめに

古典文学にとって仏教は思想の根幹であるが、その中でもとりわけ天台仏教の影響は大きい。文学のあらゆる分野に、また作品の構成や背景、モチーフや場面、登場人物や語彙に至るまで、天台の思想はあまねく及んでいる。仏教と古典文学の関係について、これまで多くの議論が重ねられてきたが[1]、ここでは特に、天台仏教の影響について注目し、検討してみたい。もちろん古典世界の人々にとっての仏教とは天台や比叡山に限ったものではなく、また天台仏教とその他のものと明確に区別ができない場合もあるのだが、それでもやはり天台仏教が重要であることは間違いないだろう。

天台の教えは、『法華経』、天台密教（台密）、円仁が伝えた浄土教（山の念仏）、恵心僧都源信『往生要集』以来の浄土信仰、口伝法門や本覚思想の発展、山王神道や修験道など多方面に展開した。また天台教学が説いた龍女成仏や草木成仏などの思想は、日本文化の広範に及び、いずれも文学・芸術に大きな影響を与えていて重要である。

しかし、今ここでは全てを論じることはできないため、まずは最も重要であろう『法華経』に注目しつつ、古典文学における天台仏教の影響を考察する。『法華経』を重視したのは天台宗だけではないが、最澄が天台法華宗を開いて『法華経』を根本経典として以来、摂関期・院政期を経る中で幅広い盛行を遂げた『法華経』の影響は、ほぼ天台宗によるものと言い換えてもよいだろう。[2] なお、古典文学とひとくちに言っても様々な分野があり、時代も様々であるため、その影響が顕著な平安時代の和歌・物語を中心にして論じていくこととする。

二　天台仏教と和歌

まず最初に、天台仏教と和歌の関係について検討する。[3] 日本天台宗の祖最澄（七六六、一説七六七～八二二）は、天台の教えを和歌に表現していた。[4]

阿耨多羅《あのくたら》三藐《さんみやく》三菩提《ぼじ》の仏たちわが立つ杣《そま》に冥加《めか》あらせたまへ[5]

これは、比叡山中堂の建立に際して仏たちに永遠の加護を求めた歌である。[6]「阿耨多羅三藐三菩提」とは、「無上正等覚《しょうとうがく》」「無上正遍知」などと訳される、仏の真理を悟った境地を表す梵語の音訳である。この歌は、漢語である仏教語を詠み込んで歌にした初めての例で、経文歌の前史としても注目されている。影響も大きく、藤原公任編『和漢朗詠集』「仏事」六〇二に採られる他、『俊頼髄脳』『奥義抄』『袋草紙』上、『古来風体抄』上、『定家八代抄』『和歌無底抄』巻八、『太平記』巻二「南都北嶺行幸事」、『梁塵秘抄』第二・五六五などの諸書[7]にも取り上げられ、近代に至って正岡子規に『歌よみに与ふる書』の中で「いとめでたき歌にて候」と称されたりもした。[8]

さて次に、経文や経旨を詠む和歌がどのように展開するのか、代表的な作品を追いかけてみたい。まず、行基の歌とされる「法華経を我が得《え》し事はたき木こり菜摘み水汲み仕へてぞ得《え》し」の歌が著名である。[9] この歌は、『法華経』提婆達多品（大正九・三四頁下）の「菓《このみ》を採り、水を汲み、薪を拾い、食《じき》を設け、」の句を詠んだもので、釈迦が前世で大王だった時に、阿私仙《あしせん》という仙人に、薪を採り水を汲むなどしてお仕えし、『法華経』を習得したという故事による。

この歌は、法華八講や法華十講の法会時に讃嘆の歌として唱えられた。提婆達多品は、悪逆人提婆達多の授記や、幼き八歳の龍女の成仏を記すなど、悪人成仏・女人成仏を説く品であるため、提婆達多品を含む第五巻を講説する日は法会の中でも特に重要な日とされ、その「五巻の日」には、散華の後に薪を背負ったり水桶をかついだりして薪の行道を行いつつこの法華讃歎の歌を詠じたのである。[10]

次に注目するのは藤原明衡編『本朝文粋』（康平年間〈一〇五八～六五〉頃成立）巻第十一に見える、藤原有国（勘解相公）「讃法華経廿八品和歌序」である。これによると、藤原道長は、長保三年（一〇〇一）閏十二月二十二日に亡くなった東三条院詮子の追善供養に、藤原公任や藤原斉信、源俊賢、藤原行成などを集め、『法華経』各品を題にして歌を作らせたという。[11] 当代最高の権力者と一流の文人たちによる法文歌で、先行する法華経二十八品詩[12]から二十八品和歌へ移行していく段階にあって、法華経二十八品歌が記録に見える最初の例として貴重である。

その十年後、寛弘九年（一〇一二）には、『法華経』二十八品を完備した最初の作例である『発心和歌集』が作られる。作者は十二歳から六十九歳までの長きにわたり賀茂斎院を務めた村上天皇の第一皇女選子内親王で、[13]『発心和歌集』撰集時は四十九歳であった。和歌によって仏に結縁するため、『法華経』二十八品の他に、開結二経を伴い、冒頭に四弘誓願、末尾に廻向文の歌を備え、法会に用いる諸経を全体に配した全五十五首の歌集である。譬喩品（大正九・一四頁中）の、「羊車・鹿車・大牛《だいご》の車なり。今門外に在り、汝等出で来たれ。」の句を、次の様に詠んだ。

あまたありとかとをはきゝていていてしかと　ひとつのゝりのくるまなりけり(14)

一方、勅撰和歌集に目に転ずると、『法華経』の経旨を詠む「釈教」は『後拾遺和歌集』（一〇八七年再奏本成立）が初出である。巻第二十雑六「釈教」には十九首を載せ、『法華経』経文や趣旨を詠んだ歌も五首載せるが、まだ二十八品は備えていない。例を挙げると、化城喩品の歌は「こしらへて仮の宿りにやすめずはまことの道をいかで知らまし」（一一九二・赤染衛門）とある。続く『金葉和歌集』『詞花和歌集』は小規模なため釈教の部立を持たなかったが、『千載和歌集』に至って巻十九に「釈教歌」の部立を備え、二十八品を完備して全五十四首を収めた。たとえば序品は、詞書「法華経序品の心をよめる」として「春ごとに歎きしものを法の庭散るがうれしき花もありけり」（一二三九・藤原伊綱）とする。

『千載和歌集』撰者の藤原俊成は、仏教や『法華経』についての造詣が深い人物であったという(15)。康治元年（一一四二）、まだ若い二十九歳の時に、待賢門院の落飾の結縁として同院の女房中納言の求めに応じて詠んだ「法華経二十八品和歌」（二十八首）を著し(16)、また建久八年（一一九七）俊成八十四歳の時に、式子内親王から「歌の道のよしあし」を判断する基準を求められて執筆した『古来風体抄』は、序文に、和歌の本質を『法華経』一乗思想の主題および空・仮・中の三諦になぞらえて記し、本文を、狂言綺語論に加えて、法華経や普賢観、煩悩即菩提、三諦の思想など天台の論理に基づき編纂している。

藤原忠通（一〇九七～一一六四）の『田多民治《ただみち》集』[17]という家集も見ておきたい。雑部（一六八～一九七）に、法華経二十八品歌に観普賢経歌と無量義経歌を加えた三十首を載せている。『無量義経』を詠んだ和歌（一九七番）の左注のさらに後の注に「是は近衛院に、法華の心をしへたてまつらんかためによみたてまつりし歌なり」（近衛院に『法華経』の心を教えるために記した和歌）とある。整った法華経二十八品歌に加えてさらに、経文の解説が記されていて注目される。

一例を挙げてみると、譬喩品（大正九・一二頁下）では、「羊車、鹿車、牛車（羊車・鹿車・牛車、今門外に在り。）」と題し、法華七喩のうちの一つ、いわゆる「火宅三車」の譬喩を次の様に詠み、左注を付す。

車にはのりの心のつきゆくはおもひの家やとをざかるらん（一七〇）

三車してすかししかどもいでざりしに、このたびは、すこしのりに心いりにたれば、火の家のとをざかるやらんとよめるなり[18]

次に天台僧寂然の著した『法門百首』[19]を挙げる。保元の乱（一一五六年）の後、讃岐に流された崇徳院を慰めるために詠んだ法文歌集である。一々の句に、経句の歌題と寂然の自歌注がある。経と和歌と自歌注とを詠むと、経旨が理解できるように構成されている。選ばれている経文は、天台三大部、法華三部経、天台宗の経論（『涅槃経』『金錍論』『真言宗教時義』『例時作法』）、天台浄土教などが引用されている。また、最後の雑部十首は、天台の五時教説に基づく配列である。華厳時・鹿苑時・方等時・般若時・法華涅槃時の順で六首を並べ、さらに蔵・

通・別・円の四教の順に四首を配す。最後は「さま〴〵の流集まる海しあれば唯にはきえし水くきのあと[20]」の歌である。『法門百首』はこうして『法華経』を最上の経典とする天台宗の教義に基づいて編纂し、雑部においては釈尊一代の経典を俯瞰するように構成されている。

このようにして形成されていった法華経二十八品歌は、この他にも西行『聞書集』や慈円『拾玉集』など著名な作品が次々と生み出され、発展していくのである。

加えて今様についても触れておく。後白河院の編纂した『梁塵秘抄』は「法文歌」中に法華経二十八品歌を所載する。二百二十首の法文歌を、仏・法・僧・雑に分け、法の部分は、華厳・阿含・方等・般若・法華という天台教学の五時教判の順に構成する。その中で法華経歌は、開結二経の『無量義経』『普賢経』と懺法歌を前後に置き、二十八品すべてに二首以上ずつを揃え、『法華経』二十八品で合計百十五首もの一大歌群として法文歌の中心を形成する。歌例を挙げると、「提婆達多品」で、「娑竭羅《しやがら》王《おう》の女《むすめ》だに　生まれて八歳《やとせ》といひし時　一乗妙法聞き初めて仏の道には近づきし」（二一三）[21]と、龍女成仏が詠まれている。

ところで釈教歌はその内容から、①仏・仏教、②宗旨、③経典（『法華経』『阿弥陀経』『涅槃経』など）の趣旨、④（法華経）各品の趣旨、⑤経文の一句などに分けられる。具体的に例を挙げると、④の各品の趣旨を詠む歌には、源信僧都に次の歌がある。

おほぞらの雨はわきてもそゝがねどうるふ草木はをのが品〴〵[22]

これは、詞書に「法華経、薬草喩品の心を読はべりける」とあり、薬草喩品の趣旨を詠んだものである。

また⑤の経文の一句を詠んだ歌には、和泉式部の次の歌が挙げられる。

暗きより暗き道にぞ入りぬべきはるかに照らせ山の端の月(23)

これは、『法華経』化城喩品（大正九・二二頁下）の「冥《くら》きより冥きに入りて」の句を踏まえたもので、煩悩の闇から闇へと無明の世界を迷う私に、山の端にかかる真如の月に照らして欲しいと願う内容である。この歌は幅広く享受され、異伝も多い(24)。

このように法華経二十八品歌や釈教歌が発展してゆくにつれて、経文や天台教学で用いる漢語の仏教語は、和歌に適するやわらげた言葉に置き換えられ、次々と新しい言葉も生み出されていった。例えば、「法華経」を「法《のり》の花」、「鶴林《かくりん》」を「鶴の林」と表現を変え、「法」の語は、法の雨・法の水・法の海・法の舟・法の声・法の道など、他の語と結び付いてさらに様々な言葉を生み出していく(25)。仏教の難解な語彙は、こうして和歌によってやわらげられ、変化し、広まっていった面もあるのである。

三「狂言綺語」について

ところで和歌は元来、仏教における妄語（狂言綺語）に相当すると考えられていた(26)。天台宗も例外ではなく、中国天台の祖である智顗は『法華三昧懺儀』（大正四六・九五二頁下）で「懺悔舌根法」の解説に、「妄言綺語、悪口両舌し、三宝を誹謗し、邪見を讃嘆し、無益の語を説き、闘構壊乱し、法を非法と説く」と述べ、成尋『参天台五台山記』[27]第二には、在唐の間に詩を作った円仁が帰国後に常に悔いていたことを述べるなど、天台の教団内ではもちろん、和歌は否定されるべきものであった。

しかし次第に和歌を認めるような方向に変化していく。その要因は様々で、後述する勧学会の活動において詩歌・和歌を「讃仏乗の因」と解したり、和歌を日本における梵語とみなす和歌陀羅尼観の展開があったり、数寄の道と仏道の求道心とを重ね合わせて解釈したり、すべての人の営みを認める「治生産業」の考えを応用したり、先に述べた釈教歌のように和歌が宗旨や経旨を伝える方法と考えるようになるなど、様々な理由が重なって和歌や詩歌を認めるように変化していくのである。

例えば、恵心僧都源信には和歌を認めるようになったエピソードとして次の話が伝わる。

恵心僧都は、和歌は狂言綺語なりとて読《（マヽ）》み給はざりけるを、恵心院にて曙に水うみを眺望し給ふに、沖より舟の行くを見て、ある人の、「こぎゆく舟のあとの白浪」と云ふ歌を詠じけるを聞きて、めで給ひて、和歌は観念の助縁と成りぬべかりけりとて、それより読み給ふと云々。さて廿八品ならびに十楽の歌なども、その後読み給ふと云々。（『袋草紙』上[28]）

「こぎ行く舟の」の歌とは、沙弥満誓の「世の中を何にたとへむあさぼらけこぎゆく舟のあとのしら浪」（『拾遺和歌集』一三二七）のことである。この話によると、恵心は和歌を狂言綺語とみなして詠まなかったが、この和歌を聞いて、「観念の助縁」として認めたというのである。また『沙石集』巻五・十三の話では、歌ばかりを好む弟子を破門しようとした時、それを知らずに弟子が「手に結ぶ水に宿れる月かげのあるかなきかの世にもすむかな」

（『拾遺和歌集』一三二二、紀貫之）と口ずさむと、その歌意を聞いた恵心はすっかり感心し、以来和歌を詠むことを許し、自身も歌を詠むようになったという。

教義の上ではどのように解決していくのか、天台内部の葛藤を理論的に解消していく過程を、伝静明撰『百題自在房』[29]に見ることができる。以下に「妓楽歌詠、仏因となるかのこと」の条を引用する。

問う。一家の意、妓楽歌詠をもって、成仏の直因となすというべしや。

答う。然るべきなりと答え申すべし。

この問答に対しこの後の論証では、「有為戯論の妄法、衆生愛着の因縁、修行覚道の障難、散乱麁動の根源」としていた「伎楽歌詠」を、一家の意（天台の義）では、「善悪不二、邪正一如」の旨により認める。また『法華経』には「治生産業、皆与実相、不相違背」[30]と説き、『涅槃経』では「麁言輭語、皆第一に帰す」[31]と説くことから、成仏の直因となすと結論づけている。天台宗の内部で、狂言綺語の解釈が変化していることが確かめられる。

こうした流れの上に、尊舜（一四五一～一五一四）の論義書『尊談』「狂言綺語」条の議論がある。[32]「狂言綺語の戯が仏因に成ずるか」という論題を、八十余条の例証を用いて論じ、その結論として、狂言綺語は、『仁王経』や『心地観経』ではなく『法華経』に基づいて論ずべきで、『法華経』が説く因果によって「狂言綺語の戯」も仏因となり、『法華経』が説く邪正一如によって、善悪を越えてすべてが仏因となると説明する。天台の宗旨の大綱を『法華経』に据え、『法華経』に基づく解釈として「狂言綺語」を是とするのである。この尊舜の見解は、室町中後期の代表的なものといえる。和歌は、さらに談義書において、経旨や宗旨を端的にわかりやすく説明する重要な方法として活用されていく。このように天台仏教において和歌の役割は狂言綺語として避けるものから、仏教を弘める有効な方法へと変化していったのである。

四　天台仏教と説話文学

次に、説話や物語文学への天台仏教の影響について、確認していく。まず説話集から天台仏教や『法華経』に深く関わるいくつかの作品を紹介したい。まず注目するのは『三宝絵詞』である。源為憲の『三宝絵詞』は、花山天皇即位後一ヶ月後の永観二年（九八四）中冬、帝の姉尊子内親王のために撰進されたものである。三巻形式で、上巻が仏の巻、中巻を法の巻、下巻を僧の巻に充て、三宝を説示している。[33]

源為憲の著作は、『口遊』『三宝絵詞』『世俗諺文』『円融院御授戒記』など多くあるが、中でも『法華経賦』は、源信が天台山国清寺に『往生要集』を送る際に、良源『観音讃』、慶滋保胤『十六相讃』『日本往生極楽記』と一緒に送られたことで知られ、為憲はそれほどに仏教に関する見識のある学者であった。

その為憲の『三宝絵詞』は、天台五時教判に即して『法華経』を根本経典と位置付ける。中巻十八話中十話が『法華経』関係話で、第十六話には「法華一乗われを助けたまへ」との文がある。『三宝絵詞』の各序文は『法華経』に依拠していて、下巻は全三十一話中、天台宗の行事が七話、天台宗に触れた説話が三話あるなど、質量ともに天台法華は下巻の柱である。

『大日本国法華経験記』[34]は題名にある通り『法華経』の功徳・霊験を集めたものである。成立未詳ながら、撰者の鎮源（生没年未詳）は比叡山横川中堂首楞厳院の住僧で、源信が寛弘四年（一〇〇七）七月三日に釈迦講を行った時の列席者で、浄土往生を祈念した法華行者であった。冒頭に「法華経は久遠本地の実証にして、皆成仏道の正軌なり」とうたい、『法華経』を受持・読誦し、聴聞・書写した者たちが広く霊益を蒙ったことを記す。『法華経』の優位を示して霊験を語る内容である。

平安時代末期に編纂された『今昔物語集』もまた、『法華経』を重視する。全三十一巻は天竺・震旦・本朝の三部から構成され、全千百余話を集めて編纂された。その中に、巻十二第二十五話から巻十四第二十八話まで、実に八十四話もの法華経霊験譚を有する。『法華経』受持により羅刹の難を逃れた話（巻十二―二十八話）、火事にあっても焼けなかった『法華経』の話（巻十二―二十九話）、死してなお舌が腐らず『法華経』を読誦し続けた僧の話（巻十二―三十一話）など、『法華経』の霊験・功徳を語る。また性空や道命など、『法華経』持経者の話も多く載せる。

『今昔物語集』には、他にも注目すべき点がある。『今昔物語集』の成立・編者は、南都成立説など諸説があって定説を見ないが、南都や真言宗の話を多く所収する一方で、比叡山に対する特別な認識もうかがえる。

巻二十第一話「天竺の天狗海の水を聞きて此の朝に渡る語《こと》」は、日本を訪れた天竺の天狗が日本の仏法に感歎する話である。ある時、天竺の天狗は、海中から『涅槃経』聖行品の「無常偈」が聞こえてくるのに気づき、その源を探して仏法を妨げようとする。経文の音をたどりながら旅をすると、日本に着き、博多、門司を過ぎて淀川に、さらに宇治川から琵琶湖へ導かれる。そして比叡山の横川から流れ出る一筋の川をさかのぼると、経文が大きく響く源に着いた。その水を四天王や護法童子が守護していたため、そばの者に理由を尋ねると、そこは比叡山の学問僧の厠だと言う。不浄の厠ですらこれほどまでに尊いことを知った天竺の天狗は仏法を妨害する気持ちが失せ、比叡山の僧と生まれ変わった、という話である。

また同じく巻二十第二話「震旦の天狗智羅永寿、此朝に渡る語」は、震旦の天狗が比叡山の僧侶と対決し、三度挑むも三度とも惨敗する話である。最初の僧の余慶は火界呪を唱えて恐ろしく、また二番目の僧の尋禅は、行列の前に立つ童（制多迦童子）が恐くて逃げた。三番目に現れた良源に対し、今度こそ勝利しようと意気込むが、止観を念じていた良源には恐怖を感じずに逃げずにいると、従者たちに捕まって懲らしめられてしまう。腰を折られた震旦の天狗は、日本の天狗によって湯屋で治療を受け、震旦に戻っていったという。

このように比叡山の僧侶は、仏法を妨害するために来た天竺・震旦の天狗が感服する存在であり、比叡山は粟散辺土の日本の仏法が卓越している象徴として描かれていたのである。

五　天台仏教と王朝女流文学

次に王朝の女流文学の中に、天台仏教の影響を探してみる。まず一つの例として、清少納言が記した『枕草子』第九七段の話を検討してみたい(35)。公達たちや女房たちと談笑するところに中宮定子がやってきた。清少納言に渡された文を開けると「第一番でなければどうか」と書かれていた、その続きの場面である。

御前にて物語などするついでにも、「すべて人に一に思はれずは、何にかはせむ。ただいみじうなかなかにくまれ、あしうせられてあらむ。二、三にては死ぬともあらじ。一にてをあらむ」など言へば、「一乗の法なり」など人々も笑ふ事の筋なめり。筆、紙など給はせたれば、「九品蓮台の間には、下品といふとも」など、書きてまゐらせたれば、「むげに思ひくんじにけり。いとわろし。言ひとぢめつることは、さてこそあらめ」

とのたまはす。「それは人にしたがひてこそ」と申せば、「そがわろきぞかし。第一の人に、また一に思はれむとこそ思はめ」と仰せらるるいとをかし。(36)

中宮定子への返事に、「人に一番に思われなければ、甲斐がありません」と申し上げると、皆が「一乗の法（『法華経』）のようですね」と言って笑う。また「九品往生については、下品でも良い」と書いて差し出すと、「先ほど「一番が良い」と言ったのと違いますね」と指摘されてしまう。「相手にもよるのです」と弁解すると、「そういう考えが悪いのです。第一の人には第一番に思われようと思うのがよい」とさらに言われた、という話である。

このやりとりには、『法華経』方便品の「開三顕一」の思想が背景にあり、「十方の仏土の中には、唯、一乗の法のみありて、二も無く、亦、三も無し」という一節を踏まえたやりとりとなっている。『法華経』の内容を当意即妙にやりとりする女房たちの仏教の教養は、相当深いと考えてよいだろう。また第三三段では、藤原済時が催した法華八講の折り、朝座で退出しようとした清少納言をとがめた藤原義懐に、「五千人の中には入らせたまはぬやうあらじ」と答える。これは『法華経』方便品の増上慢五千人が説法を聞かずに退座する場面を踏まえたやりとりで、ここでも清少納言の『法華経』理解がうかがわれる。清少納言は、法華八講をしばしば聴聞してそれを記しているし（三一・三二・三三・二四八段など）、重要な経典として「経は、法華経さらなり。」（一九六段）と述べるなど、『法華経』は『枕草子』に大きな影響を与えている。

次に古くから、天台の思想の影響を強く受けていることが指摘される『源氏物語』を検討してみたい。物語の中には、比叡山や比叡山の僧が多く登場する。例えば、薫は比叡山根本中堂の薬師如来を信仰し、その縁日の八日には毎月仏事を営んだし（手習）、浮舟は、横川の僧都に救われた（手習）。藤壺中宮が出家の際には、山の座主を召して戒を受け、叔父の横川の僧都(37)が御髪を切り（賢木《さかき》）、源氏の兄の朱雀院が出家の時も、山の座主を召して戒を受けた（若菜上）。

また『法華経』の登場する場面も多い。例を挙げると、光源氏が北山の寺に泊まった時、法華三昧を行う堂の懺法の声が山おろしとともに聞こえて感動する（若紫）。葵の上が亡くなりその忌に籠もる折、「経しのびやかに読み給つつ、法界三昧普賢大師とうち宣へる」と、『法華経』を読む（葵）。源氏が須磨に行った折、源氏は釈迦牟尼仏弟子と名乗って『法華経』を読んだ（須磨）。宇治の大君が病気になった時、「初夜よりはじめて、法華経を不断に読ませ給ふ。声尊きかぎり十二人して、いと尊し」と、その平癒のために『法華経』を読ませた（総巻《あげまき》）。また薫が二条院の中君を訪れて帰っていった後、薫が寄りかかっていた真木柱や座っていたしとねに香ばしい移り香がしたのを、侍女たちが「法華読誦の功徳ある人は、芳しき香を放つと経中にある通りだ」と話合っている（東屋）。

『法華経』を講ずる「法華八講」に関する記事も多い。桐壺院の御一周忌には藤壺中宮が法華八講を催し（賢木）、冷泉帝の中宮になった秋好中宮は、御母六条御息所のために法華八講を催す（鈴虫）。紫上は二条院で盛大な八講を行い、五巻の日には舞楽が催された（御法《みのり》）。明石中宮は亡き六条院（源氏）と紫上の追善に八講を催す（蜻蛉）などである。

次に『法華経』が、物語の構成に関わっている例として、「蛍」の巻で光源氏が物語とは何かを語る場面に注目する。

五月雨の降るある日、物語に熱中する玉鬘（頭中将の娘、光源氏の養女）に、源氏が物語の本質を語りはじめる。まず最初に源氏は、「物語というものは」と説き起こすが、登場人物が実在の人物ではないことを述べ、次に、なぜ物語が作られるかその理由を説明し、物語の虚構性について述べ、続いて、物語は国によっても時代によっても書き方や内容も変わり、浅深もあるが、物語をむやみに作り事と言ってしまっては、物語の実情を無視したことになるとして、虚構の中の真実について語る。また続けて、次のように記す。

「仏のいとうるはしき心にて説きおきたまへる御法も、方便といふことありて、悟りなき者は、ここかしこ違ふ疑ひをおきつべくなん、方等経の中に多けれど、言ひもてゆけば、一つ旨にありて、菩提と煩悩との隔たりなむ、この、人のよきあしきことばかりのことは変りける。よく言へば、すべて何ごとも空しからずなりぬや。」と、物語をいとわざとのことにのたまひなしつ。(38)

ここで源氏は、仏法の方便を持ち出して、物語の虚構に重ねる。物語の作者が読者の好みに応じ、虚構の力によって読者に真実を伝えることは、仏が方便をもって衆生を導くことと同じだとする。この構造が「開三顕一」の考え方を踏まえていると、古く『河海抄』以来、指摘されている。(39)

この他「賢木」では、雲林院に参籠した時のことに、「六十巻という文読み給ひ」とあり、智顗の三大部に加え、湛然の『法華文句記』『法華玄義釈籤』などを読んでいる場面が記されている。また「橋姫」の一節で、宇治の八宮姫君と大君・中君が琴と琵琶を合奏している折、月が出たのを見て、「扇ならで、これしても月はまねきつべかりけり」などと述べる場面には、『摩訶止観』巻一上の一節を利用していると指摘されている。

このように『源氏物語』には、天台思想、法華思想を反映した箇所が多く見出されるため、天台の教えの影響を色濃く受けている作品であるといえるだろう。

『枕草子』と『源氏物語』の二例のみ挙げたが、他の王朝女流文学も、構成や背景、モチーフや語彙など、様々なレベルで、天台の教えの影響が指摘されている。『狭衣物語』の引用は多彩で、様々な経文からの引用がみられるが、とりわけて『法華経』からの引用の多いことは特質の一つとされる。[40]また『更級日記』[41]もその骨格に『法華経』思想があることが指摘されている。

王朝文学の作者たちは、『法華経』および天台教学に精通し、天台の教えは、王朝文学に大きな影響を与えていたのである。

六　平安貴族と天台教学――法会と安居院の唱導をめぐって――

ここまで見てきたように、平安貴族や王朝の女性たちの『法華経』や天台三大部の理解はかなり深く、天台の教学にも精通していた。なぜそこまで深めることができたのであろうか。清少納言や紫式部が天台の教えに詳しいその理由として、実際の生活の中で、作品内の世界同様に頻繁な公私の法会があり、法華八講などで経文の講説を聞く場面が多くあったことで知識が備わっていたものと考えられている。これらの点について少し確認しておく。

初めに貴族が天台教学と接点を持ったきっかけとしては、勧学会が挙げられる。勧学会とは、[42]慶滋保胤が発起人で、僧俗各二十名が結衆して行われたものである。『三宝絵詞』に詳細な記事があり、近年『勧学会記』が発見されたことで法会の参加者や式次第が明らかになった。勧学会の参加者は、叡山の僧侶二十名と、翰林書生つまり大学寮の文章院の学生（在学生および卒業生を含む）である。平安中期の康保元年（九六四）に始まり、途中二度の中絶はあったが、平安末期まで、百五十年にわたって、毎年二度、三月と九月の十五日に恒常的に開催された。会場は一定せず、親林寺と月林寺とで行った。卯の二点に堂に入場すると、午前中は『法華経』の講説、午後は竪義《りゅうぎ》が行われ、続いて阿弥陀念仏、最後に詩の詠作を行った。詠詩の題目は必ず『法華経』の一句から選ばれ、僧侶が選定したものを学生が受け取った。「法の道、文の道をたがひに相すすめ習はむ」（『三宝絵詞』）ために、仏法と作文の両方を学ぶのが勧学会の基本的姿勢であった。

勧学会は、記が書かれ詩が賦され、詩序が作られ歌も詠まれるなど、文学制作の場として貴重であったのはもちろん、天台僧と文学者たちが直接交流し、天台僧が直接文学世界に影響をもたらした場としても重要であった。

次に、時代の特徴として、『法華経』など講経を行う法会の隆盛が挙げられる。例えば、『三宝絵詞』の時代は、『法華経』が隆盛を究めていた。「応和の宗論」は、応和三年（九六三）、清涼殿において村上天皇書写法華経供養のための法華十講が開かれた時のことで、仏性について、天台と法相の議論が行われた。天台の良源は「一切衆生皆成仏」の立場、法相の仲算は、「五姓各別」の立場から闡提の存在を前提に弁説した。この良源は、追善供養を主たる目的とする法華八講を積極的に営んだが、他にも、藤原道隆は正暦五年（九九四）に金泥法華経十一部を書写、道長は金峯山に寛弘四年（一〇〇七）に法華経経筒を埋納し、自ら書写した『法華経』を納め、長徳二年（九九六）二月二十二日、長徳四年十二月二十一日には、東三条院詮子が法華講を営んだ。こうして様々に『法華経』の構会が行われた時代にあって、天台宗に代表される法華経信仰は、『源氏物語』をはじめとして、様々な文学作品に影響を及ぼしていったのである。

こうした時代の風潮の中、貴族は個人的にも教学の修養を積んでいた。例えば道長は、良源の弟子の覚運僧都を自邸に招き、天台三大部を度々講読させていて、その講義を、時には公卿も陪聴した。[43]また一条天皇には、覚運に『摩訶止観』を講義させた。道長は他にも、法華八講、法華三十講をしばしば自邸で開催している。そればかりか道長は、論義において自身で論義の判定を行ったこともある。[44]こうした環境を考えた時、貴族たちの仏教理解が深い理由もうなずけるだろう。

さて法会の話に戻ると、『法華経』の講会の盛行は、平安期にとどまらなかった。中世に入ると、安居院の澄憲・聖覚《せいかく》のように、卓越した才能の僧が活躍するようになり、ますます隆盛を迎えた。安居院唱導資料の『転法輪鈔』後白河院帖・中の「嵯峨清涼寺御八講表白」（建久二年〈一一九一〉）には、「一乗の八講は、我が朝の盛んなる所なり。」と記す。法華八講は、宮中や権門、南都北嶺の寺院に限らず、全国各所で年中行事として展開されるなど、中世には、権門の権力体制の護持のみならず、私的な仏事としての広がりを見せていた。そして様々な講会で遂行された表白や説教などのおびただしい言説は、人々にさらなる大きな影響を与えることとなる。天台の教えが社会に浸透した理由には、こうした法会を通じて講経論義に接していたという事情が重要である。

以上のように、王朝の貴族たちは、様々な法会で天台僧たちに接し、『法華経』や天台の教義に触れていたのである。そしてその理解は、かなり高度なものであったと想像されるのである。

七　天台教学の言辞と文学

こうした平安貴族の教学理解は、時代が下ると、貴族のみならず、それ以外の階層の人々にも広がっていった。とりわけ天台教学の上で議論が多くなされた「龍女成仏」(45)や「草木成仏」は、諸書に散見する。龍女成仏は、女人往生や女性の救済につながって広く展開し、「草木成仏」は、安然によって『中陰経』の文として作成された「草木国土、悉皆成仏」の語とともに広範に流布した。(46)これらの例は枚挙にいとまがなく、すでに多くの論考がある。(47)

ここではさらに、天台教学に特徴的な言辞が、文学作品の表現に用いられている例を確認してみる。まず「入重玄門」の語であるが、この語は、「仏果を成ずる前の等覚の菩薩が、元品の無明を断ずるために、凡夫以来の修行を逆に重ねて修する。」という意味である。智顗が円教にも重玄門があることを説いたことで天台宗内での議論となり、天台の碩学である証真は、円教の入重玄門を認めつつ、湛然の述べる遍応法界を根拠として、円教では、等覚位に限らず初住から妙覚位までの諸位に入重玄門を認めるなどと論じた(48)。このように「入重玄門」の定義は複雑で、中古天台の論義でもしばしば議論された語であるが、その語が文学作品の中に見出せるのである。例えば、『平家物語』巻二「康頼祝詞」には「或は南方補陀洛能化の首、入重玄門の大士」などと記される。

他の例を挙げてみると、「三諦」は、「僧やがて金胎両部の極致三諦円融の妙理をとふに、はたして台密の極談、その弁懸河なり。」(『御伽物語』巻四)、「嗚呼今より後、三諦即是の春の花、誰が袂にか薫はん。四曼不離の秋の月、何れの扉をか照らすべき。」(『太平記』巻三十四「住吉神木倒れ祈る事」)、「一実円頓の花、薫を荊渓の風に分ちて、三諦即是の月光を玉泉の流れに浸せり。」(『太平記』巻一「公廉の女御寵愛の事」)などと見える。また「泥木図像」の論題で問題となる「泥木」の語は、「たとひ、泥木素像、麁悪なりとも、仏像をば敬ふべし。黄巻・赤軸の荒品なりとも、経教をば帰敬すべし。破壊・無慚の僧侶なりとも、僧体をば仰信すべし。」(『正法眼蔵随聞記』三・九)、「また、古徳の云はく、「泥木の形像は、大智より発り、紙墨の経巻は、法界より出でたり。」(『沙石集』巻五本・一)などと見える。また「六即」の語が、『徒然草』の二百十七段「大福長者」の話に、「究竟は理即に等し。大欲は無欲に似たり」と見え、法華経の字数「六万九千三百八十四文字」について、『日本霊異記』巻下第三十五話に「古麿が為に、法花経一部を写し奉らしむ。経の六万九千三百八十四文字に宛てて、知識を勧率し、」などとある他、近松門左衛門の『出世景清』に「軒の垂木は、法華経の文字の数六万九千三百八十四本なり(49)。」とあるなど、様々な多くの例が挙げられる。

こうして天台教学の語彙は文学作品の文中にちりばめられ、自在に用いられているのである。それはまた、作者のみならず享受者の、天台教学への深い理解をうかがわせるのである。

八　文学から天台仏教への影響

ここまで様々な角度から、比叡山や天台仏教が文学作品に与えた影響について検討してきた。作品の構成や背景、モチーフや場面、登場人物や語彙に至るまで、天台の思想があまねく及んでいることを指摘してきたが、最後に、視点を変え、逆に文学が天台仏教の世界に影響を与えていく場合について触れておきたい。

その最も典型的な例は、天台僧が修学をした談義の場において、宗旨や経旨を講釈する折に、文学作品が活用されていることである。一例として、中世の関東天台で多くの談義を行い弟子を育てた尊舜（一四五一～一五一四）の著作を挙げる。尊舜は文学にも精通していて、尊舜が『法華経』を講義した『鷲林拾葉鈔』（永正九年〈一五一二〉成立）には、初学者の理解を助けるための工夫として、天台三大部をはじめとして天台宗で重視する諸註釈書や、先師先徳の著作に匹敵するものとして、物語や和歌・連歌などといった文学作品が多数用いられている。

『鷲林拾葉鈔』普門品では、「婬欲」の語の解説に、次のような話が引用される。清水に参籠した若い法師が、通夜する美しい女房を見そめた。何とか結ばれたいと願った法師は策を講じ、まどろむ女房の耳元で「帰る時、初めて会った男を夫とせよ。」とささやいた。夢告と信じた女房が大喜びで急ぎ退出した時、法師はすぐにあとを追いかけようとするが草履が見当たらず出遅れる。やっと追いついてみると、女房はすでに、立派な馬に乗った男性に出会い、結ばれていた、という話である。この話は、『沙石集』巻二-五や『地蔵菩薩霊験記』巻十-二、『雑談集』

五、そして御伽草子「ささやき竹」などと類話が多く、幅広く享受された話である。

また『鷲林拾葉鈔』信解品では、「更に余人の眇目《みようもく》矬陋《ざる》にして威徳無き者を遣わす。」という経文の「眇目」の語の解説に、『平家物語』巻一「殿上闇討」から、殿上人となった平忠盛が貴族たちから眇目をはやし立てられた話を用いる。[50] 他にも譬喩品では、『平家物語』巻七「実盛」の、最後の戦に髪や髭を黒く染めて臨んだ斎藤別当実盛の話が引用される。[51] また『鷲林拾葉鈔』薬王品では、老女の恋の説明として、『伊勢物語』第六三段「つくも髪」の、老女が業平に恋をする話を引き、よく似ていると述べる。[52] また『鷲林拾葉鈔』五百弟子受記品の「其の人、酔い臥して都《すべ》て覚知せず。」という経文の説明にはいわゆる「かぐや姫」の話が引用され、[53] また法師功徳品の鼻根章においては、様々な香の解説として『長谷雄草紙』の話が用いられているのである。[54]

『鷲林拾葉鈔』が引証として活用する文学作品は、和歌や連歌にも及ぶ。[55] 例えば、方便品中「鹿野薗」の解説に、「奥山に紅葉ふみ分け鳴く鹿の声聞く時ぞ秋は悲しき」（『古今和歌集』二一五、猿丸太夫）の歌を引用し、また信解品の「我等、長夜に空法を修習して」という摩訶迦葉の偈には、「ながき夜もむなしき物としりぬれば早く明けぬる心地こそすれ」（『千載和歌集』一二三〇、源師仲）を引くなど、二百余首の和歌を用いる。また連歌も、宗砌・心敬・宗祇・兼載などの連歌を十六句用いている。こうした文学作品の引用は、尊舜だけの特殊な例ではなく、天台の談義や講説の場では、広く行われていたことであった。文学作品は、天台教学の内容を端的に示すものとして、先行する註釈書や先師の言辞などと同様に、自在に活用されていたのである。

また前に釈教歌について述べた際、経文の漢語が和語にやわらげられつつ和歌に使用されていたことを指摘したが、和歌の詠歌手法の変化が天台の教義に影響を与えることもあった。例えば、草木成仏説の思想の展開には、和歌における擬人化という詠歌手法の発達が影響したことが、近年指摘されている。[56]

天台の教えは文学作品にあまねく影響を与えてきたが、文学もまた天台教学に取り入れられ、用いられながら、天台の教義に影響を与えていった。両者は双方に往還し、影響し合ってきたのである。

九　まとめ

以上、『法華経』を中心に、天台の教えが文学作品に与えた影響について、特に顕著な例として、平安時代の和歌・説話・物語を中心に検討してきた。文学の範囲は広いため、本来論ずべき漢詩文・歌謡・軍記・謡曲・芸能などの分野に、ここでは触れることができなかった。また主として平安〜院政期の作品を検討したが、『徒然草』や『方丈記』などはもちろん、中世・近世の文学などでもこの強い影響関係が認められるのはいうまでもない。また天台僧自身の文学活動にも論が及ばなかった。慶滋保胤や大江定基、寂昭のように、自身が文学作品の作者として直接文学に関わった天台僧も多くいる。また仏伝・高僧伝・往生伝など、天台僧を主人公とする作品も多く著され、その影響も多大であった。

このように天台学が古典文学に与えた影響は、様々な角度で考えられ、本章では、ほんの一端を述べたに過ぎない。しかしその限られた範囲のみの検討でさえも、作品の構成や背景から語彙に至るまで、天台の教えが隅々まで浸透していること、そして時に「天台の教え」と自覚されないほどに行きわたっていることがわかるだろう。天台教学の文学への影響は大きく、天台学の理解なくして古典文学を語ることはできないといっても過言ではないのである。

註

（1）　仏教と文学について論じたものには、石田瑞麿『日本仏教思想研究　第五巻　仏教と文学』（法藏館、一九八七年）、同『日本古典文学と仏教』（筑摩書房、一九八八年）、大久保良順編『仏教文学を読む』（講談社、一九八六年）、渡辺守順『説話文学の叡山仏教』（『研究叢書』一九一、和泉書院、一九九六年）、同『仏教文学の叡山仏教』（和泉書院、二〇〇五年）、『国文学解釈と鑑賞』六一－一二（特集「『法華経』と平安朝文芸」至文堂、一九九六年）、『国文学解釈と鑑賞』六二－三（特集「『法華経』と中世文芸」至文堂、一九九七年）などがある。また特に天台学と文学については、浅井円道「比叡山と『法華経』」（日蓮宗新聞社編『法華経の世界』講談社、一九八八年）、國枝利久「天台の五時八教と和歌」（『谷山茂教授退職記念　国語国文論集』塙書房、一九七二年）、尼ヶ崎彬「歌論と仏教思想―古来風体抄と天台哲学―」（『仏教文学講座　第四巻　和歌・連歌・俳諧』勉誠社、一九九五年）、前田雅之「パラダイムとしての仏教―『源氏物語』と天台教学―」（『別冊　国文学解釈と鑑賞』特集「源氏物語の仏教」至文堂、二〇〇五年）、海老原昌宏「藤原定家と天台教学」（『阿部正路博士還暦記念論文集　日本文学の伝統と創造』教育出版センター、一九九三年）、佐藤勢紀子「王朝文学と経典―天台五時判摂取の諸相―」（藤本勝義編『王朝文学と仏教・神道・陰陽道』平安文学と隣接諸学2、竹林舎、二〇〇七年）など多数の論考があり、参照した。

（2）　『法華経』と日本文学については、高木豊『平安時代法華仏教史研究』（平楽寺書店、一九七三年）、上田本昌「日本文学と法華経」（『法華経信仰の諸形態（法華経研究Ⅵ）』平楽寺書店、一九七六年）、今成元昭「『法華経』の思想と文学」（『仏教文学講座　第二巻　仏教思想と日本文学』勉誠社、一九九五年）、大場朗「法華経と文学」（『天台仏教の教え』大正大学出版会、二〇一二年）、渡邊寶陽監修『法華経の事典』（東京堂出版、二〇一三年）など参照。

（3）　経文歌・釈教歌については、山田昭全『釈教歌の展開』（山田昭全著作集第三巻、おうふう、二〇一二年）、高木豊『平安時代法華仏教史研究』（前掲註2）、久保田淳「法文歌と釈教歌」（『岩波講座日本文学と仏教　第六巻　経典』岩波書店、一九九四年）、石川一「和歌（歌論・釈教歌）」（『仏教文学講座　第九巻　研究史と研究文献目録』勉誠社、一九九四年）、上野英二「和歌」（『岩波講座日本文学と仏教　第九巻　古典文学と仏教』岩波書店、一九九五年）、中村康夫「王朝和歌と仏教」（『王朝文学と仏教・神道・陰陽道』平安文学と隣接諸学2、竹林舎、二〇〇七年）などを参照した。

（4）最澄の歌は、『伝教大師全集』四「和歌」に、「阿耨多羅三藐三菩提」の歌を含む八首が挙げられている。他の七首は以下の通り。「あきらけく後の仏のみよまでも光つたへよ法のともし火」（『新拾遺和歌集』巻十七釈教歌・一四五〇「比叡山の中堂に初めて常灯ともしてかかげ給ひける時」）や、「三のかは一のうみとなるときは舎利弗のみぞまづわたりける」（『続古今和歌集』巻八釈教歌・七四八「法華経廿八品歌中に、方便品」）、「このりをただひとこともとくひとはとものほとけのつかひならずや」（『同』七四九「法師品」）、「わがいのちながしときてよろこべる人はかならずほとけとぞなる」（『同』七五〇「分別功徳品」）がある。また、『倭論語』巻八（一六六九年刊）に、以下の三首を載せる（勝部真長『「和論語」の研究』至文堂、一九七〇年）。

　　或時最澄末代の衆生のねがひをよめる

すえの世のいのり求る其事のしるしなきよりしるしなりけれ

　　伝教大師、比叡山をよめる

おのつから住《すめ》は持戒《ぢかい》の此山はまことなる哉依身《ゑしん》より依所《ゑしょ》

　　又みかとの御為《おほんため》に経かき給ひし奥に

となへても君をのみまたいのりければいくよふるともたえしとそ思ふ

（5）『新古今和歌集』巻二十釈教歌・一九二〇「比叡山中堂建立の時」。なお振仮名は大久保良峻「最澄の魅力」（『山家の大師　最澄』吉川弘文館、二〇〇四年）による。

（6）『袋草紙』上巻「希代の歌」では、「中堂建立の材木を取りに杣に入り給ふ時の歌」とするが、『俊頼髄脳』に「これは、比叡の山を末まで事なくあるべきよしを詠ませ給へるなり」とあるように、森林に覆われた比叡山全体を「杣」と表現し、諸仏の加護を祈った歌と見るべきだろう（山本一執筆「我が立つ杣」の項、『歌ことば歌枕大辞典』角川書店、一九九九年）。なおこの歌以来、「我が立つ杣」は比叡山（延暦寺）を意味する語句として用いられるようになった。この用法に、「おほけなく憂き世の民に覆ふかな我が立つ杣に墨染めの袖」（『千載和歌集』一一三七・慈円）、「またすまむ山里ありと思ひきや我が立つ杣の秋の月影」（『続拾遺和歌集』六一一・定修）などがある。

（7）他にも、『歌枕名寄』、『安撰集』、『源平盛衰記』、宴曲、謡曲など、引用は多数の書に見られる。

（8）「九たび歌よみに与ふる書」に「いとめでたき歌にて候。長句の用ゐ方など古今未曾有にて、これを詠みたる人もさすがなれど、この歌を勅撰集に加へたる勇気も称するに足るべくと存候」とある。本文は『歌よみに与ふる書』（岩波文庫、一九五五年）による。

（9）『拾遺和歌集』巻二十哀傷・一三四六「大僧正行基、詠み給ひける」。なお『拾遺和歌集』では行基の歌とするが、『三宝絵詞』では「此歌ハ或ハ光明皇后ノ読給ヘルトモイヒ、又行基菩薩ノ伝給ヘリトモ云」とあるなど、別出・類話には光明皇后の歌とするものもある。

（10）永観二年（九八四）に成立した源為憲『三宝絵詞』巻中・第一八話「大安寺栄好」に、「薪ヲ荷テ廻メグル讃歎ノ詞云」とある。

（11）『権記』によれば、長保四年（一〇〇二）八月～九月にかけて行われている。この時の二十八品歌は未詳ながら、『公任集』所収の二十八品和歌、『新古今和歌集』巻二十釈教歌の中の藤原道長と藤原斉信の和歌、『新勅撰和歌集』巻十「釈教歌」中の藤原行成と道長の詠、『続後撰和歌集』巻第十「釈教歌」の道長の作、『長能集』の「法華経廿八品によせて」とする和歌二十六首、『赤染衛門集』所収の二十八品和歌などが、この時のものである可能性が指摘されている。

（12）『本朝文粋』巻十「法会」の条には、講会の席で作られた法文詩の序が数編収録されていて、経典を題材にした詩が盛んに詠まれていたことが知られる。そうした法会は、勧学会、法華会、供花会などの講会で行われていた。経文を題にして詩を作っていたこうした作詩を背景に、経文を題材とした和歌が生まれてきたと考えられている。

（13）選子は、十二歳で賀茂斎院になってから、六十九歳で病気で辞すまで長きにわたって斎院を務めた。斎院を辞してすぐに出家、七十二歳で没した。

（14）『発心和歌集』二七。『私家集大成』中古Ⅱによる。

（15）松村雄二「藤原俊成と『法華経』」（『国文学解釈と鑑賞』六二―三「特集『法華経』と中世文芸」至文堂、一九九七年）など多くの指摘がある。

（16）この「法華経二十八品和歌」は、私家集『長秋詠草』に所収されている。

（17）長寛二年（一一六四）に、藤原忠通が没する前に、命により側近が編集したもの。

（18）『私家集大成』中古Ⅱ。引用には濁点を加えた。

(19) 成立は不明。寂然の生没年は未詳ながら、元永頃（一一一八〜一一二〇）の誕生か。寿永元年（一一八二）頃に家集を自撰し賀茂社に奉納し、程なく没したとされる。西行と親しく、『山家集』などに西行との贈答歌が残る。

(20) 左注には以下のようにある。「麁言輭語みな第一義に帰して、一法としても実相の理にそむくべからず。いはんやこの卅一字のふでのあと、ひとへに世俗文字のたはぶれにあらず、ことぐ〵く権実の経文をもてあそぶなり。ながれを汲てみなもとをたづぬるに、法性の海をいづる事なければ、をのづから妄想のなみをしづめて、涅槃のきしにいたる方便ともなりぬべしといふなり。実相の理を縁としてこゝろをおこすを、円教の発菩提心となづく、これは最上の発心なり。はじめ三蔵より今の発心にいたるまでは四教の心をあかすなり。」『法門百首』の引用は、『釈教歌詠全集』第一巻による。

(21) 『梁塵秘抄』の引用は、『新日本古典文学大系』による。

(22) 『千載和歌集』巻十九釈教・一二〇五。引用は『新日本古典文学大系』による。『法華経』を談義した『鷲林拾葉抄』『轍塵抄』『法華経直談抄』などにも引用される。

(23) 『拾遺和歌集』巻二十・哀傷・一三四二「性空上人のもとに、詠みて遣はしける」。

(24) 『古本説話集』上や『無名草子』では、罪障深い和泉式部がこの歌によって成仏したという話になり、また『沙石集』五末−二では、説法に感じた人に、和泉式部の子が母を思いだして詠み聞かせる話となっている。

(25) 仏教語の置き換えを記した『捴字造語抄』などの書も著された。如意輪は「こゝろのごときわ」、発心門は「こゝろをおこすかど」、普門は「あまねきかど」、寂光は「しづかなるひかり」などと表現される。上野英二「和歌」（前掲註）による。

(26) 狂言綺語については、山田昭全「狂言綺語観の成立」（『講会の文学』山田昭全著作集第一巻、おうふう、二〇一二年）、同「密教と和歌」（『釈教歌の展開』山田昭全著作集第三巻、同上）、同「密教思想と文学」（『仏教文学講座第二巻　仏教思想と日本文学』勉誠社、一九九五年）、永井義憲「仏教思想と文学」（『岩波講座日本文学と仏教　第九巻　古典文学と仏教』岩波書店、一九九五年）、石田瑞麿「狂言綺語について」（『日本古典文学と仏教』筑摩書房、一九八八年）、三角洋一「いわゆる狂言綺語観について」（渡部泰明編『秘儀としての和歌―行為と場―』有精堂出版、一九九五年）、菊地仁「和歌陀羅尼攷」（『秘儀としての和歌』同上）、荒木浩「『古今著聞集』「狂簡」の周辺―中世説話集と「狂言綺語」あるいは〈作者〉のこと―」（島津忠夫先生古稀記念論集刊行会編『日本文学史論―島津忠夫先生古稀記念論集―』世界思想社、一九九七年）などに詳しい。
(27)『参天台五台山記』巻二「熙寧五年（一〇七二）六月八日条」。本文は『大日本仏教全書』一一五・二七頁上段。如日に詩を贈られた成尋は、それに詩を返さない理由として、在唐の間に詩集十二巻を作した智証大師が常にそれを悔い、作詩せず唱和せずと誓ったことを挙げ、自分が断ることを許すよう返答している。
(28) 本文は『新日本古典文学大系』による。
(29) 版本では「静明」の作とするが、原本に徴証なく未詳。本文は古宇田良宣『和訳　天台宗論義百題自在房』（隆文館、一九七七年）による。
(30)『法華経』は三句とも一致した箇所は見られず、法師功徳品（大正九・五〇頁上）に「皆与実相、不相違背」など。なお『法華玄義』第一上「一切世間治生産業。皆与実相不相違背」（大正三三・六八三頁上）、『法華玄義』第九（大正三三・七九二下）を参照。
(31)『大般涅槃経』（四十巻）二十・梵行品（大正一二・四八五頁上）による。
(32) 尊舜の狂言綺語観については、拙稿「神達御返歌考―尊舜における狂言綺語観をめぐって―」（『仏教文学』二八、二〇〇四年）がある。
(33) 花山天皇は寛和二年（九八六）六月二十二日の夜、禁中から密かに元慶寺（良源の居所であった妙業坊）へ行き落飾した。髪を剃ったのは、天台座主尋禅で、三ヶ月後には天台戒を受けている（『日本紀略』に記事あり）。
(34) 成立未詳。本文は、『往生伝　法華験記』（『日本思想大系』岩波書店）による。
(35)『枕草子』の仏教については、今成元昭「枕草子と仏典」（『枕草子大事典』勉誠出版、二〇〇一年）、武久康高『枕草子の言説研究』（笠間書院、二〇〇四年）などを参照。また『枕草子』九七段については、石田瑞麿「一乗の法―『枕草子』百一段を通して―」（龍谷大学仏教学会編『仏教学研究』四三、一九八七年）に詳しい。
(36) 本文は、『新編日本古典文学全集』による。
(37)「浮舟」に登場する「横川の僧都」とは別人とされる。
(38)『源氏物語』「蛍」の巻。本文は『新編日本古典文学全集』による。

(39)『源氏物語』と『法華経』については、岩瀬法雲『源氏物語と仏教思想』（笠間書院、一九七二年）、高木宗監『源氏物語と仏教』（桜楓社、一九九一年）、阿部秋生『源氏物語研究序説』上（東京大学出版会、一九五九年）など多数。この物語論は、他にも、「帚木」の「雨夜の品定め」と同様に三周説法の構成となっている、あるいはまた、天台五時八教説にもとづいているなどの指摘もある。

(40) 鈴木泰恵「『狭衣物語』と『法華経』―〈かぐや姫〉の〈月の都〉をめぐって―」（『国文学解釈と鑑賞』六一―一二、一九九六年）による。

(41) 今成元昭『『方丈記』と仏教思想―付『更級日記』と『法華経』―』（笠間書院、二〇〇五年）などによる。

(42) 勧学会については、後藤昭雄『天台仏教と平安朝文人』（吉川弘文館、歴史文化ライブラリー、二〇〇二年）、同「勧学会の和歌・漢詩」（『国文学解釈と鑑賞』六一―一二、一九九六年）、同「延久三年「勧学会記」をめぐって―文事としての勧学会―」（『平安朝漢文学史論考』勉誠出版、二〇一二年）、小原仁『文人貴族の系譜』（中世史研究選書、吉川弘文館、一九八七年）を参照した。なお近年の研究で、従来、同類のものとされてきた「二十五三昧会」は参会者が全く異なり、別種のものと判明した。

(43)『権記』長保四年（一〇〇二）一月四日、十七日、二月六日、八日条や、『御堂関白記』に、道長が『摩訶止観』の講義を覚運から受けたこと、行成が陪席したこと、行成に『摩訶止観』を書写させたこと、また行成が『摩訶止観』を覚運の弟子懐寿に講義してもらったことなどが記される。

(44)『小右記』寛仁二年（一〇一八）五月二日条・同六日条。

(45) 龍女成仏に関する論考は、大久保良峻「天台教学における龍女成仏」（『日本仏教綜合研究』四、二〇〇六年）、同「龍女成仏説とその思想的意義―論義との関係を中心に―」（『中世における天台論義書関係資料』平成二十一年度～平成二十四年度科学研究費補助金研究成果報告書、二〇一三年三月）、石井公成「思想基盤としての仏教―女の宿世と親の因果―」（『別冊国文学解釈と鑑賞』特集「源氏物語の仏教」至文堂、二〇〇五年）など多数。

(46) 天台の草木成仏思想については、坂本幸男「草木成仏の日本的展開」（『大乗仏教の研究』大東出版社、一九八〇年）、宮本正尊「「草木国土悉皆成仏」の仏性論的意義とその作者」（『仏教学の根本問題』春秋社、一九八五年）、智山勧学会編『論義の研究』（青史出版、二〇〇〇年）、拙稿「天台僧尊舜における草木成仏説」（『東洋の思想と宗教』

二五、二〇〇八年）などに詳しい。また草木成仏と謡曲との関わりについては、花田凌雲『謡曲に現れたる仏教』（興教書院、一九三八年）、英雲外『謡曲と仏教』（丙午出版社、一九一七年）、阪口玄章「謡曲にあらはれた草木成仏」（『国語と国文学』一〇-五、一九三三年）、姉崎正治「謡曲に見える草木国土成仏と日本国土観」（『帝国学士院紀事』一-二、一九四二年）、伊藤博之「草木成仏の思想と謡曲」（『中世文学論叢』四、一九八一年）、新川哲雄「「草木国土悉皆成仏」について」（『学習院大学文学部研究紀要』二九、一九八三年）、萩山深良「謡曲における草木成仏思想について」（『印度哲学仏教学』九、一九九四年）、拙稿「草木成仏と謡曲―『中陰経』の受容―」（『論叢アジアの文化と思想』一一、二〇〇二年）などを参照。

(47)　日本文学作品における仏教術語については、石田瑞麿「日本文学における主要な仏教術語」（『日本仏教思想研究第五巻　仏教と文学』法藏館、一九八七年）、三角洋一「源氏物語の仏教語」（『宇治十帖と仏教』中古文学研究叢書八、若草書房、二〇一一年）、阪口光太郎「一切世間の治生産業は……―天台系仏教語句の受容を再確認する―」（『季刊ぐんしょ』六三、続群書類従刊行会、二〇〇四年一月）などに詳しい。

(48)　入重玄門については、青木隆「天台行位説形成の問題―五十二位説をめぐって―」（『早稲田大学大学院文学研究科紀要別冊　哲学・史学編』一二、一九八六年）、拙稿「尊舜の入重玄門説について」（『天台学報』四六、二〇〇四年）を参照。

(49)　『出世景清』（『近松門左衛門集』一九頁、『新編日本古典文学全集』76、小学館）による。

(50)　経文は、『法華経』信解品（大正九・一八頁上）。『鷲林拾葉鈔』信解品（『日本大蔵経』二五・二一〇頁上）。

(51)　『鷲林拾葉鈔』譬喩品（『日本大蔵経』二五・九八頁上）。

(52)　『鷲林拾葉鈔』薬王品（『日本大蔵経』二六・一八〇頁上）。

(53)　経文は、『法華経』五百弟子受記品（大正九・二九頁上）。『鷲林拾葉鈔』五百弟子受記品（『日本大蔵経』二五・三〇五頁下）。なお引用される話は、「鳥が巣を作り、一つの卵を生んだ。育てると美しい女性となり「カクヤヒメ」と名付けた。後には后妃となった。」という『竹取物語』異伝である。中世においては、いわゆるかぐや姫の話は、卵から生まれる話が多い。

(54)　『鷲林拾葉鈔』法師功徳品（『日本大蔵経』二五・一三九頁上）。挑まれた双六で勝利し、賭物の美女を受け取るが、約束を守らず五十日で触れたためにほころんで散ってしまった、という話。『長谷雄草紙』に似た話型だが、『鷲林拾葉鈔』では、主人公は紀長谷雄ではなく都良香とする。

(55) 『鷲林拾葉鈔』が引用する物語、和歌・連歌については、拙稿「談義書（直談抄）の位相—『鷲林拾葉鈔』・『法華経直談抄』の物語をめぐって—」（『中世文学』四七、二〇〇二年）、「『鷲林拾葉鈔』所引連歌考—天台僧尊舜の文学的環境と連歌師の交渉—」（『感性文化研究所紀要』三、二〇〇七年）などを参照。

(56) 石井公成「草木成仏説の背景としての和歌」（『叡山学院研究紀要』二九、二〇〇七年）に詳しい。

参考文献

○仏教と古典文学

石田瑞麿『仏教と文学』（『日本仏教思想研究』五、法藏館、一九八七年）

石田瑞麿『日本古典文学と仏教』（筑摩書房、一九八八年）

大久保良順編『仏教文学を読む』（講談社、一九八六年）

三崎義泉『止観的美意識の展開—中世芸道と本覚思想との関連—』（ぺりかん社、一九九九年）

永井義憲『日本仏教文学研究』一・二（豊島書房、一九六六・一九六七年）、『日本仏教文学研究』三（新典社研究叢書一二、新典社、一九八五年）

筑土鈴寛『筑土鈴寛著作集』全五巻（せりか書房、一九七六～一九七七年）

『岩波講座日本文学と仏教』全十巻（岩波書店、一九九三～一九九五年）

『仏教文学講座』全九巻（勉誠社、一九九四年～一九九六年）

日本仏教研究会編『日本の仏教』第Ⅰ期六巻、第Ⅱ期三巻（法藏館、一九九四～一九九六年、一九九八・二〇〇〇・二〇〇一年）

間中冨士子『国文学に摂取された仏教—上代・中古篇—』（文一出版、一九七二年）

間中冨士子『仏教文学入門』（パープル叢書、世界聖典刊行協会、一九八二年）
松本寧至『日本古典文学の仏教的研究』（研究叢書二五七、和泉書院、二〇〇一年）
小峯和明『中世法会文芸論』（笠間書院、二〇〇九年）
山田昭全『山田昭全著作集』全八巻（おうふう、一・三・四・六・七既刊、一九九二年〜一九九三年）
今成元昭編『仏教文学の構想』（新典社、一九九六年）
福田晃・廣田哲通編『唱導文学研究』一〜九（三弥井書店、一九九六〜二〇一三年）
石橋義秀他編『仏教文学とその周辺』（研究叢書二一七、和泉書院、一九九八年）

○天台仏教と古典文学

渡辺守順『説話文学の叡山仏教』（研究叢書一九一、和泉書院、一九九六年）
渡辺守順『仏教文学の叡山仏教』（和泉書院、二〇〇五年）
新井栄蔵・渡辺貞麿・三村晃功編『叡山の文化』（世界思想社、一九八九年）
新井栄蔵・渡辺貞麿・寺川真知夫編『叡山の和歌と説話』（世界思想社、一九九一年）
新井栄蔵・後藤昭雄編『叡山をめぐる人びと』（世界思想社、一九九三年）
廣田哲通『中世仏教説話の研究』（勉誠社、一九八七年）
廣田哲通『中世仏教文学の研究』（和泉書院、二〇〇〇年）

○法華経と古典文学

高木豊『平安時代法華仏教史研究』（平楽寺書店、一九七三年）
廣田哲通『中世法華経注釈書の研究』（笠間書院、一九九三年）
『国文学解釈と鑑賞』六一・一二（特集「『法華経』と平安朝文芸」至文堂、一九九六年）
『国文学解釈と鑑賞』六二・三（特集「『法華経』と中世文芸」至文堂、一九九七年）
渡邊寶陽監修『法華経の事典』（東京堂出版、二〇一三年）

○勧学会・貴族の天台学
小原仁『文人貴族の系譜』（中世史研究選書、吉川弘文館、一九八七年）
三橋正『平安時代の信仰と宗教儀礼』（続群書類従完成会、二〇〇〇年）
後藤昭雄『天台仏教と平安朝文人』（歴史文化ライブラリー一三三、吉川弘文館、二〇〇二年）

○和歌・釈教歌・狂言綺語
山田昭全『講会の文学』（山田昭全著作集第一巻、おうふう、二〇一二年）
山田昭全『釈教歌の展開』（山田昭全著作集第三巻、おうふう、二〇一二年）
石川一『慈円和歌論考』（笠間叢書三〇八、笠間書院、一九九八年）
山本一『慈円の和歌と思想』（研究叢書二三二、和泉書院、一九九九年）
石原清志『釈教歌の研究—八代集を中心として—』（同朋社出版、一九八〇年）
高木豊『平安時代法華仏教史研究』（平楽寺書店、一九七三年）
石田瑞麿『日本古典文学と仏教』（筑摩書房、一九八八年）
渡辺泰明編『秘儀としての和歌—行為と場—』（有精堂出版、一九九五年）

○王朝文学と仏教
重松信弘『源氏物語の仏教思想—仏教思想とその文芸的意義の研究—』（平楽寺書店、一九六七年）
岩瀬法雲『源氏物語と仏教思想』（笠間書院、一九七二年）
阿部秋生『源氏物語研究序説』上、（東京大学出版会、一九五九年）
阿部秋生『光源氏論：発心と出家』（東京大学出版会、一九八九年）
丸山キヨ子『源氏物語の仏教—その宗教性の考察と源泉となる教説についての探究—』（創文社、一九八五年）
斎藤暁子『源氏物語の宗教意識の根柢』（桜楓社、一九八七年）
斎藤暁子『源氏物語の仏教と人間』（桜楓社、一九八九年）

高木宗監『源氏物語と仏教』（桜楓社、一九九一年）
多屋頼俊『源氏物語の研究』（多屋頼俊著作集第五巻、法藏館、一九九二年）
三角洋一『源氏物語と天台浄土教』（中古文学研究叢書一、若草書房、一九九七年）
三角洋一『宇治十帖と仏教』（中古文学研究叢書八、若草書房、二〇一一年）
日向一雅編『源氏物語と仏教―仏典・故事・儀礼―』（青簡社、二〇〇九年）
『新・源氏物語必携』（『別冊　国文学』学燈社、一九九七年）
『源氏物語の鑑賞と基礎知識』三九「早蕨」（『国文学「解釈と鑑賞」別冊』特集「源氏物語の仏教」至文堂、二〇〇五年）
武久康高『枕草子の言説研究』（笠間書院、二〇〇四年）
今成元昭『『方丈記』と仏教思想―付『更級日記』と『法華経』―』（笠間書院、二〇〇五年）

○龍女成仏・草木成仏

大久保良峻『天台教学と本覚思想』（法藏館、一九九八年）
大久保良峻「天台教学における龍女成仏」（『日本仏教綜合研究』四、二〇〇六年三月）
英雲外『謡曲と仏教』（丙午出版社、一九一七年）
花田凌雲『謡曲に現れたる仏教』（興教書院、一九三八年）
『国文学解釈と鑑賞』五六・五（特集「古典文学にみる女性と仏教」至文堂、一九九一年）
『国文学解釈と鑑賞』六九・六（特集「女性と仏教」至文堂、二〇〇四年）

主要参考文献

天台教学

島地大等『天台教学史』（明治書院、一九二九年）
上杉文秀『日本天台史』（破塵閣書房、一九三五年）
塩入亮忠『伝教大師』（伝教大師奉讃会、一九三七年）
石津照璽『天台実相論の研究―存在の極相を索めて―』（弘文堂書房、一九四七年）
硲　慈弘『日本仏教の開展とその基調』上・下（三省堂、一九四八・一九五三年）
硲慈弘著・大久保良順補注『天台宗史概説』（大蔵出版、一九六九年）
安藤俊雄『天台性具思想論』（法藏館、一九五三年）
安藤俊雄『天台思想史』（法藏館、一九五九年）
安藤俊雄『天台学―根本思想とその展開―』（平楽寺書店、一九六八年）
安藤俊雄『天台学論集―止観と浄土―』（平楽寺書店、一九七五年）
多賀宗隼『慈円』（吉川弘文館、一九五九年）
多賀宗隼『慈円の研究』（吉川弘文館、一九八〇年）
福田堯頴『天台学概論』（文一出版、一九五一年）
福田堯頴『続天台学概論』（文一出版、一九五四年）

佐藤哲英『天台大師の研究―智顗の著作に関する基礎的研究―』（百華苑、一九六一年）
佐藤哲英『続・天台大師の研究―天台智顗をめぐる諸問題―』（百華苑、一九八一年）
玉城康四郎『心把捉の展開―天台実相観を中心として―』（山喜房佛書林、一九六一年）
福井康順編『慈覚大師研究』（天台学会、一九六四年）
福井康順監修、天台学会編『伝教大師研究　別巻』（早稲田大学出版部、一九八〇年）
福井康順『日本中世思想研究』（福井康順著作集六、法藏館、一九八八年）
福井康順『日本天台の諸研究』（福井康順著作集五、法藏館、一九九〇年）
田村芳朗『鎌倉新仏教思想の研究』（平楽寺書店、一九六五年）
田村芳朗『本覚思想論』（田村芳朗仏教学論集一、春秋社、一九九〇年）
古宇田亮宣編『和訳　天台宗論義二百題』（隆文館、一九六六年）
古宇田亮宣編『和訳　天台宗論義百題自在房』（隆文館、一九七七年）
関口真大『天台止観の研究』（岩波書店、一九六九年）
関口真大『天台小止観の研究―初学坐禅止観要門―』（理想社、一九五四年→増補第七版、山喜房佛書林、一九七四年）
関口真大編『止観の研究』（岩波書店、一九七五年）
関口真大編著『天台教学の研究』（大東出版社、一九七八年）
浅井円道『上古日本天台本門思想史』（平楽寺書店、一九七三年）
多田厚隆・大久保良順・田村芳朗・浅井円道校注『天台本覚論』（日本思想大系九、岩波書店、一九七三年）
天台学会編『伝教大師研究』（早稲田大学出版部、一九七三年）

「天台大師研究」編集委員会・天台学会編『天台大師研究』（祖師讃仰大法会事務局・天台学会、一九九七年）
仲尾俊博『日本初期天台の研究』（永田文昌堂、一九七六年）
平林盛得『良源』（吉川弘文館、一九七六年）
叡山学会編『安然和尚の研究』（同朋舎、一九七九年）
叡山学院編『元三慈恵大師の研究』（同朋舎出版、一九八四年）
新田雅章『天台実相論の研究』（平楽寺書店、一九八一年）
Paul Groner, *Saichō: The Establishment of the Japanese Tendai School*, Berkeley Buddhist studies series Vol. 7, 1984.
Paul Groner, *Ryogen and Mount Hiei: Japanese Tendai in The Tenth Century*, University of Hawaiʻi Press, 2002.
平井俊榮『法華文句の成立に関する研究』（春秋社、一九八五年）
武　覚超『中国天台史』（叡山学院、一九八七年）
武　覚超『天台教学の研究―大乗起信論との交渉―』（法藏館、一九八八年）
武　覚超『比叡山仏教の研究』（法藏館、二〇〇八年）
田村晃祐『最澄』（吉川弘文館、一九八八年）
田村晃祐『最澄教学の研究』（春秋社、一九九二年）
速水　侑『源信』（吉川弘文館、一九八八年）
『智証大師研究』編集委員会編『智証大師研究』（同朋舎出版、一九八九年）
佐伯有清『円仁』（吉川弘文館、一九八九年）

佐伯有清『円珍』（吉川弘文館、一九九〇年）
佐伯有清『最澄とその門流』（吉川弘文館、一九九三年）
佐伯有清『若き日の最澄とその時代』（吉川弘文館、一九九四年）
末木文美士『平安初期仏教思想の研究—安然の思想形成を中心として—』（春秋社、一九九五年）
池田魯参『詳解　摩訶止観』人巻（現代語訳篇）・天巻（定本訓読篇）・地巻（研究註釈篇）（大蔵出版、一九九五・一九九六・一九九七年）
大久保良峻『天台教学と本覚思想』（法藏館、一九九八年）
大久保良峻編著『新・八宗綱要—日本仏教諸宗の思想と歴史—』（法藏館、二〇〇一年）
大久保良峻編『山家の大師　最澄』（吉川弘文館、二〇〇四年）
高木訷元『空海と最澄の手紙』（法藏館、一九九九年）
林鳴宇『宋代天台教学の研究—『金光明経』の研究史を中心として—』（山喜房佛書林、二〇〇三年）
圭室文雄編『政界の導者　天海・崇伝』（吉川弘文館、二〇〇四年）
花野充道『天台本覚思想と日蓮教学』（山喜房佛書林、二〇一〇年）
木内堯央『日本における天台宗の形成』（木内堯央論文集1、宗教工芸社、二〇一二年）
木内堯央『日本における天台宗の展開』（木内堯央論文集2、宗教工芸社、二〇一二年）

密教（教理・美術）

大村西崖『密教発達志』（仏書刊行会図像部、一九一八年）

清水谷恭順『天台の密教―台密概要―』（山喜房、一九二九年）
清水谷恭順『天台密教の成立に関する研究』（文一出版、一九七二年）
大山公淳『密教史概説と教理』（大山教授法印昇進記念出版会、一九六一年）
長部和雄『一行禅師の研究』（神戸商科大学経済研究所、一九六三年）
高田　修『仏教美術史論考』（中央公論美術出版、一九六九年）
勝又俊教『密教の日本的展開』（春秋社、一九七〇年）
木内堯央『天台密教の形成―日本天台思想史研究―』（渓水社、一九八四年）
三﨑良周『台密の研究』（創文社、一九八八年）
三﨑良周『密教と神祇思想』（創文社、一九九二年）
三﨑良周『台密の理論と実践』（創文社、一九九四年）
大久保良峻『台密教学の研究』（法藏館、二〇〇四年）
柳澤　孝『柳澤孝仏教絵画史論集』（中央公論美術出版、二〇〇六年）
水上文義『台密思想形成の研究』（春秋社、二〇〇八年）

禅・戒・浄土等諸法門

〈禅〉

関口真大『達摩大師の研究　達摩大師の思想と達摩禅の形成―新資料による思想史的基礎研究―』（彰国社、一九五七年）

関口真大『禅宗思想史』（山喜房佛書林、一九六四年）
関口真大『達磨の研究』（岩波書店、一九六七年）
伊吹　敦『禅の歴史』（法藏館、二〇〇一年）

〈戒〉

石田瑞麿『日本仏教における戒律の研究』（在家仏教協会、一九六三年）
石田瑞麿『日本仏教思想研究』第一巻・第二巻「戒律の研究上・下」（法藏館、一九八六年）
恵谷隆戒『改訂　円頓戒概論』（大東出版社、一九七八年）
小寺文頴『天台円戒概説』（叡山学院、一九八七年）
色井秀譲『戒灌頂の入門的研究』（東方出版、一九八九年）

〈浄土〉

石田瑞麿『浄土教の展開』（春秋社、一九六七年）
山口光円『天台浄土教史』（法藏館、一九六七年）
井上光貞『新訂　日本浄土教成立史の研究』（山川出版社、一九七五年）
佐藤哲英『叡山浄土教の研究』（百華苑、一九七九年）
末木文美士・西村冏紹『観心略要集の新研究』（百華苑、一九九二年）
西村冏紹監修・梯信暁著『宇治大納言源隆国　安養集　本文と研究』（百華苑、一九九三年）
奈良弘元『初期叡山浄土教の研究』（春秋社、二〇〇二年）
梯　信暁『奈良・平安期浄土教展開論』（法藏館、二〇〇八年）

神道・文学等周辺領域

小野勝年『入唐求法巡礼行記の研究』（全四巻）（鈴木学術財団、一九六四・一九六六・一九六七・一九六九年）
小野勝年『入唐求法行歴の研究―智証大師円珍篇―』上・下（法藏館、一九八二・一九八三年）
高木　豊『平安時代法華仏教史研究』（平楽寺書店、一九七三年）
速水　侑『平安貴族社会と仏教』（吉川弘文館、一九七五年）
村山修一編『比叡山と天台仏教の研究』（名著出版、一九七五年）
村山修一『比叡山史―闘いと祈りの聖域―』（東京美術、一九九四年）
毛利　久『日本仏像史研究』（法藏館、一九八〇年）
石田瑞麿『日本古典文学と仏教』（筑摩書房、一九八八年）
新井栄蔵・寺川真知夫・渡辺貞麿編『叡山の和歌と説話』（世界思想社、一九九一年）
嵯峨井建『日吉大社と山王権現』（人文書院、一九九二年）
菅原信海『山王神道の研究』（春秋社、一九九二年）
菅原信海『日本思想と神仏習合』（春秋社、一九九六年）
菅原信海編『神仏習合思想の展開』（汲古書院、一九九六年）
菅原信海『日本人の神と仏―日光山の信仰と歴史―』（法藏館、二〇〇一年）
菅原信海『神仏習合思想の研究』（春秋社、二〇〇五年）
菅原信海『日本仏教と神祇信仰』（春秋社、二〇〇七年）
曽根原理『徳川家康神格化への道―中世天台思想の展開―』（吉川弘文館、一九九六年）

渡辺守順『説話文学の叡山仏教』（和泉書院、一九九六年）
渡辺守順『仏教文学の叡山仏教』（和泉書院、二〇〇五年）
三崎義泉『止観的美意識の展開―中世芸道と本覚思想との関連―』（ぺりかん社、一九九九年）
天納傳中『天台声明―天納傳中著作集―』（法藏館、二〇〇〇年）
武　覚超『比叡山諸堂史の研究』（法藏館、二〇〇八年）
清水　擴『延暦寺の建築史的研究』（中央公論美術出版、二〇〇九年）
飯島太千雄編『最澄墨寶大字典』（木耳社、二〇一三年）

＊掲載は、出版年時に従った。ただし、同一著者の書目は併記した。（作成担当　松本知己・柳澤正志）

あとがき

書名における天台の語の有無に拘らず、天台学、若しくは天台宗を対象として著述された述作は多々出版されている。それらの中には、天台学研究者にとって座右の書と呼べる名著が幾冊もある。しかしながら、信頼できる内容の書物の中に、平易なものはあまりないと言ってよい。その理由の一つとして、難解な内容を議論することが天台教学の大きな特色であることが挙げられる。しかも、そこに十分な解説が施されていないことも多く、読み手に脚色の余地を与えてしまうこともある。しかし、先学は確固たる論拠を保有していたのであろう。従って、古典的と称される名著の記述について、そのよりどころにまで辿り着くと、文献の難解な箇所を解明した時のような、或いは同じ道を行歩しているような不思議な感覚にとらわれることがある。

昨今は、平易に書かれた入門書も存在し、それらはそれなりの価値を持っている。但し、あまりに明快な論述が却って不十分な内容であることを露呈している場合がないわけではない。とはいえ、ある程度平明な著述を心掛けることで、当該分野の専門家だけでなく、関連する諸領域の研究を志す人たちにも有効な示唆が与えられると考えられる。

最初にも記したように、本書刊行の計画は幾らか遡る時期のことであった。その時の手控えを見ると、今回の章立てとあまり変化がない。但し、そこには天台教学、法華教学、本覚思想という各章が設定してあった。今回は、それらについてや、天台密教の教学については敢えて組み込まなかった。というのは、拙編著『新・八宗綱要』や拙著『天台教学と本覚思想』の中に、重複する箇所が存するからである。

特に考えたのは、学問の基本はそれほど変わらないということである。しかしながら、研究者は常に新しい説を提示するし、新出資料研究も怒濤のごとく押し寄せてくる。そのことを踏まえる必要があることは言うまでもない。とはいえ、現今の仏教に関わる研究は、教学や思想の基本について必ずしも重んじていないのではないかという感想を抱かざるをえないことがある。そもそも、教学や思想は仏教研究諸分野の基盤であり、共通して根底に流れるものと言えるのであるから、そういった風潮があるとすれば問題である。そこで、本書では「天台学」を書名の一部として採用することにした。そして、学問分野としての天台宗全般を広義の天台学と捉え、天台宗を理解する上での諸分野について、資料を提示した上で基本的な重要事項を論じてもらうことを全体的な方向性とした。内容としては、利便性のある書籍にすることも目標として掲げた。果たしてそれが実現しているかどうか、その評価については少し時間が掛かるかもしれないが、索引や各章及び巻末の参考文献が有効であればよいと思っている。

執筆者は、年齢は様々であるが、題目に相応しい研究者の論考となっている。比較的若い筆者であっても、その分野の研究に今後も携わっていくであろうし、彼らは既に博士（文学）の学位を取得し、私も主査や副査としてその審査に携わった新鋭である。

本書が、多彩に展開した天台教学に興味を持つ人たちの手引きの書となることを願ってやまない。

なお、本書の刊行には予てよりお世話になっている法藏館の副編集長、岩田直子さんに尽力して頂いた。心より御礼申し上げることにしたい。

平成二十五年　落葉散舞の候

大久保良峻

執筆者紹介（掲載順）

松本知己（まつもと　ともみ）
一九六七年生まれ。早稲田大学非常勤講師。博士（文学）。論文「宝地房証真の教判論」（『日本仏教綜合研究』一〇）ほか。

柳澤正志（やなぎさわ　まさし）
一九七〇年生まれ。早稲田大学非常勤講師。博士（文学）。論文「叡山浄土教における生死観について」（『日本仏教学会年報』七五）ほか。

伊吹　敦（いぶき　あつし）
一九五九年生まれ。東洋大学文学部教授。著書『禅の歴史』（法藏館）、訳書『中国禅宗史』（印順著、山喜房佛書林）ほか。

ポール　グローナー（Paul Groner）
一九四六年生まれ。ヴァージニア大学教授。Ph.D.(Yale University). *SAICHŌ: The Establishment of the Japanese Tendai School*, BERKELEY BUDDHIST STUDIES SERIES Vol. 7, 1984. University of Hawaiʻi Press より再版、二〇〇〇年。*RYŌGEN and MOUNT HIEI: Japanese Tendai in the Tenth Century*, University of Hawaiʻi Press, 2002.

真野新也（まの　しんや）
一九七九年生まれ。ロンドン大学・SOAS大学院博士課程。YŌSAI AND ESOTERIC BUDDHISM, GODAIIN ANNEN in *Esoteric Buddhism and the Tantras in East Asia*, BRILL, 2011.

梯　信暁（かけはし　のぶあき）
一九五八年生まれ。大阪大谷大学文学部教授。博士（文学）。著書『奈良・平安期浄土教展開論』（法藏館）、『インド・中国・朝鮮・日本　浄土教思想史』（法藏館）ほか。

佐藤眞人（さとう　まさと）
一九五八年生まれ。北九州市立大学文学部教授。論文「平安初期天台宗の神仏習合思想—最澄と円珍を中心に—」（『海を渡る天台文化』勉誠出版）ほか。

松原智美（まつはら　さとみ）
一九五七年生まれ。早稲田大学非常勤講師。博士（文学）。著書『曼荼羅の世界とデザイン』（グラフ社）、論文「台密の胎蔵曼荼羅」（『南都仏教』九〇）ほか。

久保智康（くぼ　ともやす）
一九五八年生まれ。叡山学院教授・京都国立博物館名誉館員。論文「顕密仏教における「鏡」という装置」（『日本仏教綜合研究』七）ほか。

渡辺麻里子（わたなべ　まりこ）
一九六七年生まれ。弘前大学人文学部教授。博士（文学）。論文「天台談義所をめぐる学問の交流」（『中世文学と寺院資料・聖教』竹林舍）ほか。

【編著者略歴】

大久保良峻（おおくぼ　りょうしゅん）

1954年生まれ。早稲田大学文学部教授。博士（文学）早稲田大学。著書『天台教学と本覚思想』、『台密教学の研究』、編著書『新・八宗綱要』（以上、法藏館）ほか。

天台学探尋
―日本の文化・思想の核心を探る―

二〇一四年三月三一日　初版第一刷発行

編著者　大久保良峻

発行者　西村明高

発行所　株式会社法藏館
京都市下京区正面通烏丸東入
郵便番号　六〇〇―八一五三
電話　〇七五―三四三―〇〇三〇（編集）
〇七五―三四三―五六五六（営業）

装幀者　山崎　登

印刷・製本　亜細亜印刷株式会社

ISBN978-4-8318-7386-6　C1015

索　引

あ行

か行

さ行

た行

な行

は行

ま行

や行

ら行

わ行